SER HOMBRE

Robert Bly, Carl G. Jung,
Henry Miller, Joseph Campbell,
Ernest Hemingway, Franz Kafka,
Pablo Neruda, James Hillman,
Salvador Dalí, G. I. Gurdjieff,
Sam Keen, Rumí y otros

SER HOMBRE

Edición a cargo de Keith Thompson

editorial Kairós

Numancia, 117-121
08029 Barcelona

A mi primer sobrino,
Keith Arthur Thompson,
nacido el 23 de Enero de 1991

Título original: TO BE A MAN
Traducción: Manuel Escrivá de Romaní
Diseño portada: Ana y Agustín Pániker

© Del prólogo de todo el material introductorio:
1991 by Keith Thompson
© de la edición en castellano:
1992 by Editorial Kairós, S.A.

Primera edición: Mayo 1993
Quinta edición: Marzo 2016

ISBN: 84-7245-263-8
Dep. Legal: B-13.344/2005

Fotocomposición: Mastergraf. Trilla, 8. 08012 Barcelona
Impresión y encuadernación: Índice. Fluvià, 81-87. 08019 Barcelona

AGRADECIMIENTOS

Quiero mostrar mi gratitud a las personas que han colaborado de distinta forma a la realización de este libro, a mi propio trabajo como esscritor, y en muchos casos, a formular mi propio sentido de lo que significa ser un hombre.

Doy las gracias especialmente a los colaboradores cuyos trabajos honran estas páginas. A veces, cuando la ordenación de este volumen me planteaba dificultades rayanas en lo imposible, recurrí a vuestros escritos, introducidos en sus carpetas de papel Manila y me sentí refrescado. Otras veces, os imaginé como incitados a un programa de variedades y a mí mismo como anfitrión-presentador; así, sabía que el espectáculo tenía que continuar. A todos vosotros, gracias.

Stephen Aisenstat prestó su valiosa ayuda en la organización del inicial grupo de escritos para el libro. Mi hermanastro Brett Shingledecker hizo muchas sugerencias relativas a la cuestión de la intimidad entre hombres. Franklin Abbot me ayudó con bienvenida diligencia a dar con el paradero de muchos colaboradores, tales como Sy Safransky, editor del espléndido *The Sun: A Magazine of Ideas,* de aparición mensual en Chapel Hill. Aaron Kipnis me propuso muchas de las colaboraciones que aparecen en estas páginas. En las semanas finales de trabajo, Mary Wickwire descendió de sus regiones angélicas para prestarme apoyo en cuestiones administrativas y también estímulo intelectual.

Estoy en deuda con todos ellos, así como con muchas personas que trabajan, en agencias literarias y editoriales, en la tramitación de mis peticiones de permisos para incluir distintos escritos en este libro.

He de manifestar especial agradecimiento a mi editora, Connie Zweig, por su penetración crítica y estética, por su generosidad, amplitud de espíritu y por su delicioso sentido del humor, manifiestos a lo largo del desarrollo de este trabajo. También a Jeremy Tarcher por ofrecerse a compartir conmigo sus puntos de vista al inicio de mi trabajo y por el apoyo que prestó a mi planteamiento cuando empezaba a concretarse. Y a mi agente Fred Hill, quien durante muchos años ha comprendido y apoyado mi interés por el estudio de los hombres.

Le estoy profundamente agradecido a Laurance S. Rockefeller por su generoso apoyo a mi trabajo en los últimos años. Asimismo, hago constar mi agradecimiento a Jean Lanier, George Lamb y Elizabeth McCormack.

Mi cordial aprecio va a Howard Metzembau, Michel Murphy y Robert Bly, mentores y amigos con quienes, a lo largo de muchos años, he compartido los placeres de un trabajo inspirado.

En los primeros años setenta Marjorie Grey Reid me introdujo en el *New Yorker* y en el *I.F. Stonés Bi-Weekly* y por otra parte alentó en mí un amor a las ideas que crece con el paso de los años. Como escribió el poeta: «Y eso es lo que marca toda la diferencia».

A temprana edad concebí una extrema consideración hacia la dignidad del trabajo físico debida a tres hombres buenos y leales: Albert Bobson, Jack Thomas, y un hombre al que sólo recuerdo como míster Mize.

Ya que hemos estado unidos desde el principio a lo largo de incontables tormentas y calmas, quiero honrar aquí el espíritu de los hombres de mi familia más próxima: mi padre, Reed, y sus hijos, mis hermanos, Jeff, Tom y George. Algún día la profundidad de nuestros vínculos resultará más clara —para mí, y para todos nosotros.

Finalmente, para Kathryn, amable compañera, notable adversaria y amiga generosa, mi profundo aprecio por su apoyo y su comprensión ante mis prolongadas ausencias a lo largo de la odisea que ha sido este trabajo. El libro está acabado. Diles a Tyler y a Yoshi que voy camino a casa.

PRÓLOGO

por *Keith Thompson*

«El aparente conflicto individual del paciente revela ser un conflicto universal de su entorno y su época. La neurosis no es, pues, más que un intento individual, por otra parte fallido, para resolver un problema universal.»

C. G. Jung

Cuando acepté la invitación de preparar esta antología de escritos acerca de lo que se cree que es ser un hombre, comprendí que era probablemente algo inevitable que acabase cuestionando las opiniones prevalecientes acerca de la masculinidad, incluyendo la mía. ¿Cómo iba a ser de otra manera en estos tiempos postfeministas, cuando expertos en la *Oprah, Donahue, Geraldo,* y *Sally* afirman con machacona regularidad que la masculinidad no se encuentra tan sólo en transición sino que se enfrenta a una crisis de proporciones sin precedentes?

Aun así, nunca se me ocurrió pensar que la preparación de este libro me llevaría a una conclusión bastante más radical que el diagnóstico colectivo de los clínicos: que la masculinidad *podría no existir.*

Considero que ésta es una afirmación audaz, así que déjenme que vaya un poco más allá.

En las semanas posteriores al inicio del trabajo para *Ser hombre,* me embarqué en la búsqueda progresivamente comprometida de un «contexto esencial» totalmente abarcador en el que unificar e integrar una notable diversidad de puntos de vista relativos al hombre, la masculinidad y la hombría. Como este gran cuadro no acababa de aparecer, redoblé mis esfuerzos para conseguirlo, y he de citar la tensión mental que los acompañaba como prueba evidente de que toda la trabazón estaba a punto de manifestarse por sí misma a mi psique en una repentina iluminación intuitiva —en cualquier momento.

O así lo imaginaba yo. Lo más cerca que llegué de una epifanía fidedigna fue cuando decidí que sería más útil para mí (por no mencionar a mi escurridiza antología) dirigir la atención a otros proyectos por el momento, preferentemente a aquellos que no dependiesen de estados visionarios. Necesitaba tomarme un descanso. En las semanas siguientes llegué a darme cuenta de que mi problema en el intento de lograr una perspectiva abarcadora y monolítica, era fundamentalmente que eso estaba en contradicción con el hecho de que yo ya no creía en la masculinidad como fenómeno abarcador y monolítico. La clarificación de esta discrepancia me permitió caer en la cuenta de que mi búsqueda de ese marco ocultaba de hecho mi pérdida de fe. *La masculinidad no existe,* me encontré diciendo: *sólo hay masculinidades, muchos modos de ser hombre.*

No fue una iluminación sino más bien como la culminación de un diálogo que había estado desarrollándose en las profundidades de mi psique desde que en la secundaria no conseguí realizar mis pruebas deportivas, o quizás a partir del momento en que Mary Bibbins me envió a una de sus amigas para decirme que ya no quería ser mi novia. Dudo que en cualquier caso mi pena hubiese sido menor si un hombre en el que yo confiase me hubiese dicho que hay tantas formas masculinas de fracasar como formas masculinas de tener éxito, cada una de ellas con sus más y sus menos. Pero ¿quién sabe? Quizás comprender las cosas hubiese podido ayudarme a mantener algo del valor y de la confianza adolescente que parecían haberme abandonado calladamente.

Muchos años después, algo parecía haber cambiado, algo importante. Era un cambio que había estado durante mucho tiempo bordeando mi consciencia. Volví al trabajo de la antología sabiendo que me había desprendido de muchos, si es que no eran todos, de los vestigios de la fe adolescente en la fantasía de la masculinidad, que era como un concierto de una sola nota, un programa definitivamente codificado que cualquier hombre necesitaba sólo para «ir tirando».

No hay ni qué decir que creo que no hay nada en común entre las muchas masculinidades que los hombres hacen suyas en la actualidad y las masculinidades que los hombres han incorporado en el pasado. Sí que hay que decir, sin embargo, que la masculinidad, considerada literalmente como *algo singular,* oscurece invariablemente la riqueza, la complejidad y la multiplicidad de la experiencia masculina, al fomentar la suposición de que una u otra forma de comportamiento masculino es la «correcta» en un sentido absoluto, como si la masculinidad no fuese lo suficientemente amplia para incluir a Sly Stallone y David Bowie, a James Earl Jones y Peewee Herman, a George Patton y Mohandas Gandhi, a Superman y Homer Simpson, y a tantos otros.

En cierto sentido, la masculinidad (*una* masculinidad) no es un gran problema, aunque las masculinidades (muchas) sí que suponen un gran problema, y un profundo problema. Hace muchos años, en una entrevista recogida en este libro, Robert Bly me introducía en lo «profundo masculino», que connota antiguas formas de hombría adulta caracterizadas por la riqueza emocional y la intensidad espiritual. He elegido esta expresión como imagen ordenadora de este libro porque vincula la experiencia masculina con cualidades positivas relacionadas con la profundidad: dimensión, alcance, concentración, sustancia, energía, autenticidad, y estimulante, visceral, instintiva, anímica, penetrante. Y también porque considera que «profundo» y «profundidad» llevan a una amplia asociación con: latente, arcaico, oculto, disfrazado, enterrado, remoto, silencioso, caído, inasequible, distorsionado por una utilización fallida, profundo.

En las páginas que siguen he intentando incluir textos que captan estos dos conjuntos de imágenes en distintas combinaciones: a veces sorprendentes, otras gratificadoras, frecuentemente perturbadoras. Antes que oponerse la una a la otra de alguna manera, las diferentes formas o las distintas tonalidades de estos grupos de imágenes aparecen estrechamente relacionadas.

Por ejemplo, el título mismo del escrito de Aaron R. Kipnis, «Imágenes olvidadas de la masculinidad sagrada», propone la doble complementariedad de lo imaginario profundo: algo *significativo* se ha *perdido*. Robert Bly («Lo que los hombres quieren en realidad») muestra en el mítico hombre salvaje una estimulante imagen de energía y sustancialidad masculinas. Aunque Bly también dice que hay que tener cuidado, ya que sólo recientemente el hombre salvaje ha sido recuperado de un prolongado período de silenciosa soledad en las profundidades de una selva remota. En «A qué precio» Sam Keen confiesa a la vez su amor a su trabajo y su obsesión por la duda: «Al hacer un trabajo que es bueno, ¿he traicionado lo mejor de mí mismo y he abandonado lo que es mejor para aquellos a los que amo?» Vean con atención cómo James Hillman («Padres e hijos») recupera el valor de las cualidades de los padres, que de forma típica sólo reciben juicios condenatorios de los hijos.

Muchos otros colaboradores invocan lo «profundo

masculino» como algo decididamente diverso, complejo, ambiguo. Sus distintos escritos prestan base para mis incipientes planteamientos de la masculinidad como algo intrínsecamente plural.

Constato que estos planteamientos están en flagrante contradicción con las ideas convencionales relativas a la hombría. Para sentirse seguros, muchos hombres de nuestra cultura han tratado desde sus primeros años de erradicar la ambigüedad y la ambivalencia de sus vidas, para andar, hablar, erguirse y actuar «como un hombre», para suprimir cualquier rastro de duda o distracción, que les dificultarían ver la claridad más implacable y moverse de forma decidida hacia adelante. Y, sin embargo, muchos de nosotros vivimos de hecho con una considerable ambigüedad en muchos niveles; muchos de nosotros vacilamos de una manera que nos resulta incómoda, aunque a menudo así se amplía nuestra creatividad, nuestra flexibilidad, nuestra sensibilidad.

Sencillamente, no me interesa reforzar el prejuicio cultural que niega la masculina diversidad, la contradicción, el matiz, las zonas en sombra. Por supuesto, ya que la considero una de las características definitorias de la masculinidad profunda, como editor de este libro he procurado en todo momento honrar y hacer lugar a la «buena» ambigüedad (aunque no a expensas de la claridad y el convencimiento, cuyo lugar está también asegurado en un mundo de masculina multiplicidad).

Pero, claro está, me he dedicado a este libro a la vez como hombre y como editor. No me sorprende que sienta una atracción personal hacia las «nebulosas» imágenes de la masculinidad profunda *(latente, oculta, remota, caída, profundidad,* etcétera), ya que siento visceralmente esas imágenes que precipitaron mi peregrinación muchos años atrás en busca de una definición de hombría que *yo mismo pudiese vivir.* Con el mismo ánimo de los hombres que cuentan sus historias personales en las páginas que siguen, me ofrezco a mí mismo el breve capítulo que viene a continuación.

Hace unos diez años un gran amigo me llamó para decirme que fuese con él esa noche a la conferencia que daba en San Francisco un poeta de Minnesota, que era a la vez ensayista, editor, narrador, filósofo y provocador espiritual. Se llamaba Robert Bly. Él había asistido a un acto anterior de Bly y me insistió en que cancelase cualquier cosa que hubiese planificado y que me reuniese con él. Y añadió: «Es crucial.» Todo era crucial por aquel entonces.

Le contesté que claro, ¿por qué no? Me gustaba la poesía y no tenía otros planes.

Bly recitó sus hermosas traducciones de los poemas de Rainer Maria Rilke, mientras él mismo se acompañaba con un dulcímele ante una audiencia de muchos centenares de personas de San Francisco. Recuerdo que esa noche me sentí perplejo, y curioso, e inexplicablemente conmovido por el subtexto de las observaciones de Bly: una trama vagamente interconectada de fragmentos, tangentes, apartes e implicaciones (iría descubriéndolo a lo largo del tiempo) con que pautaba sus trabajos y conferencias, fuera cual fuese el tema explícito.

En un amplio sentido, este subtexto iluminaba las vidas emocionales de los hombres. Específicamente, Bly se refería al dolor de los hombres en su relación con las mujeres, al existente entre padres e hijos, en particular a las formas masculinas de sentimiento, y a los cruciales ritos de paso hacia los intereses de la virilidad. Estaba yo en los veintitantos y andaba buscando algo, no estaba seguro de qué era, aunque las ideas de Bly agitaron en mi ánimo unas claves sugerentes. Así que le escribí a ese hombre una carta más bien audaz diciéndole que sabía que tenía más cosas que decir y que me permitiese hacerle una entrevista para una publicación.

Para nuestra mutua sorpresa, el resultado de la entrevista (revista *New Age,* mayo de 1982) se convirtió en uno de los artículos más discutidos y fotocopiados de los años recientes, y suscitó un flujo de cartas desde las Américas a Europa, Nueva Zelanda y Sudáfrica. Decir que Robert y yo estábamos sorprendidos ante esta respuesta sería un despropósito notable. La semana antes de que la entrevista llegase a los kioscos, hablamos por teléfono acerca de nuestra colaboración recién finalizada.

«Me maravilla que la entrevista pueda decirle algo a cualquiera», recuerdo haberle dicho a Robert. «Quizá los temas que planteamos eran de interés en primer lugar para nosotros.» Robert dijo que él había tenido las mismas dudas. «Es una idea muy sensata que lo que discutimos pudiera ser personal», dijo. Quería decir: personal sólo para nosotros. Es un sentido importante, Robert escoge las palabras correctas: las ideas eran *personales* para hombres y mujeres de todo el mundo cuya necesidad de comprender los «misterios masculinos» se había agudizado con la entrevista entre dos hombres de generaciones diferentes que se había publicado. Ocho años después, Robert publicaba *Iron John: A Book About Men,* donde amplía las ideas que empezaba a desarrollar en nuestra entrevista —que se incluye aquí— en gran parte.

Ser un hombre es en gran medida el desarrollo de un proceso puesto en marcha por esa entrevista. *Algo se estaba perdiendo* entre los hombres en nuestros tiempos. Como se reveló en mi conversación con Robert, mi particular herida se encuentra en el territorio del Padre, involucrando a mi padre personal, todavía importante. Un territorio que incluye el magisterio, la iniciación, la conexión con los antepasados y mi propia capacidad generadora. Mi corazón ansiaba una confianza vinculada con ello, pero mis palabras eran inadecuadas para expresar ese anhelo. Ese aislamiento empezó a cambiar cuando recibí decenas de cartas de hombres de mi edad que me decían que se habían conmocionado por la entrevista y también por las ideas que se discutían en ella. «Nunca pensé que un hombre de mi edad pudiese sentarse ante un hombre de la edad de mi padre y tener con él una conversación sincera acerca de "lo que los hombres desean realmente"», escribía un hombre de Carolina del Sur, que acababa con estas palabras: «P.S. Hoy, como hombre, me siento menos *desesperado*. Sé que algún día mi hijo (que ahora tiene cinco años) y yo leeremos juntos la entrevista».

Esta carta y otras como ella me ayudaron a comprender que el significado de mis preguntas y de las respuestas de Robert Bly no era personal en el sentido más estricto de la palabra. Había algo *universal* (en el sentido junguiano de la palabra) que quedaba involucrado; pero ¿qué era? Los escritos de este libro dan fe de una riqueza de ideas acerca de los hombres, la masculinidad y la hombría que «estaba en el aire» bastante antes de que Robert Bly dedicase su atención al tema; una riqueza que ha seguido creciendo en años posteriores.

Mientras estaba trabajando en *Ser un hombre* empecé a caer en la cuenta de que algunos líderes del embrionario movimiento de los hombres no aceptaban de buena gana la sugerencia de que su campaña fuese una respuesta al movimiento feminista. Considero esta susceptibilidad un tanto extraña. Si de lo que se trata es de que el movimiento de los hombres no puede reducirse a ser un ciego reflejo de los duros golpes del feminismo, estoy plenamente de acuerdo. Aunque algunos hombres del movimiento masculino insisten con considerable energía en que el creciente interés de los hombres por replantear la masculinidad no tiene relación con los cambios de la femineidad de las recientes décadas —como si el «trabajo con los hombres» perdiese significación al considerarlo una respuesta al «trabajo con las mujeres».

Cuando considero mi acervo de sinónimos para *respuesta,* aparecen: contestación, réplica, acuerdo, reconocimiento, reacción. Cuando uno de los sexos emprende un replanteamiento colectivo de sus compromisos —como la historia recuerda que hicieron las mujeres a continuación de la tumultuosa aparición del libro de Betty Friedan *La mística de la femineidad*—, ¿cómo puede el otro sexo *no* responder, *no* sentirse afectado? Hay una parte de mí mismo que desea que nosotros, los hombres, hayamos perdido el tren. Pero entonces hemos de estar dispuestos (otra vez) a cargar con el hecho de que siempre que tengamos al desafío feminista para establecer un acuerdo permanente entre los dos sexos, podremos estar en condiciones de anular el insidioso mito de que los hombres, por el hecho de serlo, son incapaces de afinidad con cualquier cosa.

No es menos importante que también seamos capaces de valorar por nosotros mismos muchas reclamaciones feministas, dejando aparte lo que sea obviamente un sinsentido («todos los hombres, como tales, padecen de un envenenamiento terminal de testosterona») de lo que es obviamente sensato («los hombres tienen dificultades en cierto sentido particular debido a unos estereotipos simplistas relativos al papel a desempeñar en la sexualidad como las mujeres los tienen en cierto sentido particular») y de aquellos que invitan a una prolongada reflexión («hay ciertas diferencias cruciales entre hombres y mujeres que hay que tener en cuenta si hombres y mujeres han de unirse en un auténtico terreno común»).

En un amplio sentido, la metáfora del estímulo-respuesta se desmonta al explicar las interacciones entre el colectivo de los hombres y el de las mujeres, especialmente en los últimos años. La relación parece ser algo más dialéctica, una cuestión de respuestas a respuestas y a otras respuestas. Por ejemplo, antes que adoptar un tono evangelizador o repudiar sencillamente las observaciones feministas, Warren Farrell, en su libro *El macho liberado,* aparecido en 1974, insistía en que tratar de discutir los cambios producidos entre las mujeres era algo fútil sin discutir los correspondientes cambios producidos entre los hombres. Farrell, a quien se llegó a conocer como «la Gloria Steinem del movimiento de los hombres», también introducía la provocativa imagen de la poligamia masculina: «Un hombre casado con su trabajo y con su mujer (aunque raramente con la segunda)».

En otro libro, aparecido en 1974, *Male Survival,* su autor, Harvey Kaje urgía a los hombres que recurriesen a otras cosas distintas de su trabajo para apoyar su identidad personal y para valorar nuevos caminos para la relación (profundizando en la relación familiar y con la comunidad, por ejemplo). Stephen Koch, en un artículo aparecido en *Esquire* titulado «El sexo culpable», informaba a los padres de que ya no podían seguir ahí simplemente, regando el césped, «impasibles como muertos, mientras al lado de la casa familiar había una vida real con la cual no contaban». En 1979, Joe L. Dubbert, profesor de historia en el Muskingham College, informaba de esta manera acerca de los primeros esfuerzos conducentes a un Nuevo Varón:

Mediados los años setenta se organizaron muchas conferencias y se formaron organizaciones para responder a una creciente lista de cuestiones entre los hombres, que iban desde el divorcio y las pensiones por alimentos, la paternidad, y las cuestiones laborales, hasta las cuestiones sexuales y, entre ellas, especialmente, los derechos de los «gay», que predominaban en el movimiento inicial. Había nacido un movimiento de liberación de los hombres. La cuestión esencial era el reconocimiento de una insuficiencia en el desempeño del papel tradicionalmente masculino de mantenerse por delante y mantenerse frío. Los hombres se planteaban cómo tratar con sus relaciones, con sus competidores y también con las mujeres, y cómo decidir la utilización de su tiempo libre. Los hombres se sentían capaces de valorar desde un nuevo punto de vista su salud física y mental. Aunque el movimiento era básicamente de carácter universitario, apelaba a los hombres sin distinción que aún no se habían planteado la necesidad de discutir acerca de la identidad masculina. Robert Gould (citado en «Now Men's Libs is the Trend», *U.S. News and World Report,* del 18 de marzo de 1974) dijo que el movimiento de liberación no había hecho más que empezar, y predijo que sus consecuencias serían tan importantes como las del movimiento de derechos civiles.

Las cosas no han llegado aún hasta el punto definido por las predicciones de Gould acerca del impacto del emergente movimiento de los hombres —o, mejor dicho, de los *movimientos* de los hombres—. De acuerdo con mi inicial sugerencia de que el término *masculinidad* podría entenderse como algo esencialmente plural, parece que se trata de evitar el comprimir toda la profundidad y la amplitud de muchos movimientos iniciales masculinos en un único colectivo predominantemente gris. En este punto se deja la valoración de los hechos al narrador y maestro de hombres, Michael Meade:

Prefiero pensar en algo que no sea un movimiento singular, ya que eso sugiere una ideología o un dogma. Y no creo que tal sea la cosa. Creo que hay muchos movimientos; que se está produciendo una exploración, pero no un movimiento unificado... Tan sólo estamos saliendo de un período histórico en el que fue dominante el arquetipo del rey, o el arquetipo tempestuoso del dios. Esa energía produce movimientos amplios y unificados. Pero ahora esa energía se ha desvanecido, y lo que se inicia es algo más diverso.

A lo largo del pasado año he estado considerando centenares de ensayos, artículos, poemas y obras de ficción, muchos más de los que podían incluirse en estas páginas debido a la limitación del espacio. Muchos de los artículos aquí incluidos se han extraído de trabajos más extensos, según mi deseo de presentar más colaboraciones cortas que menos y más amplias (de acuerdo con mi premisa de que nuestro planteamiento atiende más bien a las *masculinidades* y a los *movimientos*).

Ser un hombre no debe considerarse como la crónica definitiva o exhaustiva de lo que se considera ser hombre. Cada aportación ha de suponer necesariamente un cambio de una forma (la antología) a otra (la enciclopedia), y ello requeriría no un solo volumen sino muchos. Y cada criatura podría llevar a una masiva narcolepsia.

Desde el principio me he planteado un objetivo diferente, que es mostrar trabajos sugerentes y representativos de una multiplicidad de corrientes tributarias del pensamiento, la visión y la práctica de la masculinidad actual. Incluso cuando por economía de expresión utilizo el decepcionante término singular *masculinidad,* como la hago a lo largo de este libro, el término ha de entenderse en un sentido plural (de la misma manera que el término *color* indica una secuencia de posibilidades).

Hay muchos elementos que no se encuentran en este libro porque hubiese perdido su coherencia al extractarlos; otros, porque mis esfuerzos para localizar a sus autores y recabar su permiso para editarlos fueron infructuosos; e incluso otros porque no fue posible llegar a acuerdos satisfactorios con sus agentes en cuanto a derechos de autor. No ha habido rechazos por cuestiones ideológicas. Y yo asumo la responsabilidad final por la selección que he hecho *tam facti quam animi* (tanto en los hechos como en la intención).

«Deja el latín, muchacho», acaba de decirme Humphrey Bogart al oído. «Un hombre ha de entender lo que ha de entender...»

PRIMERA PARTE

SER UN HOMBRE.
CUESTIONES DE IDENTIDAD

Siempre me ha desagradado ser un hombre... Incluso la expresión «¡Sé un hombre!» me agrede como algo insultante, injurioso. Quiere decir: Sé idiota, insensible, obediente y soldadesco, y deja de pensar. La masculinidad... una mentira odiosa y castradora... que es por su propia naturaleza destructiva, emocionalmente perjudicial y socialmente dañina.

PAUL THEROUX

Hay líneas de continuidad de la masculinidad que transcienden las diferencias culturales.

THOMAS GREGOR

¿Es la masculinidad una esencia primordial e innata, algo universal en su sentido más amplio, o es una convención social, una improvisación que puede asumir muchas formas aparentemente contradictorias?
Si los hechos genéticos *relacionados con la palabra* varón *pueden aparecer como términos sinónimos de los hechos* culturales *relacionados con la palabra* masculinidad, *esta pregunta puede llevar por sí misma a respuestas simples y sin discusión —¡por fin!—. Pero de momento la respuesta más segura para esta pregunta alternativa es: ambas cosas. La masculinidad puede aparecer inmersa en —y ser expre-*

sión de— ciertas «estructuras profundas», elementales y rudimentarias. Así, siguiendo por este camino se encuentra un notable grado de variedad, de diversidad y una «tendencia natural» en la expresión de lo masculino en las culturas de todo el mundo.

Bajo esta luz, el viejo debate acerca de si la masculinidad se basa en la naturaleza o en la educación parece decididamente agotado. Y yo planteo una pregunta diferente y más interesante: ¿hasta qué punto y qué cosas de la naturaleza y de la educación hacen a un hombre? Aunque no se haya planteado de forma expresa, esta pregunta impulsa una provocativa discusión entre bastantes pensadores, planteando todos ellos en esta sección el tema de la identidad masculina —e identificando la masculinidad.

Cooper Thompson, que dirige grupos de trabajo y adiestramiento en los que se revisa la masculinidad, argumenta que aunque hay factores biológicos que forman obviamente el comportamiento masculino, «hay pruebas evidentes de que los factores culturales y ambientales son lo bastante fuertes como para oponerse a los impulsos biológicos». En su ensayo «Debemos rechazar la masculinidad tradicional», Cooper dice que la tarea que se plantean en la actualidad los hombres es fundamentalmente social: ir más allá de las características tradicionales masculinas (en especial el valor, la fuerza física y la independencia) y abrirse a las cualidades femeninas tradicionales (como la gentileza, la atención materna y la vulnerabilidad).

Warren Farrell, escritor y pionero en el movimiento masculino, se muestra de acuerdo —en parte—. Sí, los hombres tienen mucho que ganar yendo más allá de los estrechos límites de su identidad, pero también hay muchas cosas valiosas en la masculinidad tradicional. «Elogiar a los hombres es algo que está en vías de extinción», escribe «Pero lo bueno de los hombres no aparece. Y cuando algo bueno está en peligro requiere especial atención.» Farrell propone que el papel tradicional del varón se acepte, que no se rechace simplemente.

Ser un hombre: cuestiones de identidad

Aquí entra Robert Bly, poeta, escritor, que ha reunido y participado en asambleas de hombres en todos los estados de la Unión. En «Lo que los hombres quieren en realidad», una adaptación realizada con él de mi entrevista de 1982, con el mismo título, Bly apoya a Cooper Thompson en cuanto a la masculinidad tradicional («los masculinos años cincuenta») mientras también se suma a la afirmación de Warren Farrell acerca del comportamiento masculino tradicional («la masculinidad profunda»). Bly lo hace llevando la imaginación a una intuición nueva y la mitología a un nuevo terreno. «En los últimos veinte años el hombre se ha hecho más considerado, más amable», dice Bly. «Pero con eso no se ha hecho más libre.» Los «chicos suaves» de hoy se consideran a sí mismos desdichados, sigue diciendo Bly. Preservan la vida pero no la dan.

Aaron Kipnis, un psicoterapeuta del norte de California y director de grupos de hombres, empieza con un inspirado llamamiento para que se reconozca una imagen emergente de nuevo de la masculinidad sagrada: «... la de un varón creativo, fecundo, generador, atento, protector y compasivo, que vive en armonía con la tierra y la femineidad, y que es también erótico, libre, salvaje, alegre, enérgico y violento». Kipnis advierte que esos hombres que tratan de recuperar el alma tan sólo de lo femenino, se encuentran en peligro de volver a una relación de hijo-amante-víctima con la diosa.

Nuestra reunión de escritos acerca de la identidad varonil se redondea con el hermoso ensayo de Thomas Moore, «Eros y el espíritu masculino». Es un placer seguir a este artista psicólogo (o psicólogo artista) cuando insiste en que «no podemos llegar a un acuerdo con el padre en profundidad mientras no recuperemos el sentido de lo sagrado». Ello supone, dice Moore, abandonar el intento frustrante de ser el espíritu varonil y aprender en cambio a ser su sacerdote.

DEBEMOS RECHAZAR LA MASCULINIDAD TRADICIONAL

por *Cooper Thompson*

Una vez me pidió una profesora de un colegio suburbano que fuese a dar una charla sobre el papel masculino. Esperaba que yo pudiese ayudarla en su enfrentamiento con cuatro chicos que ejercían un control extraordinario sobre los demás chicos de la clase. Haciendo uso del ridículo y de su prestigio de atletas de físico impresionante, los cuatro matones habían conseguido paralizar la participación de los chicos, que se mostraban reluctantes para hacer comentarios en los debates de la clase.

Hablamos acerca de los caminos por los que los chicos conseguían una situación en la escuela y cómo podían verse disminuidos por otros. Me habían dicho que lo más humillante era que a uno le llamasen «fag» (una especie de esclavo que le hace los trabajos a otro). La lista de comportamientos que podían llevar al ridículo llenaban dos grandes pizarras, y era detallada y abarcadora; vi que un chico en esa escuela tenía que adaptarse a unas pautas de masculinidad rígidas y estrechas para conseguir que no le llamasen «fag». También yo sentí esa presión y tuve clara conciencia de mis modales ante el grupo. En parte debido a la exasperación, decidí comprobar el peso real de esas afirmaciones. Cuando vi que uno de los cuatro chicos llevaba una camiseta con varias rayas rosas y él me dijo que llevar cosas de color de rosa era motivo para que a uno le llamasen «fag», le dije que a mí me parecía que él era un «fag». Él, después de reírse, me dijo: «te voy a matar.»

Ésa es la definición estereotipada de la fuerza que se relaciona con la masculinidad. Pero es una definición muy limitada de fuerza, basada en el dominio y el control, y adquirida mediante la humillación y la degradación de los demás.

Una nueva imagen de fuerza

En contraste con esta definición, Pam McAllister ofrece otra imagen en su introducción a *Reweaving the Web of Life:*

La carta de la «Fuerza» de mi Tarot muestra, no un guerrero que va a la batalla con su armadura y su espada, sino una mujer que toca a un león. La mujer no está tocando al león ni le da con una maza, ni le atrapa en una red, ni le ha puesto un bozal ni le tiene atado con una cuerda. Y aunque el león tiene con toda claridad dientes y largas y afiladas garras, la mujer no se esconde de él ni busca protección, ni tiene tampoco grandes músculos. No parece estar hablando con el león, ni le adula ni le ofrece carne fresca para distraer sus fauces hambrientas.

La mujer de la carta de la «Fuerza» lleva un vestido largo y flotante y una guirnalda de flores. Con una mano abre las fauces del león y con la otra acaricia su hocico. El león de la carta tiene unos grandes ojos amarillos y una larga y roja lengua que le asoma en la boca. Tiene alzada una pata y le cae la melena en espesos rizos rojos, torso abajo. La mujer. El león. Juntos representan la fuerza.

Esta imagen de la fuerza está en directo contraste con la fuerza encarnada en las acciones de los cuatro matones. La fuerza colectiva de la mujer y el león es una fuerza desconocida en un sistema de valores viriles tradicionales. Otras cualidades humanas son asimismo ajenas a la concepción tradicional de la masculinidad. En los talleres de estudio que he organizado en torno al estereotipo del papel masculino, profesores y otro personal de las escuelas generan con rapidez listas de actitudes y comportamientos que los chicos, de una forma típica, parecen no entender. Hay en estas listas gente que presta apoyo y educa, que acepta la vulnerabilidad y que es capaz de pedir ayuda, que valora a las mujeres y el trabajo femenino, que comprende y expresa emociones (excepto el odio), que es capaz de simpatizar y ser permisiva con otros, y que aprende a resolver conflictos por procedimientos no competitivos ni agresivos.

Aprender la violencia

Todo esto no debiera resultar sorprendente. Las definiciones tradicionales de masculinidad incluyen atributos como la independencia, el orgullo, la resistencia, el autocontrol y la fuerza física. Ésta es precisamente la imagen del hombre de Marlboro, y hasta cierto punto son atributos deseables para chicos y chicas. Pero la masculinidad va más allá de estas cualidades llegando a la competitividad estresante, la dureza, la agresividad y la prepotencia. En este contexto, las amenazas al propio estatus, aunque sea poca cosa, no se pueden eludir ni tomar a la ligera. Si a un chico le llaman «fag», es porque se le considera débil o tímido; y por tanto que sus iguales no lo encuentran lo bastante masculino. Para él supone una enorme presión quedarse atrás. No ser fuerte en esos momentos no hace más que probar lo que se dice...

Finalmente, la violencia es el medio por el que se mantienen las que considero que son las dos fuerzas críticas y más socializadoras en la vida de un muchacho: la *homofobia,* el rechazo de los hombres afeminados (a los que se aplica el estereotipo de lo femenino), o de los hombres que se consideran que son afeminados, así como el miedo de que a uno le puedan tomar por afeminado; y la *misoginia,* el rechazo de las mujeres. Las dos fuerzas apuntan a dos distintas clases de víctimas, aunque realmente son la cara y la cruz de la misma moneda. La homofobia es el rechazo de las cualidades femeninas en un hombre mientras que la misoginia es el rechazo de las cualidades femeninas en una mujer. El chico al que llaman «fag» es el blanco de la homofobia de otros chicos tanto como la víctima de su propia homofobia. Mientras el mensaje abierto es la absoluta necesidad de evitar el resultar femenino, lo que deriva de ello es que las hembras —y todo lo que tradicionalmente representan— son despreciables. Los marines de los Estados Unidos tienen una filosofía que combina de forma conveniente la homofobia y la misoginia en la creencia de que «cuando quieres crear un grupo de asesinos varones, matas a la mujer en ellos».

Las presiones de la homofobia y la misoginia en las vidas de los chicos han quedado patéticamente demostradas cada vez que he repetido una simple y provocadora actividad con estudiantes. Les pido que respondan a esta pregunta: «Si mañana despertases y descubrieses que eras del sexo opuesto al de ahora, ¿en qué medida tú y tu vida seríais diferentes?». Las chicas concuerdan en decir que hay claras ventajas en ser un chico —desde una mayor indepedencia y oportunidades para hacer una carrera hasta el menor riesgo en caso de asalto físico y sexual— y responden ilusionadas a la pregunta. En cambio, los chicos expresan a menudo su disgusto ante esta posibilidad y en ocasiones se niegan a responder a la pregunta. En sus informes sobre estudios en que se utilizó esta pregunta, Alice Baumgartner presenta estas respuestas como típicas de los muchachos: «Si fuese una chica, sería estúpida y débil...»; «Tendría que usar maquillaje, dedicarme a la cocina, ser madre y coser...»; «Tendría que odiar a las serpientes. Todo resultaría miserable». «Si fuese una chica, me suicidaría.»

Los costos de la masculinidad

Los costos vinculados a un tradicional planteamiento de la masculinidad son enormes, y los daños se producen tanto en un nivel personal como social. La creencia de que un chico ha de ser fuerte (agresivo, competitivo y osado) puede provocar en él dolor emocional. Mientras unos pocos chicos experimentan el éxito a corto plazo de su energía, a largo plazo la seguridad es menor. En cambio, eso lleva a una serie de desafíos en que pocos chicos salen finalmente vencedores, si es que sale alguno. No es seguro estar en lo alto cuando tantos otros chicos compiten por la misma situación. Ser duro también comporta crecientes posibilidades de estresarse, de recibir daño físico, e incluso de morir de forma prematura. Se considera varonil correr riesgos físicos exagerados y comprometerse voluntariamente en actividades combativas, hostiles.

La otra cara de la moneda de la dureza, la delicadeza, no es una cualidad que se considere masculina y, así, no se valora. Por eso tales chicos y hombres experimentan una creciente distancia emocional con respecto a otras personas y tienen pocas posibilidades de participar en relaciones personales significativas. Los estudios realizados muestran de forma suficiente que los padres (masculinos) dedican mucho menos tiempo a relacionarse con sus hijos. Además, los hombres informan de que rara vez tienen *relaciones íntimas* con otros hombres, como reflejo de su homofobia. Tienen miedo de estar demasiado próximos y no saben qué hacer para echar abajo las barreras que ellos mismos han levantado entre sí.

Cuando los chicos se hacen mayores y aceptan papeles de adulto, aparece con claridad el amplio costo social de la masculinidad. Muchas mujeres experimentan la resistencia varonil a una expansión del papel femenino; uno de los supuestos de la masculinidad tradicional es que las mujeres han de estar supeditadas a los hombres. La consecuencia es que los hombres muy a menudo no están dispuestos a aceptar a las mujeres como iguales, como compañeras competentes en el terreno personal y en el profesional. Sea en el terreno de la relación sexual, la familia, las calles, o el campo de batalla, los hombres están siempre comprometidos en el esfuerzo de dominar. Las estadísticas relativas al maltrato de los niños indican de forma clara que una amplia mayoría de los que les maltratan son hombres, y que no se puede tratar de algo típico. La violación es el delito en más rápido crecimiento en Estados Unidos. Y son los hombres, no importa de qué nacionalidad, quienes provocan y mantienen las guerras. Dicho brevemente, la masculinidad tradicional es una amenaza contra la vida.

Una nueva socialización para los muchachos

La masculinidad, como muchos otros rasgos humanos, viene determinada a la vez por factores biológicos y ambientales. Mientras algunos creen que los factores biológicos son elementos significativos en la conformación del comportamiento masculino, hay pruebas evidentes de que los factores culturales y ambientales son lo bastante fuertes como para oponerse a los impulsos biológicos. ¿Qué debemos, pues, enseñar a los chicos acerca de lo que es ser un hombre en el mundo moderno?

● Los chicos han de aprender a aceptar su vulnerabilidad, aprender a expresar emociones tales como el miedo y la tristeza, y aprender a pedir ayuda y apoyo en los momentos adecuados.

● Los chicos han de aprender a ser amables, suaves, cooperadores y comunicativos y, en particular, han de aprender métodos no violentos para resolver conflictos.

● Los chicos han de aprender a aceptar actitudes y comportamientos tradicionalmente etiquetados como femeninos como elementos necesarios para un desarrollo humano integral, reduciendo la homofobia y la misoginia; lo que equivale a aprender a amar a otros chicos y chicas.

Ciertas cualidades como el valor, la fuerza física y la independencia, tradicionalmente relacionadas con la masculinidad, son por supuesto cualidades positivas para los varones, siempre y cuando no se manifiesten en forma obsesiva ni se utilicen para explotar y dominar a otros. No es necesario descalificar por completo ni olvidar lo que tradicionalmente se ha considerado masculino. Creo que las tres áreas indicadas más arriba son cruciales para el desarrollo de una visión más amplia de la masculinidad, una visión que es más saludable para la vida en su conjunto.

Esas tres áreas son asimismo cruciales para reducir la agresividad y la violencia del comportamiento entre los muchachos y entre los hombres. Los varones han de aprender a apreciar la vida por lo que en sí tienen de valor como seres humanos, no sólo por sus hijos, amigos y amantes. Si los hombres fuesen más amables es posible que hiriesen menos a aquellos a los que aman...

Escuelas y deportes

¿Dónde se producirá este cambio en la socialización?

En sus primeros años, gran parte del aprendizaje de los muchachos acerca de la masculinidad procede de la influencia de los padres, de los hermanos, y de las imágenes de la masculinidad que aparecen en la televisión. Hace falta un gran esfuerzo para que aquí se produzca un cambio. Pero en edades más avanzadas, el plan de estudios y el ambiente escolar proporcionan poderosas imágenes de refuerzo de la masculinidad tradicional. Este refuerzo se produce a través de una diversidad de canales, que incluyen los contenidos de los planes de estudio, la determinación de los papeles y las actividades extraescolares, en especial los deportes de competición.

Los deportes escolares son un microcosmos de la socialización de los valores viriles. Si bien la participación en actividades competitivas puede ser algo divertido y saludable, con demasiada facilidad ello se convierte en una lección sobre la necesidad de ser duro, invulnerable y dominante. Los atletas aprenden a pasar por alto sus propias lesiones y dolores y, a cambio, intentan causar lesiones y daños a los demás en su deseo de ganar, sin tener en cuenta el costo derivado de ello para sí mismos y sus contrincantes. Las lecciones aprendidas en los deportes se consideran vitales para el conjunto del desarrollo masculino y como modelo de resolución de problemas en otras áreas de la vida.

Además, para reforzar los tradicionales valores viriles, las escuelas proporcionan demasiado pocas experiencias de cooperación, negociación, resolución no violenta de conflictos y estrategias propias de la simpatía y la tolerancia. Las escuelas deberían convertirse en lugares donde los muchachos tuvieran la oportunidad de adquirir esas capacidades.

A pesar de la presión que se ejerce sobre los hombres para que desplieguen su masculinidad por los medios tradicionales, hay ejemplos de hombres y muchachos que están cambiando. «Hacer de padres» es un ejemplo de cambio positivo. En años recientes se ha producido un énfasis popular en las actividades de atención a los niños, con hombres más comprometidos en la tarea de prestar cuidados a los niños, no sólo en el plano profesional sino también como padres. Esto es una clara mejora teniendo en cuenta el planteamiento tradicional de que la crianza de los niños se ha de delegar en las mujeres y no es una actividad apropiada para los hombres.

El movimiento de liberación femenina ha supuesto un estímulo para que algunos hombres acepten a las mujeres como sus iguales en áreas más amplias de la vida. Esos hombres han elegido aprender y cultivarse a partir de las experiencias de las mujeres y junto con ellas están creando nuevas formas de relación. La literatura popular y la investigación acerca del papel sexual de los varones están en expansión, reflejando un creciente interés acerca de la masculinidad. Semanarios como el *Time* y el *Newsweek* han puesto en circulación grandes reportajes sobre la «nueva masculinidad» que sugieren que se están produciendo grandes cambios tanto en los hogares como en los centros de trabajo. Pequeños grupos de hombres esparcidos por todo el país han organizado protestas contra la pornografía, los malos tratos y la agresión sexual. Finalmente, he ahí la National Organization for Changing Men con su programa profeminista, progay y en pro de los «nuevos hombres», cuyas filas van creciendo poco a poco...

Que los chicos sean chicos

Creo que están en recesión los papeles de aquellos cuatro matones y la rígida cultura en la que viven. Si las escuelas cambiasen radicalmente en cuanto a estos patrones culturales y los sustituyesen por una nueva visión de la masculinidad, ¿qué ocurriría? En ese nuevo ambiente, los chicos podrían expresar una amplia gama de emociones y comportamientos sin miedo a verse estigmatizados.

Se les consentiría llorar y se les animaría a hacerlo, y a tener miedo, a manifestar alegría, a expresar amor de una forma amable. Las excesivas exigencias relativas a la carrera quedarían reemplazadas por las necesidades de las personas en cuanto a tiempo libre, salud y trabajo significativo. Los muchachos mayores se verían animados a hacer de mentores y de compañeros de fuegos de los estudiantes de menor edad. Asimismo, los chicos podrían recibir el reconocimiento por sus capacidades artísticas, como ya lo reciben por sus logros deportivos, y, en general, podrían valorar el tiempo libre y las actividades recreativas, tanto como los deportes de competición.

En un sistema en el que la virilidad y la femineidad se valorasen por igual, los chicos ya no tendrían la sensación de que han de ponerse a prueba ante otros chicos; podrían aceptar sencillamente el valor de cada persona y apreciar las diferencias. Los chicos se darían cuenta de que está permitido tener fallos. Además, podrían aprovechar las oportunidades de aprender de las chicas y de las mujeres. El apoyo emocional sería algo común, y no se seguiría considerando como papel femenino el prestar apoyo. Las relaciones entre chicos y chicas no seguirían basándose en unos papeles limitados, sino que se convertirían en expresión de dos individualidades que aprenden una de otra y se apoyan. Las relaciones entre los chicos reflejarían la preocupación de uno por el otro más que su miedo recíproco y su desconfianza.

La forma agresiva de resolución de los conflictos sería la excepción y no ya la norma. Las chicas se sentirían bien recibidas en actividades dominadas por los chicos, sabiendo que estaban a salvo de malos tratos sexuales. Los chicos ya no se vanagloriarían de haber golpeado a otro chico ni de haberse «tirado» a una chica la noche pasada. De hecho, los chicos se sentirían tan insultados como las chicas por la violación o cualquier otro delito cometido en la comunidad. Finalmente, los chicos se mos-

trarían activos en el esfuerzo de contención de la proliferación nuclear y de otras formas de violencia militar,
siguiendo el ejemplo de las actividades femeninas.

El desarrollo de una nueva concepción de la masculinidad basada en estos planteamientos es una tarea ambi-
ciosa, pero es esencial para la salud y la seguridad de los
hombres y las mujeres. La supervivencia de nuestra sociedad puede radicar en el hecho de que seamos capaces de
enseñar a los hombres a proteger la vida.

HEMOS DE ACEPTAR LA MASCULINIDAD TRADICIONAL

por *Warren Farrell*

Cualquier virtud, llevada al extremo, se convierte en vicio. A lo largo de los últimos veinte años he venido criticando la masculinidad tradicional porque la masculinidad se ha llevado al extremo. Y al llevarla al extremo ha creado ansiedad, destrucción, guerra y suicidios. Si no se lleva al extremo tiene muchas virtudes que no hay que echar en saco roto.

Elogiar a los hombres es algo que está en vías de extinción. Pero lo bueno de los hombres no aparece. Y cuando algo bueno está en peligro requiere especial atención. Y, así, en un raro momento de la historia presente, se da una especial atención hacia lo que hay de bueno en la socialización masculina...

Entrega/generosidad.– ¿Por qué hemos de pensar en las mujeres como haciendo entrega de sí mismas y en los hombres recibiendo regalos? Porque la socialización de las mujeres enseña la entrega directa —a la crianza, a cocinar para los hombres y a atender más a la limpieza de él que de sí misma—. El hombre puede hacer su entrega trabajando en una mina de carbón y contrayendo la silicosis para que su hijo vaya a la escuela, cosa que él no pudo hacer, pero su entrega se realiza en la mina —donde no podemos verlo—. El resultado de su entrega es un cheque. De la entrega de las mujeres apreciamos el proceso más que el resultado: las vemos cocinar, servir la mesa, y normalmente limpiando. A él no le vemos vadeando el agua en el pozo de una mina oscura y húmeda, o conduciendo un camión a las dos de la madrugada tras su cuarta taza de café, retrasado con respecto al horario y sin tiempo para echar un sueñecito. Le vemos en casa de regreso del café.

Dedica una gran parte de su vida a ganar dinero para financiar un hogar con su mujer enamorada, pero no podemos pensar en su entrega cuando está fuera de casa como pensamos en la entrega de ella cuando está fregando la vajilla.

A veces la entrega de un hombre es reflexiva y está marcada por un papel asumido, como cuando hace cuentas reflexivamente en un restaurante. Olvidamos que esto es también entrega: cincuenta dólares por comida y bebida pueden representar el ingreso, restados los impuestos, por un día de trabajo. Las entradas del cine, la gasolina y la niñera suponen otro día de trabajo. No pensamos en el hecho de hacer esas cuentas como una entrega idéntica a cuando una mujer dedica dos días a preparar un plato especial para él. Ambas formas de entrega se basan en papeles asumidos; sólo que la entrega de ella es más directa...

Juego limpio.– Lo mejor que se deriva del deporte, del juego, del trabajo, de ganar y perder, es el juego limpio... No necesariamente la honestidad, sino el juego limpio. En las Pequeñas Ligas, cuando yo atrapaba una pelota con mi guante, el árbitro me lo reconocía ofreciéndome un punto fácil. Yo le decía al árbitro que no. El árbitro, embarazado, cambiaba de decisión. El entrenador, indignado, me gritaba. El otro entrenador le gritaba a mi entrenador por gritarme a mí. No estaban de acuerdo en cuanto a la honestidad. Pero ni uno ni otro hubiese dejado de reconocer el juego limpio de la decisión de un árbitro neutral.

La socialización masculina enseña el valor de un minucioso sistema de normas, según las cuales cualquiera puede esforzarse para conseguir ventajas, y algunas de las cuales pueden llevar a algo (con ciertas posibles consecuencias). Una vez dominadas, las normas le dan a cualquiera una mayor igualdad de posibilidades que las que tendría sin ellas. Para los hombres, dominar esas normas es cuestión de supervivencia —para sí mismos y para sus familias—. Toda una vida de práctica de esas normas les da a los hombres un sexto sentido de lo que es el juego limpio. Ciertos grupos de hombres y mujeres que han descuidado esas normas por considerarlas «demasiado masculinas» o «demasiado propias de la situación establecida», como ocurrió con los Students for a Democratic Society en los años sesenta y setenta, pronto llegan a apuñalar por la espalda a unas élites que se autodestruyen.

Acción viril

Atenciones.– Carl no era muy bueno expresando sus sentimientos. No podía comprender plenamente que a veces Cindy necesitaba que se la escuchase con atención. Su forma de apoyarla era manifestarse dispuesto a ayudar a Cindy en el problema que la transtornaba. Para Carl, tomarse a Cindy en serio era considerar con seriedad el problema de Cindy, y considerar con seriedad el problema de Cindy suponía tratar de encontrar una solución. Para él, eso era un acto de amor. Sin embargo, y nada menos que eso, quedarse ahí mientras ella lo pasaba mal, era un acto de crueldad. Él había dicho: «Si Cindy está sufriendo, eso exige una solución... Y no quedarse ahí con una repugnante sonrisa de compresión en la cara mientras la mujer que amo sufre a morir». Solucionar las cosas es lo propio de la atención masculina.

Liderazgo.– En la pasada década han venido apareciendo, cada vez con mayor frecuencia, acusaciones relativas a que «los hombres tienen el poder»; y la mitad de ellas estiman en millones de horas las sacrificadas por los hombres en lograr para sí mismos el liderazgo y hacerse con ese poder. O en beneficiarse del mismo liderazgo. Pocos artículos explican que la socialización masculina ha redundado en millones de líderes que dirigen centenares de empresas que en la actualidad les están ofreciendo a millones de mujeres unas oportunidades para acceder a la dirección que podrían no existir si no fuese por el liderazgo masculino.

Desafuero.– Mientras las mujeres están socializadas para atraer la atención del hombre siendo «buenas chicas» y no ofendiendo los egos masculinos, los hombres están hechos a atraer la atención de las mujeres por su posición. Una de las formas en que un hombre puede manifestar su situación es siendo escandaloso. En su mayor parte, el escándalo depende de las barreras que se rompen con objeto de darnos a todos mayor libertad para experimentar en el descubrimiento de nosotros mismos. Las melenas de los Beatles, consideradas escandalosas en su momento, permitieron que una generación experimentase con su cabello; Elvis the Pelvis hizo posible que una generación experimentase con su propia sexualidad; los hermanos Wright hicieron frente a la opinión de que era científicamente imposible volar, y suicida intentarlo; y Salvador Dalí, Picasso y Copérnico se enfrentaron con el mundo de un modo considerado insultante en su tiempo; viéndolo retrospectivamente, podemos darnos cuenta de que todos ellos nos permitieron vivir de una manera que nunca hubiésemos soñado.

Psicología del varón

Mantener las emociones bajo control.– Aunque en la vida de relación el cierre hermético lleve al «volcán viril» tras meses de represión de las emociones, el aspecto positivo de ello es nuestra dependencia de este rasgo masculino en situaciones críticas. Dirk recuerda un choque frontal. «Chocaron cinco automóviles. Había cristales y sangre por todas partes. Cuatro de nuestros chicos corrieron de un coche a otro, orientándose por los gritos y preparando torniquetes. Hicimos que dos coches se parasen para que los pasajeros dirigiesen el tránsito; llamamos a la policía y retiramos a una mujer y a su hijo de un automóvil que un minuto después estallaba en llamas.»

Los periódicos informaron del accidente. Pero en los titulares no se leía que «unos hombres controlan sus emociones para salvar vidas de mujeres y niños». Mostraban una fotografía —pero no de los cuatro hombres situados junto a las mujeres y los niños a los que habían salvado, sino de los cinco automóviles que habían chocado.

La fuerza del ego.– Cuando las mujeres reconsideran lo que era injusto en una relación, el supuesto inconfesado es que se trataba de la fuerza del ego. Cuando los hombres compiten con dureza por ser el número uno, lo vemos como un reflejo de la fragilidad de su ego (lo cual bien pudiera ser) y le llamamos estrategia, y *no reconocemos la fuerza del ego necesaria para llegar a una autorrevaloración inmediatamente después de haber perdido.* Un hombre necesita plantearse «¿en qué me he equivocado?», y entonces, cuando tiene la respuesta, en lugar de gratificarse a sí mismo por su introspección, ha de plantearse de inmediato la corrección antes del próximo juego...

Expresar cólera.– «En un momento dado estábamos gritando y vociferando... Un momento después nos estábamos concentrando para el juego siguiente.» La tendencia masculina a tomarse en serio los deportes combinada con la inclinación a manifestar intensamente las propias sensaciones lleva a muchos hombres adultos a decir que «perdí la ecuanimidad por un momento, y enseguida la recuperé». El aspecto positivo de la cólera masculina es la rápida e intensa liberación de las emociones, con la consiguiente calma que sucede a la tormenta. Si se comprende esa intensidad, y no se exacerba, raramente deja secuelas. La tensión, como cualquier energía poderosa, se puede controlar, y canalizar hacia un intenso galanteo...

Fuerza masculina

Salvar la vida de ella con riesgo de la propia.– Describía en la introducción (de mi libro) cómo mi hermano menor Wayne murió en una avalancha cuando se aventuró a explorar un área peligrosa en solitario antes de que su novia compartiese con él el riesgo o lo hiciese por sí misma. Ninguna narración acerca de esta muerte dijo que era un ejemplo del deseo masculino de perder la vida por la mujer amada. Leemos historias acerca de mujeres que mueven automóviles para salvar la vida de un hijo, pero no para salvar la vida de un marido. Con frecuencia, una mujer que oye mencionar esta diferencia se muestra a la defensiva aunque diga que aprecia más a los hombres.

Nada hay de ofensivo en ello. No ha quedado establecido que los hombres sean mejores. Los miembros de cada sexo hacen aquello que su socialización les lleva a hacer para tener la sensación de ser parte de un conjunto y apartarse un poco para sentirse individuos. Eso hace a ambos sexos iguales, con una programación distinta. La muerte de un hombre por una mujer a la que ama no le hace mejor por eso, sino que una parte de su socialización le hace vulnerable. Mi hermano era bastante vulnerable.

Entregar la vida por unas convicciones.– Algunos hombres entregan sus vidas en la guerra porque creen en su país; otros lo hacen porque si no pueden ser héroes no se sienten lo bastante vivos; otros lo hacen en apoyo de sus familias. Otros arriesgan sus vidas en la guerra y, si viven, ganarán dinero y estatuas suficientes para conseguir una esposa. Hombres de distinta extracción social o étnica hacen lo mismo en la CIA, el FBI, el Departamento de Estado y la Mafia; sus convicciones o su deseo de respaldar a sus familias son tan importantes como toda su vida.

Para tales hombres ésas no son palabras vacías. Mientras el peor aspecto de esta actitud se debe a una extraordinaria manifestación de inseguridad masculina y a la compensación de una falta de energía, la parte mejor es consecuencia de la extraordinaria convicción que sienten los hombres en cuanto a sus creencias y sus familias. Se trata de una manifestación (que conlleva su propio sistema de valores) de la importancia de los valores, de la responsabilidad y de una cierta calidad de vida: para ellos y para sus familias...

Responsabilidades masculinas

Autosuficiencia.– No podemos decir de los hombres que son «hombres de carrera», porque la palabra *carrera* se basa en la palabra *hombre*. La autosuficiencia se basa en la masculinidad

La socialización masculina es una sobredosis de autosuficiencia. No hay cuentos de hadas sobre princesas montando blancos corceles que encuentran a Bellos Durmientes y se los llevan a un castillo; no hay cuentos de hadas que glorifiquen a un hombre que no sea autosuficiente. Cuando el camino se hace duro, no se habla de ello, se sigue adelante.

¿Cómo se traducen a la realidad esos cuentos de hadas? La liberación se ha definido como la entrega a la mujer del «derecho de elegir»: elegir la opción de estar en casa o la de ir a trabajar. *Los hombres no aprenden que tengan el derecho a elegir quedarse en casa. Eso implicaría que alguien ha de atenderles en casa.* Un hombre no aprende a esperar tal cosa. Aprende, en cambio, que «el mundo no le debe la vida». La autosuficiencia supone *ganar* derechos. El derecho de elegir, que aprende el hombre, procede, por ejemplo, de conseguir un trabajo bien remunerado de manera que tiene más posibilidades para elegir cuando no está trabajando. Como consecuencia de la preparación masculina para cuidar de sí mismos, millones de mujeres han tenido más libertad para considerar sus propios valores —y censurar a los hombres— de la que hubiesen disfrutado si hubiesen tenido que apoyarles.

La aceptación de riesgos.– La preparación social del hombre para asumir riesgos en el terreno de juegos le prepara para correr riesgos al invertir en acciones, en negocios, en compañías; para invertir en su carrera con años de preparación, una preparación extra. Un cirujano plástico puede haber arriesgado desde los cinco años a los treinta y cinco como estudiante o como estudiante a tiempo parcial, mal pagado y con exceso de trabajo, para poder ganar a lo largo de la segunda mitad de su vida medio millón de dólares al año...

Desarrollar la propia identidad.– La presión que se ha ejercido sobre el hombre para que sea algo más que autosuficiente, que le ha forzado a asumir riesgos y tomar iniciativas, a definir con rapidez sus propios valores, a aprender cómo y cuándo desafiar a la autoridad, y a ingeniárselas, ha llevado, en el mejor de los casos, al desarrollo de una *identidad*. La identidad aparece cuando consideramos en qué las cosas van bien y en qué no; aunque especialmente considerando las cosas cuando no van bien. Los fundamentos de la sociedad ya están ahí antes de nuestra aparición y después de nuestro paso por ella. La identidad es el descubrimiento de nuestra individualidad en esa continuidad. Cuando corremos riesgos, y cuando desafiamos lo que existe, la fricción entre nosotros mismos y la sociedad hace que los límites se vean más claros. Así es como desarrollamos una identidad, y por eso la mayor parte de la socialización viril ayuda a desarrollar la identidad. Por supuesto que la mayoría de los hombres manifiesta una buena parte de su personalidad al margen de las instituciones, de la misma manera que la mayoría de las mujeres la manifiesta al margen de los hombres. Pero aquella parte de un hombre acorde con los valores que él mismo se ha hecho se plantea desafíos, corre riesgos y deriva beneficios en función del desarrollo de la identidad...

Responsabilidad.– La socialización es un recetario de la asunción de responsabilidades. Desde la responsabilidad de conseguir un trabajo a los catorce años a fin de tener dinero propio para cubrir ciertas necesidades, a la de actuar de forma adecuada a los ojos de la chica a la que uno pretende e incrementar las posibilidades de ser aceptado; y concertar la primera cita, y pactar con los padres conducir el coche, y luego, en años ulteriores, pedirlo prestado, y luego conducir uno solo, y tener iniciativas...; todo eso son responsabilidades.

Mi estudio sobre las pautas de lenguaje masculino-femenino refleja la preparación masculina para asumir responsabilidades. Es muy improbable que los hombres utilicen frases como «me ha ocurrido tal cosa» y mucho más probable que utilicen frases como «yo he hecho tal cosa».

Lo que los hombres pueden hacer

Sentido de la eficacia.– En el proceso de aprendizaje de la asunción de riesgos, los hombres prestan una atención especial al reconocimiento de lo que es eficaz y lo que no lo es; tal es el sentido de la eficacia. En el proceso de elegir entre una amplia diversidad de trabajos, aprendemos con respecto a qué somos más eficaces. Estamos socialmente preparados según distintas actitudes hacia las inversiones fallidas —como experiencias que afinan nuestra capacidad para prever la próxima pérdida—. Vemos la pérdida como una inversión para invertir. Tratar de remediar un mal trabajo durante horas nos enseña a través del procedimiento de prueba-y-error a ser eficaces ante un automóvil...

Una vez más, esto queda reflejado en unas diferencias entre el lenguaje masculino y el femenino. Es mucho menos probable que un hombre diga «quizás deberíamos decirle a Bill que lo hiciese», y más probable que diga: «Tal vez si intento...».

Mejor hacer que quejarse.– Para ser eficaces, los hombres han hecho una diferenciación indiscriminada entre dos formas de queja: «Me siento impotente» contra «Ésta es la queja, y ahora, la solución». Los hombres se muestran intolerantes ante las quejas de otros hombres, como ese «me siento impotente». Pero una buena parte de esta intolerancia se debe a la presión que ejerce sobre el hombre el mantenerse impávido ante el problema que ha creado la queja.

Llevar al límite las propias capacidades.– Actuar puede ser mejor que quejarse, pero actuar no es suficiente. La presión en el hombre por conseguir todo lo posible de sus propias capacidades supone un constante esfuerzo para ir más allá de los propios límites y todo el talento necesario para descubrir qué es lo máximo que uno puede soportar. Cuando la gente oye decir «forzar los límites de las propias capacidades» piensa en esas capacidades como algo en bruto o puro; se considera que progresar en el trabajo supone una expansión de las capacidades y una aplicación de esas capacidades a través de un trabajo adecuado y con frecuentes ascensos. La gente de éxito aprende que forzar los límites de las propias capacidades supone también contrarrestar la política de los demás egos mientras hacen que brillen los propios; contrapesar las apariencias con la integridad personal; traicionarse a sí mismo repetidamente sin que parezca que se traiciona. La dificultad del dominio de una complejidad política de ascensos es lo que en realidad lleva a las propias capacidades más allá de sus límites.

La reciente atención que se presta a la discriminación ha hecho que nos diésemos cuenta de que la fórmula del éxito es añadir a la cualificación la ausencia de discriminación. Este planteamiento ha limitado nuestra apreciación de la extraordinaria sutileza y el alcance de las capacidades que requiere ascender...

Flexibilidad masculina

Sentido del humor.– Tanto si se trata de la capacidad de Woody Allen de reírse de sí mismo como de la capacidad de George Carlin de reírse de su propia masculinidad, una de las mejores cosas que derivan de la capacitación de los hombres para ver la vida como un juego es la capacidad para reírse a la vez de su propio papel en el juego y del juego mismo. Incluso el sistema más tradicional y serio entre los masculinos es objeto de risa, como lo hace Bill Murray en *Stripes,* en que se burla del estamento militar. Es difícil encontrar películas que se rían de forma parecida del papel tradicional de la mujer —como ocurriría, por ejemplo, con una película que se burlase de la maternidad...

Cambio sin culpabilización.– Aunque los hombres han introducido menos cambios que las mujeres, los que han introducido —como en la paternidad— han sido sin movimientos en los que se culpabilizase a las mujeres. Hace quince años, había pocos hombres dispuestos a considerar el orgasmo o el clítoris. Pocos padres se unían a sus mujeres en la sala de partos, a fin de prepararse para el nacimiento de sus hijos. Pero los hombres pronto introdujeron cambios en todo ello.

Los cambios que hubo se produjeron sin que se atacase a las mujeres con una retórica igual aunque de signo contrario, como sería claro con la frase: «Las mujeres tienen el monopolio del poder sobre los hijos», o esta otra: «Las mujeres tienen un frágil ego maternal perpetuado por un tranquilo matriarcado que lleva al hombre a la muerte mientras las mujeres conspiran para seguir durmiendo en cálidos lechos en el hogar». Tampoco responden los hombres a la culpabilización etiquetándola de abuso psicológico.

Cuando oímos la expresión «batalla de los sexos», lo que se supone sin confesarlo es que ambos sexos han sido igualmente culpabilizados. La batalla, así, podría fácilmente recibir el título de «ataque femenino a los hombres», no de «ataque masculino a las mujeres». Hay una diferencia entre responder a la culpabilización e iniciarla. Los hombres han cambiado menos, pero también han culpabilizado menos.

LO QUE LOS HOMBRES QUIEREN EN REALIDAD

por *Robert Bly*

Keith Thompson.– Tras explorar el camino de la diosa durante muchos años, últimamente ha dirigido usted su atención a los senderos de la energía viril; los vínculos entre padres e hijos, por ejemplo, y la iniciación de los jóvenes varones. También está escribiendo un libro en el que relata algunos de los viejos y clásicos cuentos de hadas sobre el crecimiento del hombre. ¿Qué ha puesto de manifiesto su investigación? ¿Qué ocurre con los hombres en estos días?

Robert Bly.– ¡Nadie lo sabe! Históricamente, el varón ha cambiado considerablemente a lo largo de los pasados treinta años. Antes era alguien al que podríamos llamar el varón de los años cincuenta, que era muy trabajador, responsable, extraordinariamente disciplinado, no consideraba demasiado bien la espiritualidad femenina, aunque tenía muy en cuenta su cuerpo. Reagan tenía esa personalidad. El varón de los años cincuenta era muy vulnerable a la opinión colectiva: si era usted hombre, se suponía que le gustaban los partidos de fútbol, que era agresivo, nunca lloraba, y siempre estaba dispuesto. Pero esta imagen del varón reducía el espacio femenino. Reducía cierto sentido de fluencia, también la compasión, de una manera que llevaba directamente a la desequilibrada prosecución de la guerra de Vietnam, así como la insuficiencia del espacio femenino encabezada por Reagan lleva a su insensibilidad y brutalidad con los pobres en El Salvador, con los ancianos aquí, y con los desempleados, los escolares, y con los pobres en general. El varón de los años cincuenta tenía una idea muy clara de lo que es ser un hombre, pero esa visión suponía muchas insuficiencias y defectos.

Luego, durante los años sesenta hizo su aparición otra clase de varón. El despilfarro y el tormento de la guerra de Vietnam hizo que los hombres se preguntasen qué es realmente un hombre. Y el movimiento feminista animó a los hombres a considerar a las mujeres, forzándoles a hacerse conscientes de ciertas cosas que los varones de los años cincuenta tendían a olvidar. A medida que los hombres empezaban a tener en cuenta a las mujeres y sus problemas, muchos hombres empezaron a tener en cuenta su propia vertiente femenina y a prestarle atención. Ese proceso sigue en marcha en la actualidad, y yo diría que la mayoría de los jóvenes están involucrados en ello en cierta medida.

Ahora está ocurriendo algo maravilloso en toda esta cuestión —el paso del hombre que se cuestiona acerca de su propia conciencia femenina es algo importante—, aunque tengo la sensación de que algo no está bien. En los últimos veinte años el hombre se ha hecho más considerado, más amable. Pero con eso no se ha hecho más libre. Ahora es un muchacho agradable que no sólo agrada a su madre sino también a las jóvenes con las que convive.

Veo el fenómeno de lo que podría llamar «Chico suave» por todas partes en este país.

A veces, cuando veo a mis auditorios, veo que quizás

la mitad de los jóvenes son lo que llamo suaves. Son encantadores, valiosos —me gustan— y no les interesa causarle perjuicios a la tierra, ni iniciar guerras, ni trabajar para las corporaciones. En su comportamiento y en su manera de vivir hay algo favorable para la vida.

Pero hay algo que está mal. Muchos de esos hombres no son felices; no hay en ellos mucha energía. Son preservadores de la vida, pero no dadores de vida. ¿Y por qué a menudo se ve a esos hombres junto a mujeres fuertes, que irradian energía? Nos encontramos así con un joven equilibrado, ecológicamente superior a su padre, que se solidariza con la armonía del universo en su conjunto, aunque él mismo no tiene energía alguna que ofrecer.

Keith Thompson.- Parece como si muchos de esos jóvenes suaves hubiesen llegado a equiparar su propia energía masculina natural con el hecho de ser «macho». Cuando la energía masculina debiera ser creadora de vida, productora al servicio de la comunidad, muchos jóvenes se hacen atrás al respecto. Quizá sea así porque a finales de los años sesenta, cuando considerábamos el movimiento feminista como el abanderado de lo que quisiéramos ser, nuestro mensaje hacía referencia a una mujer nueva y fuerte que exigía un hombre suave.

Robert Bly.- De acuerdo. Eso es lo que parece ser. Y las mujeres juegan un papel en ello. Recuerdo una frase de propaganda de esos tiempos en que se leía: «Las mujeres dicen que sí a los hombres que dicen que no». Sabemos que exigió mucho valor resistir o marcharse a Canadá, así como hizo falta mucho valor para ir a Vietnam. Pero las mujeres estaban diciendo de forma muy definida que preferían un varón más suave y receptivo, y que le recompensarían por ser así. «NOS acostaremos contigo si no eres tan agresivo ni tan macho.» Así que en este punto el desarrollo de los hombres se perturbó un tanto; la masculinidad no receptiva se equiparó con la violencia, y se premió la receptividad.

También, como usted dice, muchas mujeres enérgicas

eligen hombres suaves como amantes —y en cierto sentido, quizá, como hijos—. Esos cambios no se han producido por accidente. Los jóvenes desean por diversas razones mujeres fuertes, y las mujeres empiezan a desear hombres más suaves. Parece un buen arreglo, pero no funciona.

Keith Thompson.– ¿Cómo es eso?

Robert Bly.– Di una sesión de conferencias sólo para hombres en la Lama Community de Nuevo México. Asistieron unos cuarenta hombres, y estuvimos juntos diez días. Cada mañana les hablaba de un determinado cuento de hadas relativo al crecimiento de los hombres y acerca de los dioses griegos que encarnaban formas diferentes de energía viril. Dedicábamos las tardes a descansar y a hacer algún ejercicio físico o a practicar la danza, y luego nos reuníamos otra vez al acabar la tarde. A veces los jóvenes empezaban a hablar y al cabo de cinco minutos rompían a llorar. La magnitud de su pena, de su angustia, era sorprendente. Y era algo profundo.

Una parte de la pena procedía de sus padres, a los que añoraban intensamente, pero en parte también procedía de problemas matrimoniales o de la vida de relación. Habían aprendido a ser receptivos, y eso no era suficiente para mantener el matrimonio. En toda relación se requiere algo de violencia; tanto el hombre como la mujer la necesitan.

En el momento en que se requería, los jóvenes a veces no podían mostrarla. Eran atentos, pero hacía falta algo más, en la relación, en sus vidas. El varón es capaz de decir: «Puedo sentir tu pena, y considero tu vida tan importante como la mía, y te cuidaré y consolaré». Pero puede no saber lo que quiere, y mantenerlo; y eso es algo diferente.

En la *Odisea*, Hermes instruye a Ulises cuando éste se acerca a una especie de imagen materna, diciéndole que se aparte de ella o que le muestre a Circe su espada. Les resultaba difícil a muchos de nuestros jóvenes distinguir entre mostrar la espada y herir a alguien. ¿Comprende?

Habían aprendido tan bien a no herir a nadie que no podían desenvainar la espada, ni siquiera para que la luz del sol se reflejase en ella. Mostrar una espada no supone herir; hay en ello algo hermoso.

Keith Thompson.– Parece estar sugiriendo que vincularse a su propia imagen femenina ha sido una etapa importante en el camino del hombre hacia la globalidad, pero no la última . ¿Qué es lo que hace falta? ¿Cuál es el siguiente paso?

Robert Bly.– Uno de los cuentos de hadas en los que estoy trabajando para incluir en *Fairy Tales for men* es una narración titulada «Iron John». Cuando los hermanos Grimm dieron con ella alrededor de 1820, lo mismo podía tener diez años de antigüedad que veinte mil. Habla de una diferencia en el proceso de desarrollo de los hombres, una etapa que va más allá de lo que vemos en Estados Unidos.

Cuando empieza la historia, ha sucedido algo extraño en un área remota del bosque que está cerca del castillo del rey; cuando los cazadores entran en esa área, desaparecen para no volver nunca. Tres cazadores han ido y han desaparecido. La gente está empezando a pensar que hay algo sobrenatural en esa parte del bosque, y ya no quieren ir allí Y entonces, un día, un cazador desconocido señala el castillo y dice: «¿Qué podemos hacer con esto? Tengo que hacer algo». Y le dicen: «Bueno, hay un problema en ese bosque. La gente va a él y no vuelve. Hemos enviado grupos de hombres para que viensen lo que era y han desaparecido. ¿Puedes tú hacer algo?».

Es interesante saber que este joven no pide que un grupo le acompañe; va solo al bosque, llevando consigo únicamente a su perro. Cuando está recorriendo el bosque, tiene que cruzar una charca. De repente sale una mano de la charca, coge al perro y se lo lleva a lo hondo. El cazador quiere mucho a su perro y no quiere abandonarlo de esa manera. Su respuesta no es en absoluto ponerse histérico, ni tampoco abandonar al perro. Inmediatamente, hace algo muy juicioso, va al castillo, reúne a unos cuantos hombres con cubos y drenan la charca.

Tendido en el fondo de la charca hay un gran hombretón cubierto de pelo hasta los pies. Es rojizo, como un trozo de hierro oxidado. Lo capturan y lo llevan al castillo, donde el rey lo mete en una jaula de hierro y lo deja en el patio.

Ahora detengámonos un momento en esta historia. Lo que se desprende de aquí es que cuando un varón considera su psique, sin estar preparado para lo que va a ver, puede ir más allá de su vertiente femenina, al otro lado de la «profunda charca». Lo que encuentra en la profundidad de su psique, en ese área que nadie ha visitado hace mucho tiempo, es un viejo macho cubierto de pelo. Ahora bien, en todas las mitologías el pelo está estrechamente vinculado a lo instintivo, lo sexual, lo primitivo. Lo que sugiero es que todos los varones modernos tienen en la profundidad de su psique un gran hombre primitivo cubierto todo él de pelo. Establecer contacto con este salvaje es el paso que los varones de los años setenta aún no han dado; éste es el proceso que aún no ha tenido lugar en la cultura contemporánea.

Como la narración sugiere con gran delicadeza, existe un cierto miedo en cuanto a ese anciano. Cuando un hombre hace a un lado su inicial prevención a expresar su vertiente femenina, descubre que eso puede ser algo maravilloso, empieza a escribir poesía y va a sentarse ante el océano, ya no puede mantener la exaltación sexual, y se convierte en un ser comprensivo. Es un mundo nuevo y hermoso. Pero Iron John, el hombre del fondo de la charca, es algo distinto. Esta imagen es bastante más aterradora que la hembra interior, que es bastante asustadiza. Cuando un hombre consigue ser consciente de su hembra interior, se siente más cálido, más vivo. Pero cuando se acerca a lo que llamo yo el «macho profundo», la situación cambia absolutamente.

Establecer contacto con Iron John requiere la voluntad de llegar a la profundidad de la psique y aceptar la oscuridad de ahí abajo, incluyendo la sexualidad. Durante generaciones, la comunidad de los negocios ha advertido a los hombres que se mantuviesen lejos de Iron John, y la Iglesia cristiana no se muestra demasiado indulgente con él. Pero es posible que los hombres estén acercándose más a ese macho profundo. Freud, Jung y Wilhelm Reich son tres hombres que han tenido el valor de ir hasta la profundidad de la charca y aceptar lo que hay en ella, lo que incluye el pelo, la antigüedad, la herrumbre. La tarea de los hombres modernos es seguirles ahí abajo. Una parte de esa tarea ya se ha cumplido y en algunas psiques (o dentro de un tiempo en la cultura global) el Hombre Peludo, o Iron John, ha llegado al castillo y ahora está en una jaula, en el patio. Lo que quiere decir que se encuentra en el mundo civilizado y en un lugar donde los jóvenes varones pueden verle.

Y ahora, volvamos a la historia. Un día, el hijo de ocho años del rey está jugando en el patio y pierde su querida pelota de oro. Ésta rueda al interior de la jaula, y el salvaje se hace con ella. Si el príncipe quiere recuperar su pelota, tendrá que llegarse hasta el hombre enmohecido y peludo que había yacido en el fondo de la charca durante tanto tiempo y pedírsela. Y la cosa empieza a complicarse.

Keith Thompson.– La pelota de oro es, por supuesto, una imagen recurrente en muchos cuentos de hadas. ¿Qué es lo que simboliza en un sentido general, y qué simboliza aquí?

Robert Bly.– La pelota de oro sugiere la unidad de la personalidad que corresponde a nuestra niñez —una especie de resplandor, una sensación de unidad con el universo—. La pelota es de oro, lo que representa la luz, y redonda, que representa la globalidad, como el sol, que entrega una energía radiante desde su interior.

Dése cuenta de que en esta historia el niño tiene ocho años. Todos nosotros perdemos algo más o menos a los ocho años, seamos chicos o chicas, machos o hembras. Perdemos la pelota de oro cuando empezamos a ir a la escuela, si no la perdemos antes. La cosa acaba en la secundaria. Podemos dedicar el resto de nuestras vidas a intentar que nos devuelvan la pelota de oro. La primera etapa de este proceso supongo que sería la aceptación —firme y definitiva— de que la pelota se ha perdido. ¿Recuerda usted las palabras de Freud? «El penoso contraste se produce entre la radiante inteligencia del niño y la débil mentalidad del adulto medio.»

¿Dónde fue a parar la pelota de oro? En los años sesenta, a los varones se les dijo que la pelota de oro era lo femenino, que estaba en su propia vertiente femenina. Los varones encontraron lo femenino, pero aún no encontraron la pelota de oro. Esta etapa, que tanto Freud como Jung empujaban a alcanzar a los varones, y la etapa que los varones están empezando a acometer, es la comprobación de que uno no puede buscar su propia vertiente femenina porque no es ahí donde se ha perdido la pelota de oro. No puede uno ir a su esposa y pedirle que le devuelva la pelota de oro. Se la devolvería si pudiese, porque las mujeres no son contrarias a que el crecimiento de los hombres siga este camino, pero es que ella no puede tenerla, ella ha perdido su propia pelota. ¡Y bien saben los cielos que no se la puede pedir a su madre!

Después de buscar la pelota de oro en las mujeres y no encontrarla, y de buscarla en su propia vertiente femenina, el joven varón se siente inclinado a considerar la posibilidad de que la pelota de oro se encuentre en el campo magnético del salvaje. Ahora bien, es muy duro para nosotros considerar la posibilidad de que la profunda energía nutricia, espiritualmente radiante, del varón, no se encuentra en la vertiente femenina, sino en la masculinidad profunda. No la masculinidad superficial, la masculinidad del macho, sino la masculinidad profunda, el ser instintivo que yace bajo las aguas y que no sabemos cuánto tiempo hace que está ahí.

Ahora bien, lo asombroso de esta historia de «Iron John» es que no nos dice que la pelota de oro la haya cogido un benévolo guru de Asia ni un joven llamado Jesús. Hay algo relacionado con la devolución de la pelota de oro que es incompatible con la delicadeza. Y el sapo sólo se convierte en príncipe cuando se entrella contra la pared en un impulso de lo que la gente de la New Age llamaría «energía negativa». El pensamiento New Age ha enseñado a los jóvenes a besar sapos. Pero eso tampoco funciona. Así sólo se consigue tener la boca mojada. El movimiento feminista ha ayudado a las mujeres a aprender cómo se arroja el sapo contra la pared, pero los hombres aún no han llegado a este punto. La energía de la que estoy hablando no es la del macho, una fuerza bruta que los hombres conocen ya muy bien; se trata de una acción enérgica, emprendida no sin compasión, pero sí con resolución.

Keith Thompson.– Eso suena como si entrar en contacto con el salvaje pudiese suponer en cierto sentido un movimiento contra las fuerzas de la «civilización».

Robert Bly.– Es cierto. Cuando llega el momento de que el joven varón entre en conversación con el salvaje, no es como si empezase a hablar con su párroco o con su guru. Cuando un muchacho habla con el hombre peludo, no se trata de hablar de las bienaventuranzas o de la mente o del espíritu, o de la «más alta consciencia», sino acerca de algo húmedo, oscuro y profundo; lo que James Hillman llamaría «alma».

Y yo creo que los varones actuales están a punto de iniciar esta etapa, para ir a la jaula y pedir que les devuelvan la pelota de oro. Algunos están listos para hacerlo, otros aún no han drenado el agua de la charca, no han perdido aún la identidad colectiva masculina ni se han introducido solos en la espesura, en el inconsciente. Hay que ir a buscar un cubo; muchos cubos. No cabe esperar que el gigante drene toda el agua en tu lugar. Ese tipo de magia no te va a ayudar. Un fin de semana en Esalen tampoco lo hará. Tienes que hacerlo cubo tras cubo. Es algo parecido a la lenta disciplina del arte; así trabajaba Rembrandt, así trabajaron Picasso, Yeats, Rilke y Bach. Trabajar cubo tras cubo supone mucha más disciplina de la que ahora son capaces muchos varones.

Keith Thompson.– Y, por supuesto, eso lleva a adquirir cierta persistencia y disciplina, no sólo para descubrir al varón profundo, sino para recuperar la pelota de oro. Parece poco probable que ese «desagradable» salvaje te eche una mano.

Robert Bly.– Es cierto. ¿Qué clase de historia sería ésta si el salvaje respondiese: «Bien, de acuerdo, aquí tienes tu pelota, que te diviertas»? Jung decía que en todo caso, si le preguntas algo a tu psique, no lo hagas de manera que haya de contestar con un sí o un no, a la psique le gusta establecer acuerdos. Si, por ejemplo, una parte de ti mismo es muy perezosa y no quieres hacer ningún esfuerzo, las facilidades de una solución al estilo New Age no te harán ningún bien; la cosa irá mejor si le dices a la parte perezosa de ti mismo: «Tú me dejas trabajar durante una hora, y luego yo te dejo babear durante otra hora, ¿de acuerdo?» Así, en la historia de «Iron John» se establece un acuerdo; el salvaje acuerda devolver la pelota de oro si el niño abre la jaula.

Al principio, el niño queda aterrorizado y sale corriendo. Finalmente, la tercera vez que el salvaje plantea el mismo acuerdo, el niño dice: «No podría abrirte aunque quisiera porque no sé dónde está la llave». Y entonces el salvaje dice algo espléndido: «La llave está debajo de la almohada de tu madre».

La llave que ha de dejar salir al salvaje no está en el cobertizo de las herramientas, ni en el ático, ni en el sótano; está debajo de la almohada de tu madre. ¿Qué puedes hacer ante esto?

Keith Thompson.– Eso parece sugerir que el joven varón ha de hacerse con el poder que le había entregado a su madre y escapar del campo de fuerza de la cama. Ha de desviar su energía del intento de agradar a mamaíta y dirigirla a la búsqueda de sus propias raíces instintivas.

Robert Bly.– Eso es. Y con eso nos encontramos ante grandes problemas en estos días, especialmente entre los devotos espirituales. Un guru puede ayudarte a quitarte de encima tus problemáticas relaciones con tu madre, pero uno no puede acceder a su alma de esa manera; la historia personal es también historia en el sentido más amplio. En Occidente nuestro camino ha sido acceder al alma mediante una exploración consciente en las relaciones con la madre, incluso aunque hacerlo pueda hacernos daño, incluso aunque eso suponga hacer frente al incesto, incluso aunque pueda parecernos que no adelantamos nada al tratar con ella.

Keith Thompson.– Eso explicaría por qué el niño se marcha aterrorizado antes de llegar al acuerdo de tomar la llave de la cama materna. Hay cierta tarea a largo plazo previa a este tipo de ruptura.

Robert Bly.– Sí, y eso tiene importancia seguramente porque, en la historia, el padre y la madre ya no están en el momento en que el niño obedece finalmente al salvaje. Es obvio que habrá que esperar a que la madre y el padre ya no estén. Y eso supone no ser tan dependiente de la colectividad, de la aprobación de la comunidad, de ser buena persona, o ser esencialmente dependiente de la propia madre porque si te diriges a tu madre y le dices: «Quiero la llave para dejar en libertad al salvaje», ella puede decir: «Oh, no, sólo has de conseguir un trabajo», o: «Ven aquí y dale un beso a tu madre». Hay muy pocas madres en el mundo que entregarían esa llave que tienen debajo de la almohada porque saben intuitivamente lo que ocurriría después, es decir, que perderían a sus encantadores muchachos. La posesividad que algunas madres ejercen sobre los hijos —por no mencionar la posesividad que los padres ejercen sobre sus hijas— no se debe subestimar.

Y así llegamos a una escena encantadora en la que el

niño consigue abrir la jaula y dejar en libertad al salvaje. En este punto, cabe imaginar que pueden ocurrir muchas cosas.

El salvaje puede volver a su charca, de manera que la escisión se produce una vez más; en ese punto regresan los padres, el salvaje se ha ido y el niño ha devuelto la llave a su sitio. Puede convertirse en miembro ejecutivo de una empresa, en profesor, en ministro de la iglesia, puede llegar a ser un varón típico del siglo XX.

Pero en tal caso lo que ocurre es que el salvaje sale de su jaula y se dirige hacia el bosque y el niño se lanza tras él: «¡No te vayas! ¡Mis padres se pondrán furiosos cuando vuelvan!». Y entonces Iron John dice: «Me parece que tienes razón; es mejor que vengas conmigo». Carga al niño a hombros y se van.

Keith Thompson.– ¿Qué lleva a pensar que se vayan los dos juntos?

Robert Bly.– En la vida hay muchos acuerdos que un varón puede establecer con el salvaje. El varón puede estar separado del salvaje en el inconsciente y no verle nunca. O bien el varón y el salvaje pueden coexistir en un lugar civilizado, como por ejemplo un patio, con el salvaje enjaulado, y pueden mantener una conversación el uno con el otro que puede prolongarse mucho tiempo. Pero aparentemente nunca pueden unirse los dos en el patio, y el niño no puede llevarse al salvaje a casa. Cuando el joven confía un poco más en su parte instintiva, después de seguir una cierta disciplina, y el salvaje está un poco más liberado, entonces se puede permitir que el salvaje salga de la jaula. Y cuando el salvaje no puede seguir con él en la civilización, ha de marcharse con el salvaje.

Aquí es donde se produce finalmente la ruptura con los padres. Cuando los dos se van juntos, el salvaje dice: «Nunca volverás a ver ni a tu padre ni a tu madre», y el niño ha de aceptar que lo colectivo es más importante. Y ha de abandonar el campo de fuerza de sus padres.

IMÁGENES OLVIDADAS DE LA MASCULINIDAD SAGRADA

por *Aaron R. Kipnis*

El primer hombre está hecho de tierra, es terroso.

Corintios, I

Algo está conmoviendo los corazones de los hombres. Estamos empezando a rebelarnos contra muchas y penosas limitaciones de nuestros modelos tradicionales. Estamos buscando nuevas imágenes de la masculinidad que nos apoyen en una recuperación de los sentimientos, de la vitalidad, de la conexión con la naturaleza, de nuestros cuerpos, nuestros hijos, mujeres, y de otros hombres.

Unas cuantas imágenes mitológicas prominentes le han servido de fundamento a la masculinidad en nuestra cultura occidental. Esas imágenes han sido los actores más importantes en el drama de la psique a lo largo de los últimos milenios. Una ha sido la imagen del joven héroe, conquistador e invencible, como Hércules. El hombre enérgico, dominante y de avanzada edad —como Moisés y Abraham— es otro ideal omnipresente de hombría. Éste dirige a su tribu con absoluta autoridad, actuando en nombre de un todopoderoso dios celestial. Otra imagen de gran importancia es la de un curandero sobrehumano. Éste se convierte en un hombre doliente, sacrificado, herido y muerto clavado en una cruz: el Cristo mártir. Éste, asimismo, se vincula y deriva su poder de un distante padre celestial.

Aun en su omnipotencia, este dios celestial es también caprichoso, colérico, celoso, dominante, y despectivo con la femineidad. Fue conocido como Cronos, Zeus y Urano por los griegos; como Júpiter o Jove por los romanos; como Indra o Brahma por los indios; como Jeovah por los israelitas; como Alá por el Islam; y con muchos otros nombres en distintas culturas. El patriarcado deriva de esas mitologías.

En el Génesis, el Antiguo Testamento dice que estamos hechos a imagen de Dios. En la psicología profunda, esta creencia se refleja en la teoría de que nuestro ego individual refleja un arquetipo —un patrón universal que da forma a la vida— o, de forma más precisa, un complejo de fuerzas arquetípicas en relación unas con otras. Nuestras vidas reflejarían la historia de un mito en particular o una colección de historias, en lugar de un único y arquetípico dios o diosa. Los hombres que hacen derivar sólo de imágenes de deidades solares su inspiración relativa a una masculinidad sagrada están condenados a considerar su propia naturaleza divina como algo distante, abstracto, erráticamente iracundo y superior.

En un aspecto positivo, la imagen solar propone un ideal de calidez y luminosidad. Ésta contribuye al desarrollo de todas las cosas. Pero los problemas aparecen cuando el sol es excesivo. Tal es la condición de muchos hombres en nuestra cultura: son demasiado cálidos, demasiado secos, demasiado distantes, demasiado quebradizos; están desligados del cuerpo y de la tierra. En este punto, hace falta una cierta humidificación humana para compensar esa «global calidez de la psique».

El proceso de iniciación masculina, a través del cual los jóvenes entraban en contacto con las potencias masculinas de la tierra, se ha perdido en su mayor parte para la cultura moderna. En ausencia de una iniciación masculina, muchos hombres han buscado una reconexión con lo anímico a través de lo femenino. Pero aun así la femineidad no es el principal remedio para la sequedad de la psique masculina.

Por otra parte, la tendencia moderna a personificar la tierra como una entidad femenina perpetúa el divorcio entre la psique viril y su propia y fecunda naturaleza profundamente masculina y afirmadora de la vida. Esta perspectiva ignora muchos mitos antiguos que caracterizan lo masculino como algo terrestre o lunar y lo femenino como algo solar. Considerar la naturaleza o el alma sólo como femeninas supone la misma injusticia con el hombre que la que supone para la mujer el padre celestial que exilia y degrada la imagen sagrada de la diosa.

Los hombres que buscan la «femineidad secreta» corren el peligro de volver a una relación de «hijo-amante-víctima» con la diosa, como ya ocurrió en los antiguos tiempos del matriarcado. Las antiguas imágenes de la diosa muestran una diosa madura con su joven hijo-amante, pero rara vez la describen en relación con un varón adulto y tan poderoso como ella.

En su libro *Phallos,* el analista junguiano Eugene Monick dice que cuando los hombres pierden la conexión con «Phallos» (la masculinidad primordial cimentada en la tierra) se «inicia la castración... el proceso de feminización en un varón es enemigo de su conexión psicológica con "phallos"... y tiene lugar una diferenciación fundamental». La individualización del hombre corre peligro si éste basa su desarrollo tan sólo en un regreso a la madre, sea a través de la adoración de una tierra femenina o de la imagen de una diosa, idealizando a la mujer, o tratando de cultivar su propia femineidad secreta. Los hombres han de ser iniciados en el campo de la masculinidad arquetípica antes de que puedan coexistir con las mujeres en una vida en común, ni dominando ni siendo dominados por ellas.

La imagen de nuevo emergente de la masculinidad sagrada es la de un varón creativo, fecundo, generador, atento, protector y compasivo, que vive en armonía con la tierra y la femineidad, y que es también erótico, libre, salvaje, alegre, enérgico y violento. Esta imagen es un grito lejano procedente del héroe invencible, rígido, patriarcal y guerrero, del mártir que sufre en silencio, del suave varón feminizado que sirve a la diosa.

Una de las principales tareas que se plantea en la actualidad el hombre es devolver la conciencia de los arquetipos de la diosa tierra a su psicología, a su filosofía y a su vida espiritual. En *The Dream and the Underwold* dice James Hillman: «Somos capaces de recordar estos océanos y ríos en relación con Océanos y Poseidón; que Eros es también una figura de masculinidad y fuerza; que un señor de la vegetación y de la vida animal y asimismo de la niñez es Dionisos; y que la misma tierra, como en Egipto en las históricas raíces de nuestro simbolismo, puede tener una personificación masculina.» Una gran variedad de deidades masculinas cimentadas en la tierra, de diversas culturas y épocas, reflejan imágenes de la masculinidad muy diferentes de la que presentan los arquetipos de nuestra cultura judeocristiana.

Dumuzi, por ejemplo, es un dios de la agricultura de la antigua Sumer. Es esposo de la tierra que en forma de pastor protege los rebaños. También es el salaz y erótico amante de la diosa Inanna, que con razón le llama Toro Salvaje. Tiene una imagen de masculinidad protectora y generadora de vida, aunque sea salvaje y sin domesticar. También es sumerio Enki, un dios terrestre, fluido y mágico de las profundidades y del saber que ayuda a Inanna en un épico viaje al mundo inferior. Ambas figuras sagradas y viriles están directamente relacionadas con la tierra, la profundidad y el sentimiento, mientras mantienen una poderosa relación de alianza con la diosa.

De África procede Ogun, el dragón yacente. Como el Iron John del que habla Robert Bly, Ogun es el salvaje de los bosques. Con el advenimiento de la cultura urbana se convierte en fabricante de herramientas —una ocupación tradicionalmente masculina—. El africano Elleggua es un embustero, como el coyote americano y Kokopeli. Como el Hermes griegos y Minos, el dios fálico de Coptos era protector de los viajeros. Elleggua es también un mensajero y un mago vinculado con el pene y los caminos. Obatala, que se reverencia en la tradición africana yoruba, es un dios andrógino creador, vinculado con la altas montañas.

Muchas deidades griegas precristianas están relacionadas con la tierra. Hefesto trabaja en la profundidad de las montañas creando obras maravillosas en sus forjas. Orfeo está vinculado a la música y la vida salvaje, lo mismo que Pan. El Hades yace en las profundidades de la tierra, la morada de las almas. La fertilidad y la riqueza proceden de los abismos de Plutón, nombre romano de Hades. Poseidón es un dios oceánico de las sensaciones profundas, fluidas y apasionadas. Hermes, el gran comunicador y transformista, puede ir a las profundidades del mundo subterráneo y regresar al mundo superior. También actúa como portavoz de los dioses olímpicos.

De Egipto procede Osiris, hijo del padre-tierra Geb y de la madre-cielo Nut. Está vinculado con el Nilo. Las crecidas del río depositan aluviones nuevos, que fertilizan los sembrados cada año. Esto quedó plasmado en muchas pinturas antiguas en las que Osiris eyacula el fluido de su falo en las bocas de la gente. Representa un tipo de masculinidad fluyente, cíclica y terrestre que engendra la vida y la apoya.

¿Por qué es importante aceptar una masculinidad terrestre? El modelo heroico, solar, celestial, considerado aisladamente, es dominante y opresor. Los dioses solares son abstractos e inaccesibles para nuestra imaginación, la auténtica imagen del padre remoto y desencarnado. Cristo, por ejemplo, no era ni padre ni esposo. Su padre celestial tampoco tenía consorte o compañera femenina. ¿Qué pueden comunicarnos estas imágenes a nosotros, hombres comprometidos con cuestiones tan importantes como criar a nuestros hijos, relacionarnos con las mujeres y preservar la tierra?

El dios terrestre no es un Señor del Universo. Es un dios más personal que actúa como progenitor de la vida en *este* planeta. Está involucrado en la evolución de la vida y en su preservación. Presenta una imagen sagrada de la masculinidad generadora de vida, erótica, formativa, en relación con la tierra y el cuerpo. Esas cualidades fundamentales y esas imágenes sagradas del hombre se encuentran en nuestro inconsciente colectivo y en nuestra herencia mitológica, así como en nuestros huesos.

En las culturas pretecnológicas y politeístas los dioses estaban vinculados con muchos elementos distintos, e interactuaban unos con otros en forma conciliar, familiar o tribal. El que gobernaba en todos los mundos con un poder absoluto no lo hacía normalmente como un gran patrón de empresa. Los hombres disfrutaban de una relación personal con esas deidades tan próximas a sus vidas. Había dioses del mar, del bosque, del río, de la montaña, del desierto, del sol, del cielo y de la luna.

Lo mismo que la tierra, la luna no ha sido siempre el símbolo exclusivo de la femineidad que hoy es. Ya había un *hombre* en la luna. En el antiguo Egipto había numerosas inscripciones relativas a Osiris como Señor de la Luna. Su hijo, Horus, conocido como el Anciano que se convirtió otra vez en Niño, tiene a la Luna como su ojo izquierdo. Thot, un dios del pensamiento y portavoz de los dioses, es también una deidad lunar.

En la antigua Sumer, en la ciudad de Ur, el Padre Luna era adorado bajo el nombre de Nanna. En los mitos serbios se le conoce como Myesyats, el tío Baldo. En territorios tan alejados como Groenlandia y Malasia, y entre los maoríes, también aparece. En India se le designa como Soma y Chandra, que son los grandes liberadores de la ignorancia. En Australia se le llama Japara. En la antigua Babilonia se le conocía como Sinn. Los antiguos druidas de Irlanda le llamaban San Luna, Dugad y Moling. Los esquimales de la isla de Baffin hablan del Hermano Luna, vinculado con las huellas de su hermana, el Sol.

¿Por qué es importante comprender la masculinidad lunar? Tengamos en cuenta la lógica del modelo heroico, solar. El sol sale y se pone cada día, siempre el mismo. Es un modelo del hombre que sigue siendo el mismo a lo largo del tiempo. Esto es importante para establecer un modelo de disciplina y rigor en nuestras vidas. Por otra parte, ese modelo puede sofocar otros aspectos de nuestro ser. Las fases de la Luna, en contraste con lo anterior, nos recuerdan que sólo a veces nos sentimos plenos y luminosos. A veces nuestro brillo está en cuarto menguante. A veces queremos sentirnos completamente a oscuras, aparte, solos. En otras ocasiones nuestra luminosidad vuelve a crecer; nos sentimos expansivos y extravertidos.

Si nos planteamos la masculinidad como algo inmutable, como el sol, entonces nos alarma sentirnos melancólicos, tornadizos. Podemos tratar de pautar nuestro comportamiento maltratando nuestra esencia u otros comportamientos obsesivos en un intento de adormecer sensaciones «no masculinas». La masculinidad lunar proporciona un modelo viril que deja un lugar para las fluctuaciones emotivas. Crecemos y menguamos. No hemos de ser siempre duros, valerosos y extravertidos. A veces podemos ser suaves, vulnerables e introvertidos.

Hay ejemplos innumerables de deidades masculinas vinculadas con la tierra, la luna, el mar o el bosque, más que con el cielo, las estrellas o el sol. Cualquiera de esos viejos dioses puede ser reconocido, recuperado, recordado y devuelto a nuestra conciencia. También pueden sugerirnos cómo pueden nacer unos nuevos dioses o ser introducidos en nuestra conciencia colectiva, en este momento, en esta cultura. Cuando hombres y mujeres redescubran esas antiguas fuerzas de la tierra, entonces podremos descubrir también nuestro territorio común como aliados a cargo de la preservación de una nueva cultura que abarque las vidas de los hombres y de las mujeres como algo igualmente sagrado.

EROS Y EL ESPÍRITU MASCULINO

por *Thomas Moore*

Estoy en manos del Dios desconocido, y él me está infligiendo su propio olvido, para llevarme luego a un nuevo amanecer, a ser un hombre nuevo.

D. H. Lawrence

Lo genesíaco es una de las grandes metáforas de la condición humana y de la naturaleza del cosmos, utilizada por visionarios y poetas en todo lugar y tiempo. Como todas las metáforas, ésta participa en la realidad concreta que hace que surja la imagen: las diferencias entre los hombres y las mujeres. En todo caso, se requiere una sensibilidad poética para apreciar la metáfora, y la metáfora es primaria. Sin un gusto por las imágenes, el pensamiento se desliza con rapidez hacia el realismo. Al no captar la poesía en lo genesíaco, tendemos a situar todo nuestro discurso genesíaco en relación con hombres y mujeres actuales; así que no importa cuán esforzadamente intentemos resolver la guerra de los sexos, porque el antagonismo y la polarización siguen ahí.

El pueblo romano de los tiempos de Cicerón, por ejemplo, comprendía que el espíritu viril no es lo mismo que la personalidad masculina. Los romanos llamaban al espíritu viril «animus», una palabra que sugiere que hay algo masculino en el aliento. Este «animus» estaba presente en una familia, un lugar, un matrimonio, un individuo. Los altares se levantaban para honrar al espíritu viril o genio de la familia. Este espíritu, creían ellos, pasaba de generación en generación cuando una persona joven besaba al padre moribundo y recibía al espíritu familiar de su aliento. Creían que el adulterio deshonraba el espíritu del tálamo matrimonial, no a uno de los casados. La masculinidad no se identificaba con los hombres.

Jung hizo suya esta idea romana e introdujo el concepto de «animus» en su psicología; por otra parte, la vinculó más concretamente a la idea genesíaca actual. Para Jung el animus o el espíritu viril se percibe en el acto de pensar, juzgar, en la acción, en la valoración. Pero incluso en el pensamiento jungiano, en el que lo genesíaco se trata menos metafóricamente de lo que debiera, el espíritu viril vive por sí mismo. Debido a que las mujeres se adaptan a una sociedad escindida en lo genesíaco, dice Jung, han de esforzarse para acomodarse a este espíritu viril, así como los hombres tienen dificultades para adaptarse al «anima» femenina.

Jung pensaba que una de las necesidades psicológicas más acuciantes para cualquier persona era reconciliar estas figuras de la psique: anima y animus, o alma y espíritu. Es decir que, para no entrar en conflicto consigo mismo, hay que encontrar un medio para vincular las formas masculina y femenina en el propio interior y en el mundo externo. Eso supone que lo viril no es simplemente una manera de ser hombre. El hombre es la fuente de la metáfora, pero el espíritu viril es algo que necesitan hombres y mujeres, sociedades e individuos a la vez.

No nos damos cuenta de la forma en que un profundo secularismo existencial actúa en nuestra aproximación a la vida diaria. Tendemos a hacerlo todo nuestro. No hay lugar para el espíritu ni el alma. Las gentes de otros tiempos y lugares dieron por sentado que no todo en la vida puede apiñarse en una subjetividad consciente, controladora e intencional. Con sus caprichos, entusiasmos, fantasías, obsesiones, depresiones y adicciones, el espíritu fluye de acá para allá y nos cautiva. Tan sólo una actitud secular se esfuerza por pactar con esos encuentros literalmente con medicaciones y ejercicios de voluntad. Una sensibilidad en sintonía con lo sagrado puede respetar unos factores más que humanos sin negarlos por ánimo de modernidad y sin reificarlos según una actitud de fundamentalismo religioso.

Lo que quiero decir es que no hemos de hacer frente a lo genesíaco mientras no recobremos el sentido de lo sagrado. No me estoy refiriendo a un credo sectario del estilo New Age, sino tan sólo a la conciencia de una dimensión espiritual. Junto con D. H. Lawrence, definiría una masculinidad renovada diciendo: «Estoy en manos de un Dios desconocido, y él me está infligiendo su propio olvido». Descubro mi virilidad y masculinidad, no identificando una desleída idea de lo que es un varón, sino permitiendo que ese espíritu varonil me traspase. Soy varón por mi participación en ello.

Cicerón decía que es el «animus» lo que da un sentido de identidad y carácter. Tendemos a pensar que Identidad es persona, autoimagen. Por eso, gran parte del discurso genesíaco se afinca en la superficie de linóleo de una imagen y un papel. Podría ser una alternativa comprender que lo que da carácter e identidad es el espíritu que mueve y motiva a una persona. En tiempos del Renacimiento a ese espíritu se le daba el nombre de «daimon», la fuente más que racional del hado y de un especial destino. Soy lo que soy debido a unas poderosas fuerzas que yacen en mi interior y que me sitúan en la historia.

La vida secular que le niega al mundo su animismo sitúa todo el peso cósmico de lo genesíaco sobre los hombros del simple ser humano. Se supone que los hombres encarnan la masculinidad, y las mujeres la femineidad. Y, naturalmente, fallamos. Es esperar demasiado de nosotros. En los tiempos del Renacimiento, un escritor que tenía problemas con las palabras no hablaba de ello en su cuadernos de notas, se quejaba de que el espíritu de Mercurio, origen daimónico de la inspiración literaria, no había pasado por él. Esto es algo más que simple retórica. Es una manera de estar en el mundo, una forma de imaginar una experiencia que admite elementos no humanos ante los cuales la vida humana se autodefine.

Por eso, uno de los síntomas de pérdida de la masculinidad o del espíritu viril es la frustración de la decisión de *serlo* en lugar de ser su sacerdote. Pero las manifestaciones sintomáticas sólo empiezan aquí.

Masculinidad sintomática

Por ejemplo, ya que el animus garantiza poder, creatividad, autoridad, fuerza, sus formas sintomáticas exageran todo ello. Al no tratarse de un animus real, el poder se convierte en tiranía, la creatividad en productividad, la autoridad en autoritarismo, la fuerza en una impulsividad maníaca. Las mujeres que luchan por la igualdad con esos sustitutos exagerados de la masculinidad corren el riesgo de establecer sus propias neurosis genesíacas. También ellas, por supuesto, han de hacer frente a unas reacciones ciegas de falsa autoridad que, finalmente vacías de poder, no tienen límites en la extensión de su tiranía. El auténtico poder goza de sus propias inhibiciones inherentes, pero el poder no auténtico es capaz de atrocidades.

Los síntomas son una cierta tendencia a la literalidad, la exageración y la destructividad. Cuando ordinariamente una cualidad sería algo sutil e interior, sintomáticamente adquiere absurdas formas externas. El poder se convierte en un despliegue de instrumentos que sugieren poder.

Los ejércitos marchan con rigidez, bayonetas y cañones enhiestos caricaturizando el falo. Las naciones acumulan armas. Si un individuo actuase así, le detendrían y le llevarían a una clínica mental. Es obvio que cuantas más armas lleve o acumule una persona, menos segura y estable es.

El espíritu viril es creativo, pero la producción de un gran número de cosas sin tener en cuenta la calidad y la carencia de un cierto sentido de la inhibición en su proliferación indica que se da una creatividad sintomática. El impulso creativo puede convertirse en una productividad espasmódica en la que no existe auténtica creación. No es el espíritu viril el que valora tan sólo el crecimiento: económico, psicológico, territorial, financiero. No es el espíritu viril el que mide el éxito de un hombre con formularios. Y no es el espíritu viril el que conquista y colecciona mujeres.

Sabemos por las religiones que los factores masculino y femenino en todos los órdenes de la vida —yin y yang, lingam y yoni, creador y conocimiento, Zeus y Hera, Jesús y María— viven en una cierta tensión aunque se complementan el uno al otro y se alimentan recíprocamente. Tomarlos juntos no es a veces tarea fácil. Vemos aparecer esas tensiones entre hombres y mujeres. Zeus y Hera no simbolizan al hombre y la mujer en el matrimonio. El hombre y la mujer en sus conflictos matrimoniales representan un ejemplo de la pareja cósmica. Todo advenimiento de la unión de un hombre y una mujer es el *hieros gamos,* la sagrada unión.

El sexo no tiene nada que ver con la biología. El amor o la lujuria entre un hombre y una mujer sólo se da en el altar en que dioses y diosas se unen. La fisiología es la tecnología sagrada de los dioses. Es a la vez una limitación del personal amor humano —no todo está en mí y en la otra persona— y una maravillosa exaltación del amor humano, y un gran regalo que le hace una persona a otra. Los psicólogos del Renacimiento reconocían este aspecto del amor cuando aplicaban su punto de vista neoplatónico al amor entre las personas. Marsilio Ficino, consejero intelectual de los Médicis, escribe sobre el amor humano lo siguiente: «Desciende en primer lugar de Dios, y pasa a través del Ángel y del Alma como si fuesen de cristal; y desde el alma emana hacia el interior del cuerpo dispuesto para recibirlo». Luego, este amor regresa a su origen divino. El amor carnal es un punto en el circuito del alma, y de esta circulación transpersonal deriva su nobleza y su carácter sagrado.

El espíritu viril, tan lleno de visiones y promesas creativas, anhela el alma femenina para impregnarla. El mundo necesita la audacia y la osadía del espíritu viril. Pero también necesita la receptiva, reflectiva alquimia femenina del alma para concederle al espíritu su contexto, su material, su vehículo. Naturalmente, se buscan el uno al otro.

Pero ¿qué pasa en una época como la nuestra en que el espíritu viril se muestra elusivo, suplantado por su sustituto, el varón hiperactivo? Pues no hay movimiento hacia la unión interior. El matrimonio humano no puede mantener la unidad. La sociedad en su conjunto queda cautivada por la osadía del varón titánico y desvaloriza lo femenino. No son las mujeres precisamente las que están oprimidas en esta cultura: es lo femenino. Las mujeres sufren esta opresión desde el momento en que se identifican con lo femenino; pero la opresión se dirige a lo femenino. Una simple prueba de ello es la aceptación varonil de la mujer que honra el falo de plástico del éxito y el poder comercial. También lo masculino está oprimido en una cultura secular, egocéntrica. Es algo axiomáico que cuanto más debilitado y desvalorizado queda un elemento del par genesíaco, más sufrirá el otro heridas complementarias.

Jung consideraba el animus como «espermático». Y pregnante. Las mujeres buscan este espíritu generador porque el alma femenina lo necesita. Las mujeres buscan a los hombres, aunque muchas veces encuentran el fetiche de la potencia viril, un crecimiento sin cualidades, en lugar de una auténtica fertilidad. Buscan el impulso y la fuerza y en su lugar encuentran músculos y máquinas. El espíritu viril, si fuese auténtico, fertilizaría las imaginaciones y las vidas de las mujeres. Ofrecería seguridad, no brutalidad. Un hombre no puede dominar a una mujer ni tratarla con violencia si el espíritu viril se manifiesta a través de él. Se vuelve violento en una desesperada búsqueda del espíritu perdido. No son los hombres fuertes los que poseen y fuerzan a la mujeres. Son los más débiles, los menos masculinos, aquellos a los que más les falta una espiritualidad masculina.

La confusión acerca de la distinción entre los hombres que se pavonean y el espíritu viril es lo que distancia a hombres y mujeres. Como consecuencia, las mujeres se inclinan demasiado hacia lo femenino. Ni hombres ni mujeres se expanden cuando está disminuido lo genesíaco interno. Los hombres tienen la oportunidad, siendo viriles, de irradiar ritualmente el espíritu viril que tanto hombres como mujeres necesitan. Las mujeres necesitan la esencia viril del hombre. Los hombres también la necesitan de otro.

Las mujeres maltratadas por los hombres quedan fijadas a los malos tratos porque anhelan ese espíritu, encontrándolo tan sólo en su manifestación torcida, desnaturalizada. También porque son sólo femeninas. A veces quedamos vinculados destructivamente a aquello que entregamos con exceso a otro o al mundo. Por su parte, los hombres requieren la apertura de la mujer, el fluir de la sangre, la amistad lunar, la fuerza vegetativa que pasa desde la vulnerabilidad a los ritmos de las estrellas y las estaciones. Pero esas cosas esenciales y ardientemente deseadas por el varón son también una amenaza para el espíritu. El espíritu viril, el animus, puede sobrevivir al encuentro. Pero el varón sintomático, el no-animus genesíaco, no tiene nada detrás de la fachada de masculinidad que se mantenga en pie ante el misterio femenino. Sólo puede resollar y maltratar a ese ser femenino que necesita y ama, y que no puede soportar.

La unión codiciada en todas las aventuras, en todos los juegos y coqueteos, en todas las disputas y en todos los matrimonios es la unión de esos espíritus. Lo sabemos en parte por los sueños de esas uniones contemplativas tan actuales. En esos sueños pueden variar los compañeros, cambiar las circunstancias, descomponerse las actitudes, modificarse los resultados. Lo genesíaco y su unión no funcionan de forma literal. Todo lo genesíaco es sueño genesíaco, excepto cuando cae desastrosamente en la literalidad.

El espíritu viril que se encuentra en suspenso anhela lo femenino, no para completarse —ya está todo lo completo que puede estar— sino para encontrar cumplimiento al encontrarse con su propia trama interna en ese otro compañero diferente, que contesta, que le hace de eco, y que resuena. La irradiación del hombre de la femineidad en las sutilezas de su alma interpreta las armonías de la femineidad fundamental de la mujer, y la mujer canta los tonos más altos del familiar espíritu viril del hombre. El matrimonio es una consonancia, una armonía vertical. Los hombres, por supuesto, en sus amores compartidos también crean ricos armónicos en su melodía.

A una mujer no siempre le ofrece su amistad una ninfa femenina. Puede estar tan lejos del espíritu femenino como un hombre puede sentirse anheloso de la esencia femenina. A veces las mujeres no aceptan de buen grado la esfera de lo femenino y la rechazan. Muchas veces sus sueños están llenos de misteriosos ritos femeninos. Una mujer anoréxica sueña que muchas mujeres ancianas la lavan y le ofrecen grandes bandejas de comida. El sueño le ofrece las atenciones curativas de la femineidad arcaica. Un hombre puede no conocer el espíritu viril de su hermano, aunque en sus sueños un varón desconocido camina a su lado participando en sus aventuras. El alma tiene sus propios deseos homoeróticos que pueden o no descubrirse a sí mismos irrumpiendo en la vida.

Eros y agresión

Para los griegos, Eros es uno de los espíritus viriles. La masculinidad es erótica por naturaleza. Es viril por ser erótica, es erótica por ser viril. La acometida del deseo por otra alma es el espíritu viril que hace su tarea, que nos toma consigo, que establece conexiones. Mezcla y une. Hace amigos. Consolida uniones. Nos mantiene en determinadas órbitas. En el arte, Eros es adolescente, impetuoso, incontrolable. Tiene alas. Lanza flechas. Es la agresión natural del varón: para hacer cosas juntos, para conseguir lo que se pueda conseguir.

Ser masculino, por tanto, es tolerar el impulso de Eros, vivir por el deseo. La fuerza de lo masculino procede de la fuerza del deseo. Es Eros el que tiene el poder, y el individuo se hace poderoso en un sentido profundo a través de su participación en este poder erótico. William Blake dice que el deseo que se puede suprimir no es un auténtico deseo. Siglos antes de Cristo, Hesiodo cantaba a ese Eros que bloquea la fuerza en los brazos y las piernas de dioses y humanos. En todos los órdenes, Eros es fuente de un inmenso poder.

Existe una diferencia fundamental, en todo caso, entre el poder que Eros otorga y la capacidad de manipulación que crea el abuso de Eros. Un hombre puede esclavizar a otra persona que esté enamorada de él (o erotizada). Pero lo hace sólo como defensa contra el auténtico poder de Eros que se agita en él. Todos los amores falsos, inhumanos, son muestra del abuso de Eros: adicciones, obsesiones, fetiches. Estamos enamorados de la bomba atómica porque un Eros explosivo y poderoso ha quedado bloqueado. La bomba es nuestro fetiche.

Pero Eros no es solamente poderoso, también es hermoso y está lleno de vida y gracia. Es brillante. Resplandece. Su erección no es el emblema de un poder embotado, sino su proyección. La imaginación pornográfica, reprimida siempre que se abusa de eros, quiere ver el despliegue de Eros.

El nombre de «Zeus», el gran dios, significa «resplandor». Se le conoce por el brillante despliegue de su luminosidad. Según Jung, «falo» significa, entre otras cosas, «luz». Ser fálico, el gran emblema del espíritu viril, es resplandecer. Cuando no resplandecemos, blandimos los puños y nos golpeamos el pecho. La gente se vuelve violenta cuando su espíritu viril no puede resplandecer. Cuando no podemos resplandecer, esperamos que brillen nuestros misiles metálicos y nuestras botas militares, como fetiches. Resplandecer es la agresión definitiva; cualquier otra cosa es sintomática y profundamente insatisfactoria. ¿No se encuentra la satisfacción de boxear en resplandecer y no en exhibir el cuerpo cubierto de cardenales? ¿En la bravura, la exageración, la exhibición? ¿No manifiesta el hockey sobre hielo, en el que todo está permitido, la fuerza viril latente que desea resplandecer?

No soy yo el que resplandece; es el espíritu viril el que resplandece a través de mí. Cuando el espíritu viril vibra, mi daimon, mi arjon, mi ángel resplandece con su halo espiritual en mis menores gestos. No existe necesidad de violencia cuando el espíritu se muestra radiante. El centelleo de las armas sustituye a la luminosidad del ángel guardián de la luz —Lucifer, el Portador de la Luz.

Lucifer es un ángel de las tinieblas. A veces el espíritu viril resplandece con toda la belleza del Inframundo, con la belleza del misterio de las tinieblas. Sólo por un error religioso se cree en un ángel como sobrehumano. El espíritu viril ha de resplandecer a veces en su maliciosidad, como el gran dios Hermes, el mentiroso arquetípico.

La luz y el deseo son indiferenciables, como el pene sexual y el falo resplandeciente. El deseo, el aura de Eros, es cálido y fosforescente. Resplandece. Permitir que el deseo resplandezca es curar al hombre que maltrata a la mujer que cree que ha sofocado su deseo. Cuando al deseo no se le permite brillar, se vuelve hacia las acciones y extraños amores: al alcohol, al sexo, al dinero, al extravío, a uno mismo. Esos extraños amores son los egos del espíritu viril. Los órficos griegos decían que Eros surge de un gran huevo. Podemos ver que Eros en su cáscara hace que la vida sea frágil y oculte fobias, depresiones y desarreglos. No hemos de dar rienda suelta a esas quejas del cascarón. Sólo hemos de mirar más de cerca su interior.

Vamos cargados con nuestros deseos como si fuesen huevos, yendo de romance en romance, de orgía en orgía. Pero Eros sólo aparece cuando el huevo está incubado, cuando se abre y revela su interior. La densidad erótica que sentimos en el amor y en los deseos es su propia naturaleza que madura, su carga, su pregnancia, que no se ha revelado desde el principio. Los verdaderos propósitos de Eros aparecen a veces sólo después de un largo período de juego con sus señuelos. Nuestros más locos enamoramientos y vinculaciones pueden ser destructivos, pero son importantes como único embrión del auténtico amor.

El huevo del que surge Eros es muchas veces un prolongado y obsesivo amor. Es un tópico que al amar a otro estamos enamorados del amor. El amor es el objeto de nuestro amor, y el otro nos entrega el amor que él o ella ha guardado para nosotros como en una concha. Afrodita, la gran diosa, el misterio profundo y reverenciado del amor y el sexo, se reconoció a lo largo de siglos en la concha.

Parte del misterio de Afrodita, para el hombre, es la irónica verdad de que su fantasía sexual, su energía y su emotividad son femeninas. Es la concha, Venus marina, Afrodita, cuyo nombre significa «diosa de las espumas» o quizá, como dicen los sabios, «la diosa que resplandece», la que garantiza la humedad y la mareas del sexo en el hombre. El sexo mismo es unión del Eros masculino con la Venus femenina. En algunas narraciones antiguas, es madre. Pero Apuleyo, el autor del *Asno de Oro,* la muestra dándole a su hijo un apasionado beso. El mundo de Eros nunca queda contenido en los límites rectangulares de nuestra moral ni de nuestras costumbres y expectativas levantadas para rodearlo. Dicen los órficos que Eros es hacedor de mundos. Sabemos que crea relaciones, amistades, familias, e incluso naciones. También inspira la poesía, las letras, la historia, y los lugares sagrados. Dicho brevemente, el sexo erótico crea la cultura individual y social. Así, crea el alma. Como dijo James Hillman, donde Eros se agita, se encuentra el alma. El alma es un signo de que Eros está verdaderamente presente. Si no hay trazas del alma, el sexo es sintomático en el camino hacia Eros, pero aún no está fuera de su concha.

El misterio de la sexualidad viril no se puede encontrar ni se puede vivir en la literalidad genesíaca ni en la sexualidad literal. El otro sólo puede ser amado y recibir placer cuando se ha descubierto la pareja cósmica, en el interior de uno mismo y en el ancho mundo. Sólo cuando lo masculino y lo femenino se han unido en nuestras construcciones, economías, escuelas y políticas pueden iniciar el Dios y la Diosa su larga noche juntos y con nosotros, como Zeus y Hera en su luna de miel de trescientos años, irradiando la verdad del sexo sobre nuestras vidas. Entonces el acto sexual será lo que ha de ser: un acto ritual que resume y celebra el matrimonio del cielo y la tierra. Sólo cuando los iniciadores de la cultura amplían su amor pueden dos seres humanos encontrar la plenitud de la sexualidad.

Claro está que las cosas funcionan también en la otra dirección. Nuestro redescubrimiento de Eros en nuestras propias vidas microcósmicas es el principio de la unión cósmica. Cuando constatamos lo que los órficos entendían, que el deseo es la fundamental fuerza motivadora de la vida y el alma, que su poder es auténtica agresión, y su acción auténtica creatividad, entonces el sexo puede ser liberado de su cautividad en la literalidad. En ese momento el mundo se ve sobresaltado por el deseo, sabiendo que sus límites no son los límites de una voluntad heroica ni de un secularismo prometeico. Pero quizá podemos arriesgarnos a los placeres del deseo y vislumbrar los nuevos mundos que ello engendra. Y entonces podemos descubrir el sexo por primera vez.

SEGUNDA PARTE

INICIACIÓN MASCULINA: IMÁGENES DE LOS RITOS DE PASO MASCULINOS

La iniciación equivale a un cambio básico en la condición existencial; el novicio emerge de la prueba dotado de un ser totalmente distinto de aquel que tenía antes de la iniciación: se ha convertido en *otro*.

MIRCEA ELIADE

Muchos de esos grupos masculinos que pueden quedar intactos han perdido sus objetivos. Ya no pueden seguir sirviendo como sociedades secretas en las que los misterios masculinos se comparten y aprenden. Muchos han degenerado hasta convertirse en lugares ocultos donde los hombres se esconden como se esconderían de la Madre Devoradora...

JEROME S. BERNSTEIN

El diccionario define el verbo iniciar *como «empezar, principiar, comenzar, dar salida a, originar...».*
Durante siglos las culturas de todo el mundo han tenido rituales específicos a través de los cuales los muchachos se convierten en hombres. Ritos a partir de los cuales se inicia la hombría. Ser un hombre ha significado convertirse en hombre. ¿Cómo se lleva a cabo esto en la actualidad? Se-

gún la mayoría de los que han escrito para este apartado del libro, de forma inadecuada o fortuita, de mala manera, etcétera.

Podemos darnos cuenta de que los actuales hombres y mujeres arrastran por igual la herencia de la falta de unos adecuados ritos de paso. El cristianismo triunfó como religión universal en gran medida al separarse de las religiones mistéricas grecorientales basadas en rituales iniciáticos, y declararse una religión salvadora accesible a todo el mundo. Es obvio el planteamiento democrático de esta alternativa, aunque aparecen nuevos problemas; la ausencia de vías de iniciación hace que crezca el hambre de *iniciación, mientras se ve reducido el* acceso a *ésta.*

Cuando una cultura deja de brindar caminos iniciáticos específicos y significativos, la psique individual masculina ha de iniciarse por sí misma. *Y ahí subyace un gran peligro, visible en las formas de iniciación a las que se vuelven muchos hombres: la integración en bandas callejeras, el consumo de drogas y alcohol, la práctica de deportes de alto riesgo, el militarismo, la dependencia discipular de líderes carismáticos de algún culto, una competitividad obsesiva en el trabajo, la acumulación de las conquistas sexuales, la búsqueda de un mentor masculino de edad y «perfecto» (y por eso inalcanzable), y así sucesivamente.*

En otro parágrafo de nuestra larga conversación, Robert Bly cita los rituales de iniciación de los hopi y de los kikuyu africanos que, según él cree, prueban que «un muchacho se convierte en hombre sólo a través de un ritual y de un esfuerzo... lo cual no puede ocurrir precisamente porque come semillas de trigo». El problema, tal como Bly lo ve, es que los hombres de más edad no están cumpliendo su cometido, y de este modo se rompe la continuidad entre las generaciones masculinas y se carga a las mujeres (especialmente a las madres) con tareas que no son las adecuadas para ellas.

Sin unos claros ritos de paso, la cultura moderna se enfrenta con «una crisis en el proceso ritual masculino» porque, como dicen el psicólogo Robert Moore y el mitólogo Douglas Gillette, la psique masculina no encuentra nada verdaderamente esencial en unos «pseudorritos» como los de las bandas callejeras.

A ningún escritor se le identifica más claramente como «hombre entre los hombres» que a Ernest Hemingway. Para muchos que se hicieron adultos entre las dos guerras mundiales, los escritos de Hemingway suponen el epítome de las tradicionales virtudes masculinas: virilidad, valor, honor, y una apasionada vinculación con la naturaleza. Resulta claro a partir de la contribución de Hemingway en este apartado del libro (extractada de su clásico título Muerte al atardecer), *que veía esos valores como la verdadera esencia de la fiesta de los toros y de la hombría. Y tan claro resulta en el ensayo del columnista Christopher Matthews que éste considera la narración de Hemingway esperanzada e incluso peligrosamente idealizada. He situado estas perspectivas la una junto a la otra para ilustrar cómo dos periodistas americanos de dos generaciones diferentes han visto las corridas de toros según diferentes sensibilidades —por tanto según diferentes formas de masculinidad.*

El psicólogo clínico Frederic Wiedemann presenta una conmovedora narración relacionada con su personal investigación de la moderna iniciación masculina, emprendida con su padre y sus hermanos: «En busca de una iniciación masculina moderna».

LA NECESIDAD DE UNA INICIACIÓN MASCULINA

por *Robert Bly*

Keith Thompson.– En la antigua tradición griega un joven podía abandonar a su familia para estudiar con un hombre mayor las energías de Zeus, Apolo o Dionisos. Parece que nosotros hemos perdido el ritual de la iniciación, aunque los jóvenes tienen una gran necesidad de ser introducidos en los misterios de la masculinidad.

Robert Bly.– Eso es lo que se ha perdido en nuestra cultura. Entre los hopi y otros nativos americanos del sudoeste, se aparta a un muchacho a los veinte años y se le conduce abajo, al interior de la kiva; permanece ahí abajo seis semanas, y pasa un año y medio antes de que vea a su madre. Entra de lleno en el mundo instintivo masculino, lo que supone una fuerte ruptura con sus dos padres. Mire, el fallo de la familia nuclear no es tanto que sea disparatada y que esté llena de duplicidades (eso es también cierto en las comunas, tal es la condición humana); la consecuencia es que el hijo pasa por un tiempo difícil rompiendo con el campo de energía de los padres, especialmente el campo materno, y nuestra cultura no ha previsto nada para esa iniciación.

Las sociedades de la antigüedad creían que un muchacho se hace hombre sólo a través del ritual y el esfuerzo —que debía ser iniciado en el mundo de los hombres—. No podía hacerlo por sí mismo, y no podía hacerlo porque comía semillas de trigo. Y sólo los hombres pueden hacer ese trabajo.

Keith Thompson.– Tendemos a ver la iniciación como una serie de pruebas que el joven debe pasar, pero seguramente hay algo más que eso.

Robert Bly.– También podemos imaginar situaciones como ese momento en que los hombres de más edad dan juntos la bienvenida al varón más joven al mundo de los hombres. Una de las mejores historias que he oído acerca de esa forma de bienvenida tiene lugar entre los kikuyu de África. Cuando un joven está ya dispuesto para la bienvenida, se le aparta de su madre y se le lleva a un lugar especial que los hombres han dispuesto a una cierta distancia del poblado. Ayuna a lo largo de tres días. La tercera noche se encuentra sentado en medio de un círculo de fuego con los hombres mayores. Tiene hambre y sed, se siente alerta y aterrorizado. Uno de los hombres mayores coge un cuchillo, se abre una vena de un brazo y deja que fluya un poco de sangre en un cuenco. Cada uno de los hombres del círculo se hace un corte en un brazo con el mismo cuchillo mientras el cuenco pasa de mano en mano y deja fluir en él un poco de sangre. Cuando el cuenco llega al joven, se le invita amablemente a que se alimente de él.

El muchacho aprende muchas cosas. Aprende que hay un cierto tipo de alimento que no procede de su madre, sino de los varones. Y aprende que el cuchillo se puede utilizar con muchos propósitos además de herir a otros. ¿Puede caberle ahora duda alguna de que es bien recibido en el mundo de los hombres?

Una vez hecho esto, los hombres pueden enseñarle los

mitos, las narraciones, las canciones que sirven de vehículos de los valores masculinos, no sólo lo relativo a la caza, sino los valores esprituales. Aprendidos los «mitos pregnantes», llevan al muchacho más lejos aún de su padre personal, a la humedad de los padres de los pantanos que llevan ahí siglos y siglos.

Keith Thompson.– Si el joven de hoy no tiene acceso a los ritos de iniciación del pasado, ¿cómo puede cumplir el paso a su energía instintiva masculina?

Robert Bly.– Déjeme que le devuelva la pregunta: ¿cómo lo ha hecho usted?

Keith Thompson.– Bueno, me ha parecido oír muchas cosas acerca de mi propia trayectoria en sus observaciones sobre los hombres suaves o blandos. Tenía yo catorce años cuando mis padres se divorciaron, y mis hermanos y yo nos quedamos con mi madre. Mis relaciones con mi padre habían sido remotas y distantes, y ahora él ya no estaba en casa. Mi madre tenía la ayuda de una serie de sirvientas sucesivas mientras nosotros íbamos creciendo, en especial una maravillosa anciana campesina que hacía de todo, desde cambiarnos los pañales hasta enseñarnos a rezar. Llegó a ocurrir que mis mejores amigos eran mujeres, incluyendo algunas mayores y enérgicas que me introdujeron en la política, la literatura y el feminismo. Eran amistades platónicas, del tipo que se da entre mentor y discípulo. Me sentí especialmente influenciado por la energía del movimiento de las mujeres, en parte debido a que había crecido bajo la influencia de mujeres fuertes aunque cariñosas y en parte porque la ausencia de mi padre me hacía pensar que no se podía confiar en los hombres. Así que durante diez años, hasta que cumplí los veinticuatro, mi vida estuvo llena de mujeres seguras de sí mismas y con experiencia, y amigos masculinos que, como yo, se inclinaban hacia la vulnerabilidad, la amabilidad y la sensitividad. Desde el punto de vista del varón de los años sesenta y setenta, lo había hecho así. Aunque hace unos años empecé a pensar que había perdido algo.

Robert Bly.– ¿Qué era lo que había perdido?

Keith Thompson.– Había perdido a mi padre. Empecé a pensar en mi padre. Él empezó a aparecer en mis sueños, y cuando miraba viejas fotos de familia, viendo su retrato sentía una gran pena; pena por no conocerle, porque la distancia entre nosotros parecía tan grande. También empecé a consentirme sentir la soledad por su ausencia. Una noche tuve un sueño tremendo. Me había llevado a la profundidad del bosque una manada de lobos que me alimentaban y cuidaban con amor y cuidado, y yo me había convertido en uno de ellos. Aunque, en cierto sentido inexpresado, estaba siempre un poco aparte, era diferente del resto de la manada. Un día, después de haber estado corriendo por el bosque junto a ellos, en una hermosa formación, y a una velocidad de vértigo, llegamos a un río y empezamos a beber. Cuando nos inclinamos hacia el agua, pude ver el reflejo de todos ellos, pero ¡no pude ver el mío! Había un espacio vacío en el agua donde se suponía que yo debería estar. Mi respuesta inmediata en el sueño fue sentir terror: ¿estaba yo allí?, ¿existía? Sabía que el sueño tenía que ver en cierto sentido con el hombre ausente, a la vez conmigo y con mi padre. Decidí dedicarle un tiempo, para ver quiénes éramos cada uno en su vida ahora que los dos éramos un poco más adultos.

Robert Bly.– O sea que el sueño ahondó en la añoranza. ¿Le vio usted?

Keith Thompson.– Sí. Fui al *midwest* unos meses después para verles a él y a mi madre, porque los dos se habían vuelto a casar y vivían en nuestra casa de antes. Al principio, pasé bastante más tiempo con mi padre que con mi madre. Él y yo íbamos a pasear por el lugar para recuperar el tiempo perdido durante mi niñez, viendo los graneros, los tractores y los campos, que parecían no haber cambiado en absoluto. Yo le decía a mi madre: «Voy a ver a papá. Nos vamos a dar un paseo y cenaremos juntos. Hasta mañana». Eso no hubiese ocurrido unos años antes.

Robert Bly.– El sueño es la historia global. ¿Qué ha pasado desde entonces?

Keith Thompson.– Desde que recuperé el contacto con mi padre he ido descubriendo que tengo menos necesidad de que mis amigas mujeres sean mis únicas confidentes y confesores. En este sentido, me he vuelto más hacia mis amigos, especialmente aquellos que trabajan en temas similares.

Lo que hay de común en nuestra experiencia es que al no haber conocido o no habernos relacionado con nuestros padres, y al no tener mentores masculinos de más edad, hemos intentado derivar una fuerza de segunda mano de las mujeres que derivan su fuerza del Movimiento Feminista. Es como si muchos de los jóvenes blandos de hoy quisieran que esas mujeres, que son más fuertes y juiciosas, les iniciasen en algún sentido.

Robert Bly.– Creo que eso es cierto. Y el problema es que según el antiguo planteamiento, las mujeres *no pueden* iniciar a los varones, es algo imposible.

Cuando estaba dando conferencias acerca de la iniciación de los varones, bastantes mujeres de la audiencia que estaban educando ellas solas a sus hijos me decían que habían tropezado precisamente con este problema. Tenían la sensación de que sus hijos necesitaban cierta dureza o disciplina, como quiera que se llame, pero que veían que si intentaban proporcionársela, empezaban a perder contacto con su propia femineidad. No sabían qué hacer.

Yo dije que lo mejor que se podía hacer cuando un chico tiene doce años es llevarle con su padre, pero muchas mujeres decían de forma terminante: «No, los padres no son atentos, los hombres no cuidarán de ellos». Yo le dije que había manifestado serias reservas acerca de la crianza de los niños hasta que me llegó el momento de educar a mis hijos. También creo que un hijo siente una especie de anhelo físico por el padre que hay que tener en cuenta.

Una mujer contó una historia interesante. Estaba educando a un chico y dos chicas. Cuando el chico llegó a los catorce años se fue a vivir con su padre, pero se quedó con él sólo un mes o dos y luego regresó. Ella dijo que sabía que, con tres mujeres, había demasiada energía femenina para él en la casa. Era algo descompensado, por decirlo así, pero ¿qué podía hacer?

Un día ocurrió algo raro. Dijo ella amablemente: «Es la hora de cenar, John», y él la golpeó. Entonces ella dijo: «Creo que ha llegado el momento de que vayas con tu padre». Y él dijo: «Tienes razón». El muchacho no podía expresar conscientemente lo que necesitaba, pero su cuerpo sí que lo sabía. Ella comprendió que era un mensaje. En Estados Unidos hay muchos chicos grandes y musculosos alrededor de las cocinas, actuando con rudeza, y yo creo que lo que intentan es resultarles menos atractivos a sus madres.

La separación de la madre es crucial. No digo que las mujeres hayan estado equivocándose necesariamente. Creo que el problema consiste más bien en que los hombres no están haciendo en realidad lo que les corresponde.

CRISIS EN EL PROCESO RITUAL MASCULINO

por *Robert Moore y Douglas Gillette*

Oímos decir a algunos hombres que no pueden «encontrarse a sí mismos». Lo que quiere decir, en un sentido profundo, que no se experimenta tal y cual cosa, que no se experimenta la propia y profunda estructura de cohesión. El hombre se siente fragmentado; diversas partes de su personalidad están escindidas unas de otras y viven libres e independientes e incluso de forma caótica. Un hombre que no puede «encontrarse a sí mismo» es probablemente un hombre que no ha tenido la oportunidad de profundizar la ritual iniciación en las profundas estructuras de la hombría. Sigue siendo un muchacho, no porque él quiera, sino porque nadie le ha mostrado el camino de la transformación de sus energías de muchacho en energías de hombre. Nadie le ha conducido a las directas y saludables experiencias del mundo interior de los potenciales masculinos.

Cuando visitamos las cuevas de nuestros remotos ancestros, los hombres de Cro-Magnon, en Francia, y bajamos a la oscuridad de esos santuarios espirituales y encendemos nuestras linternas, caemos en una sobrecogida reverencia y maravilla ante el misterioso y oculto manantial de fuerza masculina que ahí vemos expresado. Sentimos que algo profundo se agita en nuestro interior. Aquí, en un silencioso cántico, los mágicos animales —el bisonte, el antílope, el mamut— saltan y gritan con prístina belleza y fuerza en los altos y abovedados techos y en las onduladas paredes, moviéndose decididos en las sombras de los repliegues rocosos, saltando otra vez hacia nosotros a la luz de nuestras linternas. Y ahí, pintadas, están las huellas de las manos humanas, de los artistas-cazadores, los antiguos guerreros y proveedores, que aquí se reunían y oficiaban sus primitivos ritos.

Los antropólogos están universalmente de acuerdo en que estas cuevas-santuarios se crearon, al menos en parte, específicamente para los ritos de iniciación de los muchachos en el misterioso mundo de la responsabilidad viril y la masculina espiritualidad.

Pero el proceso ritual de hacer de los muchachos hombres no se limita a nuestras conjeturas acerca de esas antiguas cavernas. Como muchos estudiosos han demostrado, y entre los más notables Mircea Eliade y Víctor Turner, el proceso iniciático ritual pervive en las culturas tribales de la actualidad, en África, Sudamérica, las islas del sur del Pacífico y en muchos otros lugares. Se ha mantenido hasta tiempos muy recientes entre los indios de las grandes llanuras de Norteamérica. El estudio del proceso ritual que han hecho los especialistas puede resultar de lectura difícil. Las películas son como las antiguas narraciones tradicionales y los mitos. Éstas son historias que nosotros contamos acerca de nosotros mismos, acerca de nuestras vidas y su significado. De hecho, el proceso iniciático tanto del hombre como de la mujer es uno de los grandes temas ocultos en muchas de nuestras películas.

Un buen ejemplo de ello, y además explícito, se puede encontrar en la película *The Emerald Forest*. En ella, un muchacho blanco ha sido capturado y educado por los indios de Brasil. Un día, el muchacho está jugando en el río con una hermosa muchacha. El jefe conoce su interés por la muchacha desde hace un tiempo. Este despertar del interés sexual en el muchacho es una señal para el sabio jefe. Éste aparece en la orilla del río con su mujer y algunos ancianos de la tribu y sorprende a Tomme (Tommy) jugando con la muchacha. El jefe exclama: «¡Tomme, te ha llegado la hora de morir!». Todos parecen estar profundamente confundidos. La mujer del jefe, desempeñando el papel de todas las mujeres, de todas las madres, pregunta: «¿Ha de morir?». El jefe responde, amenazador: «¡Sí!». Entonces asistimos a una escena nocturna en la que Tomme es aparentemente torturado por los ancianos de la tribu, y se le fuerza a introducirse en la espesura de la selva, donde es devorado vivo por las hormigas de la jungla. Se retuerce en la agonía, con el cuerpo mutilado por las mandíbulas de las hambrientas hormigas. Nos tememos lo peor.

Finalmente, sale el sol, y Tomme, aún retorciéndose, es llevado al río por los hombres, que le bañan, y desprenden de su cuerpo las hormigas que habían quedado pegadas a él. Entonces el jefe alza la voz y dice: «El muchacho ha muerto y el hombre ha nacido». Y con esto se le brinda su primera experiencia espiritual, inducida por una droga que aspira de una larga pipa. Cae en una alucinación, y en ella descubre su alma animal (un águila) y vuela sobre el mundo con una nueva conciencia expandida, viendo, como si lo hiciese con el ojo de Dios, la totalidad del mundo de la selva. Entonces se le permite casarse. Tomme es un hombre. Y, al hacer suyas las responsabilidades y la identidad del hombre, asciende primero a la categoría de guerrero de la tribu y luego a la dignidad de jefe.

Cabe decir que quizá la dinámica más importante de la vida es pasar de una forma menor de experiencia y de conciencia a otro mayor (o más profundo) nivel de conciencia; de una identidad difusa a otra identidad más firme y estructurada. Toda vida humana trata de moverse hacia adelante a lo largo de esta trayectoria. Buscamos la iniciación a la edad adulta, a las responsabilidades y obligaciones con nosotros mismos y con los demás, a las alegrías y derechos del adulto, y a la espiritualidad del adulto. Las sociedades tribales tienen en muy buen concepto, y muy específico, la edad adulta, tanto masculina como femenina, y una idea muy clara de cómo llegar a ella. Y tienen procesos rituales como el de *The Emerald Forest* para capacitar a sus niños para el logro de lo que podríamos llamar una tranquila, serena madurez.

Nuestra propia cultura tiene asimismo pseudorrituales. Hay bastantes pseudoiniciaciones masculinas en nuestra cultura. El servicio militar es una de ellas. Lo que es pura fantasía es que la humillación y una forzada falta de identidad «hagan que se manifieste la hombría». Las bandas de delincuentes de nuestras grandes ciudades son otra manifestación de una pseudoiniciación, y también lo es el sistema penitenciario, que en gran parte es frecuentado por esas bandas.

Llamamos a estos fenómenos pseudoeventos por dos razones. Por una parte, con la posible excepción de la iniciación militar, estos procesos, aunque a veces están altamente ritualizados (en especial las bandas de delincuentes de las ciudades), con gran frecuencia inician al muchacho en una forma de masculinidad desviada, chata y falsa. Se trata de una «virilidad» patriarcal, abusiva con los demás y, a menudo, con uno mismo. Usualmente el abuso de las drogas está involucrado en la cultura de las bandas de delicuentes. El muchacho puede convertirse en un adolescente en estos sistemas y conseguir un nivel de desarrollo más o menos paralelo al nivel expresado por la sociedad como conjunto en sus valores juveniles, aunque en una forma contracultural. Pero esas pseudoiniciaciones no producirán hombres, porque los auténticos hombres no son caprichosamente violentos ni hostiles. La psicología del muchacho se ve sobrecargada de ansias de dominio sobre los demás, de una u otra forma. Y a menudo está atrapada en la pérdida de sí misma, y en la pérdida de los demás. Eso es sadomasoquismo. La psicología del hombre es todo lo contrario. Es atenta y generadora, no hiriente ni destructiva.

Para que la psicología del Hombre llegue a existir en un hombre particular, ha de haber una muerte. La muerte —simbólica, psicológica o espiritual— es siempre una parte vital de cualquier ritual de iniciación. El términos psicológicos, el Ego del muchacho ha de «morir». Las viejas formas de ser, hacer, pensar y sentir han de «morir» ritualmente, antes de que el nuevo hombre pueda emerger. La pseudoiniciación, aunque le impone algún freno al Ego del muchacho, a menudo amplifica los afanes del Ego por el poder y el control de otra manera, una manera adolescente y regulada por otros adolescentes. Una iniciación eficaz y transformadora acaba absolutamente con el Ego y sus deseos en su vieja forma, para devolverle la vida con una nueva y subordinada relación con un poder o centro previamente desconocido. La sumisión al poder de las maduras energías masculinas siempre hace aparecer una nueva personalidad masculina caracterizada por la calma, la compasión, la claridad de la visión y la capacidad generadora.

Hay un segundo factor que hace que muchas iniciaciones de nuestra cultura sean pseudoiniciaciones. En muchas ocasiones, simplemente no hay contenido un proceso ritual. Hay dos cosas que componen un proceso ritual. La primera es un espacio sagrado y la segunda es un anciano ritual, un «hombre anciano y sabio» o una «mujer anciana y sabia» en la que confía absolutamente el iniciado y que puede conducirle a lo largo del proceso y dejarle intacto y mejorado en la otra orilla.

Mircea Eliade investigaba el papel del espacio sagrado. Llegó a la conclusión de que este espacio que se ha santificado ritualmente es esencial para la inciación en muchos sentidos. En las sociedades tribales este espacio pude ser una cabaña especialmente construida al efecto o una casa, donde los muchachos que esperan su iniciación quedan encerrados. Puede ser una cueva. O bien puede ser la vastedad del desierto al que el que ha de ser iniciado se le ha conducido para morir o alcanzar la hombría. El lugar sagrado puede ser el «círculo mágico» de los magos. O, como en muchas civilizaciones adelantadas, puede ser una estancia interior en el recinto de un gran templo. Este espacio ha de estar apartado de la influencia del mundo exterior, y especialmente, tratándose de muchachos, de la influencia de las mujeres. Con frecuencia, los iniciados han de pasar pruebas emocionalmente aterradoras y penalidades atroces. Aprenden a someterse a las penalidades de la vida, a los rituales, y a las tradiciones masculinas y los mitos de la sociedad. Hacen suyos los más secretos conocimientos de los hombres. Y son liberados del espacio sagrado sólo cuando han completado la prueba y han vuelto a nacer como hombres.

El segundo ingrediente esencial de un proceso iniciático logrado es la presencia de un anciano ritual. En *The Emerald Forest* se trata del jefe y de los otros ancianos de la tribu. El anciano ritual es el hombre que conoce el secreto, el que conoce los caminos de la tribu y los mitos viriles más celosamente guardados. Es quien vive fuera de una visión de la madurez masculina.

Con la escasez de hombres maduros que se dan en nuestra cultura, no hay ni que decir que los ancianos rituales son desesperadamente pocos. Así, las pseudoiniciaciones siguen desviándose al refuerzo de la psicología del Muchacho más que hacer posible un movimiento hacia la psicología del Hombre, aunque exista una especie de proceso ritual y aunque haya aparecido una especie de espacio sagrado en las calles ciudadanas o en las celdas carcelarias.

La crisis de la madurez masculina gravita sobre nosotros. En la ausencia de unos modelos adecuados de madurez masculina, y en la ausencia de unas estructuras de cohesión social e institucional para actualizar el proceso ritual, lo que se plantea es el «cada uno para sí». Y muchos de nosotros nos quedamos en la cuneta, sin saber cuál puede ser el objeto de nuestra energía generadora o qué había de malo en nuestro esfuerzo. Sólo sabemos que nos sentimos llenos de ansiedad, al borde de la impotencia, sin apoyo, frustrados, decaídos, sin amor ni aprecio, a menudo avergonzados de ser masculinos. Sólo sabemos que nuestra creatividad se ha visto atacada, que nuestra capacidad de iniciativa ha tropezado con la hostilidad, que se nos ha ignorado, empequeñecido, que nos han dejado con el equipaje vacío de nuestra propia autoestima. Estamos hundidos en un mundo en el que los perros se devoran entre sí, intentando mantener a flote nuestro trabajo y nuestras relaciones, perdiendo la energía y las referencias. Muchos de nosotros buscamos el padre generador, sustentador y permisivo (aunque la mayoría de nosotros no lo sabemos), el padre que, para muchos de nosotros, nunca existió en nuestra vida actual y que no aparece, hagamos lo que hagamos para que aparezca.

MUERTE AL ATARDECER (1932)

por *Ernest Hemingway*

El principio de la corrida, la corrida ideal, supone bravura en el toro y que tenga el cerebro limpio de cualquier recuerdo de una faena previa en el coso. A un toro cobarde es difícil torearlo porque no cargará contra los picadores más que si recibe un castigo... Nadie puede estar seguro de cuándo embestirá un toro cobarde... Cualquier lucimiento es imposible a no ser que el matador tenga el conocimiento y el valor necesario para arrimarse tanto al toro como para hacerse su confidente y trabajar con sus instintos... y entonces, cuando le ha hecho embestir varias veces, dominarlo y casi hipnotizarlo...

A un gran matador ha de gustarle matar; a menos que sienta que eso es lo mejor que puede hacer, a menos que sea consciente de su dignidad y sienta que ésa es su propia recompensa, será incapaz de la abnegación que es necesaria para matar realmente. El auténtico gran matador ha de tener un sentido del honor y un sentido de la gloria que esté muy por encima de los de un torero corriente. En otras palabras, ha de ser más que un hombre normal. También ha de sentir placer con ello... ha de sentir gozo espiritual en el momento de matar... pero por encima de todo ha de gustarle matar. Matar limpiamente y de una manera que te da un placer estético y te enorgullece, siempre ha sido uno de los más grandes gozos de una parte de la especie humana.

MUERTE POR LA TARDE, 1990

por *Christopher Matthews*

Barcelona.– En su famosa guía de la corrida española, «Muerte al atardecer», Hemingway describía una clásica, y trágica, lucha entre el hombre y el toro.

Pero eso no es lo que yo vi allí el pasado sábado en la plaza de toros. Esperando ver una lucha de poder a poder, presencié una serie de ataques en grupo contra media docena de animales extremadamente confusos.

Como de costumbre, fueron muertos seis toros ese domingo. No vi que ninguno muriese de la forma rápida y dramática elogiada en «Muerte al atardecer». Puedo asegurar que ninguno murió «balanceándose sobre sus patas antes de caer de espaldas con las cuatro patas arriba». No, fue algo muy diferente.

Los toros muertos en la última corrida del domingo no acabaron ni fácil ni dramáticamente. El primer toro que salió al ruedo fue el que murió más deprisa. Después de recibir con toda su longitud la espada del matador, el gran animal anduvo tristemente durante unos minutos por el ruedo antes de caer. No estaba claro qué reacción se esperaba de la multitud durante ese paseo de la muerte. Mi propio impulso inicial, que no seguí, fue precipitarme a las escaleras de salida manifestando mi opinión a diestro y siniestro acerca de ese pasatiempo que los españoles consideran un deporte.

Pero yo no podía juzgar la corrida por una sola muerte. Cada uno de los otros cinco toros que salieron al ruedo ese domingo murieron incluso más grotescamente que el primero. El segundo que recibió la estocada del matador anduvo errando por todo el ruedo después de ser herido, mientras la sangre le brotaba del morro como de una manguera contra incendios.

La muerte de los otros cuatro toros fue más complicada. Como yo no era un aficionado, pensé que eso se debía a la inhabilidad de los matadores. En lugar de dar fin a su faena con una sola estocada, tuvieron que utilizar esa tarde hasta tres espadas diferentes para abatir a sus respectivos animales. En cada ocasión, el gran animal herido corría penosamente para salvar la vida, como una gallina a la que le han cortado la cabeza o como los personajes de los dibujos animados que corren más allá de un acantilado sin caer porque no pueden mirar hacia abajo.

Hemingway tenía razón en una cosa. No tienes ni idea acerca de tus propias reacciones ante la corrida mientras no has visto a uno de esos feroces animales, con una, dos o incluso tres espadas atravesándole, y que aún consigue desafiar a los toreros que le rodean. No tienes idea de cuál es tu reacción ante los toreros mientras no has observado cómo el matador y su cuadrilla de banderilleros persiguen y acosan a esos toros moribundos hasta que ya no pueden seguir corriendo.

Luego viene el auténtico trabajo sucio de la moderna corrida española: el golpe de gracia. Que es cuando uno de los banderilleros coge un puñal, hiere al animal entre los ojos y luego hunde la hoja en la oreja del animal y acaba con él como si fuese un chiquillo que corta el corazón de una manzana.

Hay algo más que vi y comprendí en la soleada plaza de toros Monumental el pasado domingo.

La corrida no es, como a menudo se dice en las películas y la literatura, una especie de gran prueba heroica de las capacidades del hombre y del animal. Toda la tragedia de la corrida —los animales que embisten en el ruedo, los quiebros de los banderilleros, el brutal alanceamiento de los picadores a caballo, las dolorosas banderillas, la faena del matador y la lenta carnicería final— es menos cuestión de un enfrentamiento en condiciones de igualdad que una ejecución al estilo pandillero. Desde el momento en que el toro entra en escena se ve implacablemente acosado y confundido por los banderilleros, que o bien se quedan en el mismo ruedo atormentando al animal o se burlan de él desde detrás de la barrera.

Incluso cuando el matador se queda solo en el ruedo, sus banderilleros suelen actuar para distraer al toro. En cuanto el matador se encuentra en apuros, cada vez que un toro se vuelve bruscamente contra él o deja de seguir el engaño, la cuadrilla de banderilleros del matador aparecen desde detrás de la defensa para apartar al toro y salvar a su patrón. Incluso después de que la espada o varias espadas han penetrado de lleno en el cuerpo del animal, los ayudantes del matador siguen hostigando y distrayendo la atención del animal. Esta confusión y humillación del toro supongo que presta algún soporte a la tragedia de cuánto más fácil es masacrar a un animal cuando se le ha hecho parecer estúpido.

Pero si el toro fuese tan estúpido, ¿por qué dedicar tanto esfuerzo a confundirle con esa pretendida actividad deportiva? Si tan desprovisto está de una inteligencia básica, ¿por qué se le aparta de la vista de un hombre sin montura hasta que entra en el ruedo para morir?

Y si el toro requiere tanto esfuerzo para que se le confunda y subyugue, ¿por qué es objeto de tantas torturas por nuestra parte?

EN BUSCA DE UNA INICIACIÓN MASCULINA MODERNA

por *Frederic Wiedemann*

El artículo de Bly me interesó inmediatamente; incluso el título *(La necesidad de una iniciación masculina)* hizo que me quedase en suspenso en mi propio camino. ¡Dios mío, qué ingenuo he sido, y pasivo, e insensible, en mi vida! Y el dinero que he perdido. Y las mujeres que he necesitado para que me mostrasen mis propias emociones. Pero ahora sé que tengo mis propias sensaciones en cuanto a las cosas. Puse en marcha un grupo de hombres hace un año. Seis de nosotros nos reunimos cada viernes por la mañana durante dos horas. Nos damos uno a otro fuerzas para ir a lugares donde nunca habíamos estado antes sin una mujer.

Bly se queja de que nuestros cuerpos emocionales masculinos no están activos porque se ha interrumpido la iniciación viril. Tengo algo que decir acerca de la ingenuidad de esa idea —por ejemplo, que algunas tribus que cuentan con ritos de iniciación masculina producen hombres violentos—. Aunque por lo general conozco cuánta energía puede desarrollar la activación de nuestros cuerpos emotivos.

Pero ¿de qué iniciación se trata? ¿Adónde han de ir los hombres para pasar por esa iniciación? ¿Qué hacer para experimentarla?

Creo que la iniciación viril lleva al Misterio de la mano de un hombre, o de unos hombres. Se siente el Misterio junto con otros hombres, sin intervención de ninguna mujer. Cuando los hombres nos encontramos en el Misterio, no sabemos lo que es. Eso es el Misterio y la iniciación. Un día, hace poco, mi padre, dos de mis hermanos y yo nos dirigimos hacia el Misterio. Déjenme que les diga lo que descubrimos acerca de la iniciación.

Salimos juntos los cuatro —un padre y sus tres hijos, tres hermanos con su padre—. Nos dirigimos hacia el desierto del Pecos. Jonathan, el hermano más joven (treinta y un años) conducía. Papá (sesenta y siete años) iba en el asiento de delante, consultando el mapa. Harden, el hermano mediano (treinta y seis años) y yo (cuarenta años) íbamos atrás. Bromeábamos y barajábamos nuestras expectativas. Silenciábamos nuestro miedo a la intimidad. ¿Podríamos intimar uno con otro? ¿Qué pasaba con esa cuestión de Padre e Hijo? ¿Qué era ser hermanos?

Con anterioridad había propuesto un viaje al aire libre a mi padre cuando tenía veintisiete años. Para contactar con él. Le escribí proponiéndole que hiciésemos una salida de fin de semana. Él me contestó invitándome a un viaje al Nepal. Las peripecias de este viaje iniciaron nuestro camino, largo y lento, hacia la posibilidad de hacernos reales el uno para el otro.

Eran las últimas horas de la tarde cuando cargábamos con nuestras cosas para entrar en el hermoso cañón que subía entre paredes de granito de novecientos metros, donde estaba nuestro objetivo, Hermit's Peak. Se decía que un viejo ermitaño había vivido ahí arriba alimentándose de setas silvestres. El sendero discurría tortuoso a uno y otro lado de una corriente como para garantizarnos una más inmediata penetración en los parajes vírgenes. Cruzamos la misma corriente veintiuna veces. Nos asustó una serpiente que se deslizaba por la maleza con un pez en la boca. Al montar el campamento, bromeamos unos con otros. Jonathan había sido instructor de Outward Bound, de manera que hizo pequeños milagros con el fuego del campamento. Comimos guacamole natural, arroz, carne adobada y galletas de chocolate con menta.

Como maderos que flotan sin esfuerzo alrededor del vórtice de un remolino, nos divertimos haciendo trabajos propios del hogar. Alrededor del fuego moribundo, intercambiamos recuerdos, narraciones y café con licor de menta. Aún no estábamos dispuestos para que nos absorbiese a la profundidad el torbellino averiguando quién era realmente cada uno para los demás. Sólo estábamos haciendo más fácil entrar en la iniciación.

Íbamos ya un kilómetro y medio más arriba por el camino a la mañana siguiente cuando papá dijo que había olvidado las píldoras para el corazón. Esta medicina evitaba que su corazón latiese demasiado deprisa debido a un esfuerzo excesivo. Íbamos cargados con mochilas de cuarenta y cinco kilos, a punto de subir por un sendero de 60 grados de inclinación que llegaba hasta una altitud de mil doscientos metros. Nos dijo que le diésemos golpes en el pecho si tenía un ataque. ¡Dios mío! Los hermanos tragamos saliva y nos miramos. Lejos del alcance de su oído, decidimos repartirnos su carga entre nosotros, dejándole a él un fardo ligero. Papá dijo que no tenía nada que objetar. Sorprendentemente para ser el Patriarca, lo aceptó más bien con elegancia, como si, tanto nuestro apoyo como la carga más ligera, fuesen bien recibidos por él. ¿Cuántos años llevó él nuestras cargas?

Seguimos subiendo por el desigual camino, haciendo paradas frecuentes. Controlábamos su pulso. Papá estaba en una forma espléndida, su corazón latía a ciento cinco pulsaciones por minuto. Mi corazón latía más deprisa.

¡Yo era el que no estaba en forma! Establecí un programa de ejercicios para seguir a mi regreso.

Pasamos por un lugar donde había un enjambre de mariquitas que cubrían por completo unos pinos enanos y los troncos de unos álamos muertos.

A la manera típicamente agresiva del varón, coronamos la cima a la una de la tarde. Montamos el campamento, recogimos leña para hacer fuego, fuimos a buscar agua a un manantial. Actuábamos al estilo organizador masculino. Teníamos ramas de todos los tamaños que el fuego pudiese necesitar. Estábamos organizando, haciendo cosas. El sol estaba inmóvil en lo alto. Toda la tarde se extendía vacía ante nosotros. Habíamos llegado, lo habíamos hecho todo. No había adónde ir. No faltaba nada por hacer. Así que ahora ahí estábamos. Ahora que estábamos en el desierto, teníamos que entrar en él. Ahora era el momento de la iniciación.

Un cuervo negro pasó entre los riscos. La cumbre estaba a cientos de metros, sobre paredes rocosas cortadas en pico. Veíamos muy, muy lejos —desde tres mil trescientos metros, hacia el desierto, que estaba dos mil cien metros más abajo, y más allá las llanuras del territorio de Texas. Las nubes se formaban y disgregaban a unos metros de nosotros al nivel de la vista. Hablábamos entre los cuatro, nos escindíamos en subgrupos, nos aislábamos, nos descubríamos a nosotros mismos juntos e interminablemente vueltos a combinar. La tarde había quedado en suspenso. Los rayos del sol chocaban con un banco de nubes e iluminaban la vegetación a una milla de nosotros.

Andábamos en fila india por el borde mismo del precipicio. Con las manos entrelazadas en la espalda, éramos como monjes que recorrieran el centro del mundo en el Himalaya. Con la andadura silenciosa de unas piernas de acero, éramos panteras que marcaban su territorio en el desierto africano. Sentados y en silencio, éramos árboles nudosos que gritaban con sus ramas en el denso silencio, como si al gritar el dolor pudiese llevar sus energías a través del espacio. De repente se hizo de noche. Hablamos y reímos. Desaparecimos en el silencio. Yo caí en el suelo. Perdí la cabeza. Oleada tras oleada de emoción fueron sucediéndose. Pasé más allá de las defensas de mi mujer hasta su dolor. Fui más allá de su dolor hasta su bondad. Cuánto la amaba —y ni siquiera me había dado cuenta de ello. ¡Dios mío!

Mi padre era viejo. Qué sentimientos tan intensos experimentaba por ese hombre que con la agitación de sus caderas me había dado el ser cuarenta años antes. Este hombre llevaba casado cuarenta y un años, había engendrado tres hijos, había capitaneado su propia empresa con beneficios, había amasado una fortuna y había recorrido el mundo. A pesar de su amor, de sus rasgos de generosidad, era un hombre contenido. No le gustaba someterse a cosas que estuvieran fuera de su control. Es cierto que se había ablandado con el paso de los años. Había ido abriendo sectores de su corazón. Estaba intentando abandonarse. Tenía incluso frases en las puertas de su cuarto de baño que abría cada día recordándole que se tenía que abandonar. Pero la única manera de que un hombre como mi padre se rindiese era a través de la puerta de su salud. Tenía el corazón enfermo. Con su medicación diaria, su tratamiento le daba confianza. Y había olvidado su medicina. ¡Oh, Dios mío! Ahora tenía que confiar en nosotros. Quería que viésemos su ancianidad. Su rito de paso; había dejado de ser el guía, y ahora era un anciano. Estaba pasando por ese difícil trago con elegancia. Eso era admirable para mí. Estaba orgulloso de ser uno de los varones Wiedermann.

Mis hermanos y yo; los varones Wiedermann. Experimenté esa sensación invasora como un hombre lleno de alcohol. Hay algo en los «Varones Wiedermann» que mezcla la sangre y el orgullo. Un cierto destello en los ojos. Puedo verlo. Una apelación a la hombría. Somos hombres. Somos los que se han quedado. Las demás generaciones de hombres han sido segadas. Menos nosotros. Papá se ha mantenido en la primera línea del frente. Nosotros, los hermanos, formamos la siguiente línea a su espalda. Algún día papá morirá en la batalla. ¿Descansas en paz, papá? Nosotros, los hermanos, tendremos que avanzar hasta primera línea. Antes de que eso nos ocurra, celebramos nuestra solidaridad. De regreso en casa, nos enfrentaremos otra vez con las implacables rutinas de la vida. Dentro de poco nos enfrentaremos con la muerte. Pero ahora lo importante son los vínculos masculinos. Para esta iniciación de hoy hemos hecho a un lado momentáneamente nuestras responsabilidades, nuestras familias, nuestras obsesiones. Estamos desnudos en el desierto, intoxicados por nuestro propio sentido de ser, y entregados al Ahora y Aquí.

Vuelvo en mí. Me levanto. Señor, ¿qué ha pasado con el tiempo? ¿Dónde están los demás? Quiero bailar. He estado demasiado inhibido. Pero ahora, desde aquí, solo, me lanzo a la gran carrera con los músculos de las piernas bien dispuestos. Me entrego a la antigua danza de la fusión. El panorama es mi presa. Lo cazo, demostrando cuán viril soy. Lo atormento, lo domino, lo seduzco. Antes de llegar hasta aquí, subía para sentir el éxtasis, adorando cada etapa. Y finalmente lo he vencido, como él me ha vencido a mí. Y la fluencia de nuestra fusión ha llegado hasta el ocaso, todas las cosas girando con el impulso de unas nubes tormentosas, de una lluvia lejana, con una hermosa oscuridad mezclada con el rosa y el oro. Todos estábamos atentos al crepúsculo como si nunca hubiésemos perdido la otra vertiente del hermano. Nuestro silencio era nuestro vínculo indestructible. Mi padre y mis hermanos estaban embelesados por ese mismo momento. ¡Señor!

Y, en consecuencia, nos descubrimos a nosotros mismos alrededor del círculo de piedras donde había nacido un fuego. El alimento caliente dio fuerza y calor directa-

mente a nuestras venas. Nuestras manos estaban mancha-
das por la tierra. Las estrellas nos observaban, y el resto
del mundo estaba ahora en tinieblas. ¿Cómo podemos
romper los muros sin soslayar nuestro ser íntimo? Nos
damos uno a otro la palabra. El día ha entretejido sus
presagios, ha conspirado para urgar en nuestras heridas y
mitigar nuestros miedos. Cada uno de nosotros dice lo
que siente. Habla de viejas heridas, de problemas, de
amor, de la dificultad de amar. Nuestro Patriarca habla
de su reino y de cómo se dividirá. Los hermanos hablamos de cómo encontrar nuestro camino entre la multitud
de mundos con que nos enfrentamos. El Misterio nos
envuelve amablemente en su abrazo.

TERCERA PARTE

DESDE EL PUNTO DE VISTA DE LAS HERIDAS: IMÁGENES MASCULINAS DE LA TRISTEZA, EL MIEDO, LA INDIGNACIÓN, LA PÉRDIDA Y LA AFLICCIÓN

Hipótesis: Cada herida que un hombre experimenta en cualquier momento de su vida es un ejemplo localizado de la Herida del Único Varón.

En cierto sentido esta hipótesis es obviamente falsa —resulta claro que hay tantas clases de heridas masculinas como clases de masculinidad—. Pero en otro sentido —un sentido vívido, sentido, emocional— «que todas las heridas son una» supone una verdad indudable. Nietzsche decía que «cuando un hombre recibe una herida, cada herida le fuerza a vivir».

Este apartado de Ser un hombre *ilustra algunas de las miríadas de formas en que un hombre herido «se ve forzado a vivir». Se ve forzado a encontrar algo prohibido, perdido, sustraído, destructivo, destruido; algo* todopoderoso *(cuando está en sus manos); incluso algo también* necesario *(desde la perspectiva de lo que hay atrás) para la profundización en el alma masculina.*

Si estas historias de masculinidad herida empiezan a sonar como una letanía, recuérdese que una letanía es una oración en la que la congregación de los fieles recita unas respuestas; una plegaria pública. Después de siglos de sufrimiento más que heroico, silencioso, «característicamente masculino», nosotros los hombres les prestamos voz a nuestras amarguras. Lo que digo es que dejemos que la letanía suene con fuerza.

Por supuesto que hay ciertos peligros en que el hombre dé un nuevo volumen a sus quejas, entre ellos la autocompasión y una tonta creencia de que «mis penas como hombre son mayores que las de una mujer». Pero seguramente existe igual riesgo en no expresar nuestras penas y en con-

secuencia mantenerlas ciega y repetitivamente, a expensas de los demás. Ya hay un exceso de eso.

«La pena que siento no tiene explicación», escribe el gran poeta peruano César Vallejo. «Simplemente, hoy estoy triste.» Escuchemos los ritmos del lenguaje de Vallejo: sintamos esos ritmos en nuestros cuerpos y luego vayamos al psicoterapeuta Francis Weller, con su «Avergonzado de ser varón», y luego al activista de los derechos del hombre; Frederic Hayward, con su «Vapuleando al varón». Y ahí está el corto escrito de Kafka, «La miseria de los solteros», sobre la tristeza de la soledad masculina. Después de todo ello no resultan sorprendentes las tristes palabras de Pablo Neruda en este verso:

> Sucede que me canso de mis pies y mis uñas
> y mi pelo y mi sombra.
> Sucede que me canso de ser hombre.

Sigue el tema del relato de Tav Sparks sobre su vida de adicto, «Hasta el infierno y regreso».

En una conversación acerca de las víctimas masculinas del feminismo, Chris Brazier, activista del movimiento masculino, dice que las penetrantes heridas que causa el feminismo en las ideas tradicionales relativas a la masculinidad pueden ser eventualmente útiles para los hombres. Y Richard Haddad argumenta, por su parte, que el feminismo per se *desprecia en sí misma la experiencia masculina. Argumentando que la expresión «feministas masculinos» es una oxímoron, Haddad insiste en que los hombres han de registrar sus propias penas y curarse.*

VOY A HABLAR DE LA ESPERANZA

por *César Vallejo*

Yo no sufro este dolor como César Vallejo. Yo no me duelo ahora como artista, como hombre ni como simple ser vivo siquiera. Yo no sufro este dolor como católico, como mahometano ni como ateo. Hoy sufro solamente. Si no me llamase César Vallejo, también sufriría este mismo dolor. Si no fuese artista, también lo sufriría. Si no fuese hombre ni ser vivo siquiera, también lo sufriría. Si no fuese católico, ateo ni mahometano, también lo sufriría. Hoy sufro desde más abajo. Hoy sufro solamente.

Me duelo ahora sin explicaciones. Mi dolor es tan hondo, que no tuvo ya causa ni carece de causa. ¿Qué sería su causa? ¿Dónde está aquello tan importante, que dejase de ser su causa? Nada es su causa; nada ha podido dejar de ser su causa. ¿A qué ha nacido este dolor, por sí mismo? Mi dolor es del viento del norte y del viento del sur, como esos huevos neutros que algunas aves raras ponen del viento. Si hubiera muerto mi novia, mi dolor sería igual. Si la vida fuese, en fin, de otro modo, mi dolor sería igual. Hoy sufro desde más arriba. Hoy sufro solamente.

Miro el dolor del hambriento y veo que su hambre anda tan lejos de mi sufrimiento, que de quedarme ayuno hasta morir, saldría siempre de mi tumba una brizna de yerba al menos. Lo mismo el enamorado. ¡Qué sangre la suya más engendrada, para la mía sin fuente ni consumo!

Yo creía hasta ahora que todas las cosas del universo eran, inevitablemente, padres o hijos. Pero he aquí que mi dolor de hoy no es padre ni es hijo. Le falta espalda para anochecer, tanto como le sobra pecho para amanecer y si lo pusiese en la estancia oscura, no daría luz y si lo pusiese en una estancia luminosa, no echaría sombra. Hoy sufro suceda lo que suceda. Hoy sufro solamente.

AVERGONZADO DE SER VARÓN

por *Francis Weller*

Vivimos tiempos difíciles en esta cultura en cuanto a la apreciación de las tristezas que un hombre arrastra. Para la mayoría, las penas de los hombres permanecen invisibles, bajo la custodia de los centinelas de la negación, el heroísmo y la soledad. Las lecciones empiezan pronto y la enseñanza es clara: No expreses tu tristeza, porque si lo haces se te considerará débil y fracasado. Este tipo de calificativos puede reducir a pura ruina la autoestima de un hombre.

Está establecido que los hombres han de ser triunfadores, victoriosos, y que han de remontar todas las fallas físicas y emotivas. Padecemos lo que el psicólogo James Hillman llama el «Complejo de Hércules», por el cual nunca nos rendimos a las fatalidades de la vida. Secretamente tememos fallar, sentir tristeza, rendirnos, perder, sumar años, y morir; nos sentimos avergonzados de no poder superar todas esas cosas, de manera que las negamos, sin dar muestras de derrota o pena.

Pero ¿qué pasa con un hombre que no se consiente la

experiencia humanizadora de fallar y fracasar? Pierde su alma y se convierte en «prisionero de la perfección».

Los hombres que veo en mi consulta profesional sufren de un pesar común: la vergüenza de ser varón o, más precisamente, la vergüenza de ser un hombre relevante. La angustiosa ausencia de orgullo en esos hombres refleja la realidad de que esos hombres han perdido un sentido básico de lo «fundamental», por lo cual fallar es lo mismo que carecer de valor. Tienen una pequeña sensación de lo sagrado y en muchas ocasiones aún menos un sentido de qué es lo que les mueve, de lo que anhelan o de lo que pesa sobre ellos tan duramente. Viven de acuerdo con lo establecido y parecen no pensar en sus vidas. Esos hombres están solos —la vergüenza les mantiene en silencio y les impide relacionarse con los hombres y mujeres que podrían ayudarles a curarse de su pesar.

Experiencia y naturaleza de la vergüenza

La vergüenza es una respuesta arquetípica y basada en lo físico a unas experiencias que rompen el sentido de la adecuación y del valor de un hombre. En esos momentos de ciega y penosa autoconciencia, el hombre se siente inferior en ciertas cuestiones capitales. En esos momentos desea ocultarse de la vista de los demás. Se retira a un mundo interior y profundiza en su imperfección.

La vergüenza se experimenta como núcleo de valores. Cuando la vergüenza se apodera de nosotros, *quienes somos* es algo defectuoso y malo. Nos sentimos incapaces de cambiar esta condición y eso lleva a la desesperanza, que es tan característica de la vida avergonzada.

Diálogos internos caracterizados por el autodesprecio y el odio a uno mismo llevan a una implacable consideración de nuestros pasados, presentes y futuros. Se produce una pérdida de la cordialidad y de la compasión y lo medimos todo mediante comparaciones en las que inevitablemente nos vemos insuficientes. *Vivir con vergüenza es estar desesperado.*

Fuentes de la vergüenza en los hombres

Las fuentes de la vergüenza en los hombres son diversas. Me referiré a cuatro de ellas. Se caracterizan por la pérdida (1) del padre; (2) del fundamento arquetípico; (3) de la pasión y el cuerpo; (4) de la comunidad masculina. Esas pérdidas conllevan un colapso casi total en la belleza y la irradiación de la psique masculina.

La primera y más temprana fuente de vergüenza es la pérdida del padre. Cuando somos muchachos sentimos la atracción del padre, un deseo de estar en contacto, de ser acogidos y abarcados por su campo psíquico. Lo que encontramos muchas veces es un hombre triste e incapaz de satisfacer esas necesidades emocionales. Cuando experimentamos un fallo en la conexión con el padre sentimos vergüenza; es más, sentimos que somos culpables de ese fallo.

En *Finding our Fathers,* Samuel Osherson sugiere que una de las vulnerabilidades masculinas fundamentales subyace en las fantasías inventadas para explicar la ausencia del padre. Esas fantasías casi siempre reflejan odio hacia uno mismo. ¿Qué hay de malo en mí que mi padre no está más cerca de mí, no me toca, no me quiere? Esta vergüenza se internaliza y, en un intento de dar forma a un ser interior que sea aceptable para nuestro padre, algunos de nosotros intentamos convertirnos en hijos perfectos. Otros se apartan y niegan secretamente su deseo de la aprobación paterna, sólo para hacer como que cuentan con un sinnúmero de otros padres.

Un hombre con el que trabajé en mi consulta profesional me reveló que se había detenido a quince pasos de la puerta de su padre por miedo a que éste le rechazase otra vez. Llevaba catorce años sin ver a su padre. Tampoco tenía amistades masculinas con las que compartir su tristeza.

La segunda fuente de la vergüenza es menos obvia. Supone la erosión de lo masculino que se ha producido a lo largo de centenares de años. Lo que era una variada y rica descripción de la psique masculina ha quedado reducido ahora a un chato programa y a una gran simplificación de lo que supone ser varón. Hemos pasado de una configuración arquetípica de lo masculino, que incluía imágenes del rey sagrado, los guerreros y los amantes, a unas representaciones estereotipadas. El resultado de tal pérdida es que hemos pasado de unas imágenes que se vinculan y resuenan en el interior de las almas de los hombres a unas imágenes que invitan a establecer comparaciones y, en consecuencia, llevan a la vergüenza.

La comparación es una forma de vergüenza que atiza una competitividad sin fin entre los hombres. Con los edictos de la cultura del éxito, la riqueza, las posesiones y la posición social, los hombres se ven impulsados a competir por el poder y la posición, abandonando cada vez más la amistad, la familia y el compañerismo. Unos estrictos tabúes desautorizan abiertamente tener sensaciones de duda acerca de sí mismo, de pena, soledad y tristeza. Los hombres que veo que han entrado en esta tendencia se sienten completamente solos e incapaces de establecer contacto sustancial con otros hombres. Tal individualismo se considera indispensable y esencialmente masculino, pero está arraigado en el poder, no en la capacidad de relacionarse.

La tercera pérdida es la de la pasión y el cuerpo. Esta pérdida aliena a los hombres de las experiencias vitales de su existencia. Ya muy pronto en nuestras vidas este impulso se condena como inaceptable en el seno de la familia, de la iglesia y de la cultura. Se nos suponía capaces de controlar nuestras pasiones y de liberarnos a nosotros mismos del «desenfreno». Como consecuencia, hemos rechazado nuestra vitalidad.

William Blake capta la sensación de esta pérdida en su poema *The Garden of Love*. Leamos los dos últimos versos.

Y los sacerdotes con sus trajes negros caminaban alrededor
y ataban con espinos mis alegrías y deseos.

Los hombres están en lucha con esta gran pérdida de la pasión. El impulso del deseo establece el contacto, llega hasta otro y se siente gratificado cuando se establece el vínculo. Cuando el deseo instintivo de la conexión erótica siente vergüenza, es rechazado y el movimiento hacia el otro se detiene. Se pierde la posibilidad de intimar, de ser vulnerable y entrar en contacto. Para ocultar nuestra vergüenza, la sexualidad se afinca cada vez más en el mundo del poder, lo que objetualiza a nuestros compañeros y empobrece la posibilidad de establecer contacto.

La pérdida final es la disolución de la comunidad masculina. Ésta no avergüenza a los hombres directamente, aunque mantiene el aislamiento de que se nutre la vergüenza. Con la ruptura de la comunidad de los hombres, ya no tendremos acceso a las relaciones que restablecen el sentimiento de vinculación y pertenencia. Nos han dejado con la idea de que tenemos que resistir solos, sin el solaz de la amistad masculina. La vergüenza se origina en el fallo de la relación; eso es también algo que podemos empezar a atender.

Curar los sentimientos de vergüenza

La vergüenza es sin duda una «enfermedad del alma», una enfermedad que se mantiene por el desprecio hacia uno mismo, el aborrecimiento hacia sí mismo y el aislamiento. Para recuperar la vitalidad de lo masculino tenemos que introducir cambios fundamentales en nuestras relaciones con nosotros mismos y con el mundo.

Hacen falta tres cambios para iniciar la curación. Hemos de dejar de sentirnos seres sin valor para considerarnos a nosotros mismos como heridos, porque no podremos atender nuestra pena mientras no se haya efectuado este primer cambio. Hemos de dejar de sentir desprecio por nosotros para sentir compasión. Hemos de dejar de encubrir en silencio nuestra vergüenza para descubrirnos a nosotros mismos en el acto de compartir. Estos cambios son requerimientos fundamentales para recuperar «la relación del *self* con el *self*». Algo inherente a esos tres cambios es el reconocimiento de uno mismo como un ser valioso y conectado con el mundo.

Carl Jung decía: «Parece existir una conciencia en la humanidad que castiga severamente al hombre que de un modo u otro y en algún momento, y a cualquier precio para su orgullo, no deje de defenderse y afirmarse a sí mismo, y en lugar de eso se reconozca falible y humano. Mientras no lo haga, una pared impenetrable se alzará ante él separándole de la experiencia vital de sentirse un hombre entre los hombres».

La voluntad de vincularnos compasivamente con los sentimientos que nos pertenecen nos ayuda a conseguir lo que han necesitado nuestras vidas. Establecer una relación con nosotros mismos que atienda a los sentimientos y los valore nos permite apartarnos de la vergüenza y entrar en relación con el mundo. Sentirnos nosotros mismos como «hombre entre los hombres» requiere una comunidad masculina que pueda recomponer el sentido del valor y de la totalidad que buscamos en nuestras vidas. Y al recuperar la imaginación podemos recordar lo que nos vincula en la vasta configuración que es el espíritu masculino.

Cuando la atendemos y los sentimientos de aislamiento dan paso a la experiencia de la conexión, empezamos a considerarnos administradores del mundo. Como hombres tenemos una especial responsabilidad que nos compromete a proteger el carácter sagrado de todas las cosas. Reconocer el carácter sagrado de la vida, junto con las mujeres, nos lleva al compañerismo en unos tiempos en que el planeta hace frente a desafíos extraordinarios. Curarnos de nuestra vergüenza no sólo se convierte en un desafío personal, sino asimismo transpersonal. Llevar a cabo tal transformación requiere que percibamos un vigoroso sentido de la validación y el reconocimiento que nos permita hacer a un lado el pretexto de la vergüenza y vernos como lo que somos: hombres con alma.

Iniciemos esta tarea juntos.

VAPULEANDO AL VARÓN

por *Frederic Hayward*

Con mucho, «Vapuleando al varón» es el tema más popular en mis conferencias y entrevistas. Periodistas y equipos de televisión han venido a mí desde países tan lejanos como Dinamarca, Australia y Alemania para investigar este fenómeno de mi país. ¿Cómo es eso?, me preguntan. ¿Cómo es que las mujeres lo quieren? ¿Por qué los hombres lo consienten?

La tendencia está especialmente en ascenso en la publicidad. Según un estudio realizado sobre un conjunto de 1.000 anuncios, el cien por cien de los golpes en las relaciones entre hombre y mujer los recibía el hombre. Sin una sola excepción. Es decir que, en la interacción entre esposo y esposa o entre amigo y amiga, el único que era golpeado era el varón.

El cien por cien de los ignorantes eran varones. El cien por cien de los incompetentes eran varones. El cien por cien de los que salían perdiendo en una disputa eran varones. El cien por cien de los que olían (en los anuncios de elixires dentales y detergentes) eran varones. El cien por cien de los despedidos sin retribución eran varones. (A veces el hombre podía insultar a la mujer, pero cabía siempre la seguridad de que ella le pondría en su lugar antes de acabar el anuncio.) Un cien por cien de los que eran objeto de un rechazo eran varones. Un cien por cien de los que eran objeto de violencia eran varones.

En los espectáculos, la tendencia es similar. Algunas series de televisión son poco menos que un manojo de bromas antivaroniles que se siguen las unas a las otras. Habiendo decidido contabilizar la incidencia del fenómeno en un episodio de «Las chicas de oro», encontré treinta y un insultos de las mujeres a los hombres frente a dos insultos de los hombres a las mujeres. Series familiares como el «Cosby Show» o «Family Ties» tienen una norma no escrita de que las madres no son nunca objeto de broma ni parecen idiotas.

Lo mismo ocurre en la literatura, como lo demuestra una ojeada a una reciente lista de best sellers. La literatura antifemenina no está al mismo nivel de la tónica antimasculina en títulos como *Smart Women, Foolish Choices, Women Who Love Too Much, Men Who Can't Love, Men Who Hate Women and the Women Who Love Them.* Dos escritores me dijeron que sus editores les presionaban para que presentasen títulos antimasculinos para incrementar las ventas. Lo más próximo a una imperfección femenina que uno puede reconocer públicamente es que las mujeres tienen la tendencia a «amar demasiado».

Los productos en venta también reflejan la popularidad del desprecio a los hombres. El propietario de una tienda de postales de felicitación me dijo que las postales que más se vendían eran las que mostraban malos tratos a los hombres. 3M vende una diversidad de tarjetas postales con frases como ésta: «Cuanto más conozco a los hombres, más me gusta mi perro», o bien «Las únicas dos cosas malas de los hombres... todo lo que dicen y todo lo que hacen». Un portavoz de 3M añadía que no tenía la intención de poner a la venta productos parecidos antifemeninos. Recorramos una tienda de camisetas y comparemos el número de frases antifemeninas con el de frases antimasculinas. Las mujeres pueden verse ofendidas en cuestiones sexuales, pero hay una diferencia cualitativa entre algo que se interpreta como insultante y algo que se considera ser insultado.

Con los reportajes de la prensa y la formación escolar que existen ahora, no resulta sorprendente que jueces y legisladores también castiguen a los hombres. Mucha gente parece haber hecho suya la presunción de que el hombre es siempre malo. Recientemente, por ejemplo, he tenido prácticamente la misma discusión con bastante gente. Todos me decían antes que nada que las leyes relativas al divorcio debían ser más severas con los hombres porque, según sostenían, a los hombres les resultaba demasiado fácil abandonar a sus familias.

Sin embargo, las estadísticas implican que si el divorcio es demasiado fácil para alguien, es para las mujeres. Cuando les informé de que son las mujeres las que por regla general inician la inmensa mayoría de las causas de divorcio, replantearon su razonamiento: todos llegaron a la conclusión de que los hombres eran tan malos que las mujeres tenían que romper el matrimonio para liberarse de esos «hombres opresores». En otras palabras, no importa quién deje a quién, la conclusión siempre será que el hombre es el culpable.

La consecuencia es que inducimos a las mujeres a que no se mejoren a sí mismas. Los así llamados libros de «auto-ayuda» simplemente «ayudan» a las mujeres a atenerse a unas exigencias menos duras que las de los hombres. Cuando cualquier problema puede atribuirse a la incapacidad masculina, las mujeres pierden la motivación para considerar críticamente sus propias pautas de conducta. En consecuencia, las mujeres pierden una de las experiencias más valiosas de la vida humana: la auténtica mejora de sí mismas.

Muy pocas mujeres son conscientes aún de lo que es «chovinismo femenino», y que hayan hecho por sí mismas algún progreso hacia su superación. Los artículos que les dicen a las mujeres que son más comunicativas, más compasivas, que están más preparadas para la intimidad y la entrega, más liberadas, etc., que los hombres, junto con la pretensión aún generalizada de que un hombre no es atractivo a menos que sea mayor, más sabio, más alto, y tenga más éxito y más salud que la mujer, han creado un aura de miedo en las mujeres. Un torrente de artículos acerca de una mítica «escasez de hombres atractivos» inunda la actual literatura.

Desgraciadamente, el sexismo nos enseña a pensar en los hombres como un organismo gigantesco que ha sido el dominante durante miles de años, y que puede seguir actuando (e incluso merecerlo) una o dos generaciones con sus abusos. La realidad es que los hombres tienen las mismas inseguridades humanas que las mujeres, y que la generación del abuso ya ha tenido graves consecuencias para la salud mental del varón. Los muchachos, que están luchando con el proceso de su maduración y que no han conocido otra cosa que los actuales tiempos del abuso, sufren aún más. Asimismo padecen las relaciones. En estos tiempos en que a los hombres se les maltrata, las riñas llevan a que el hombre se sienta culpabilizado y a que la mujer se sienta oprimida.

Desde la noche de los tiempos, las relaciones hombre-mujer han podido sobrevivir a traumas evolutivos manteniendo un sistema perfectamente equilibrado. Tanto hombres como mujeres tienen sus propios privilegios y su propio poder. Tanto hombres como mujeres tienen estereotipos positivos y negativos. Las activistas del feminismo fueron las primeras en reconocer que el sistema estaba obsoleto, pero parecen ser las últimas en reconocer que el sistema estaba, al fin y al cabo, equilibrado. Rompieron el sistema, lo que estuvo bien, y rompieron el equilibrio, y eso resultó peligroso.

La tendencia actual a maltratar al hombre apela al consumidor femenino, de cuyos caprichos depende nuestra economía. Es reconfortante para las mujeres pensar que los hombres son siempre culpables, mientras que las mujeres son siempre inocentes. Resulta interesante que el maltrato a los hombres apele incluso a la mentalidad masculina. Forzado a competir con los demás, en contraste con el hecho de que a las mujeres se les consiente que simpaticen entre sí, los hombres disfrutan con el maltrato (tanto más cuando el maltratado es otro hombre). Los hombres siempre han tenido una imagen negativa de sí mismos, y cualquier hombre tiene la fantasía profunda de que puede ser mejor que todos los demás hombres... el hombre que conseguirá el amor de las mujeres rescatándolas de todos los demás hombres corrompidos.

En bien de la sociedad y por la salud de las futuras relaciones entre hombres y mujeres, es mejor que empecemos a reprimir los excesos del maltrato a los hombres. No nos hagamos con más postales ofensivas mientras un anunciante no haya retirado un anuncio vejatorio o mientras un negociante no haya retirado un producto ofensivo.

La alternativa, consentir que el maltrato a los hombres mantenga su impulso, sólo puede llevar a un movimiento de los hombres tan duro con las mujeres, y más violento, como lo ha sido el de las mujeres con los hombres. Digámoslo de una vez. Ya va siendo hora de reconocer que la dinámica entre el hombre y la mujer se ha producido con bastante más reciprocidad de lo que dice la teoría feminista. Para quienes insisten en que la perspectiva femenina es la única perspectiva: Vuestro momento ha llegado, y se ha ido.

LA MISERIA DE LOS SOLTEROS

por *Franz Kafka*

La infelicidad del soltero, aparente o real, es tan fácilmente conjeturable por el mundo de su alrededor que él tendrá que lamentar su decisión, por lo menos si se ha quedado soltero debido al placer que consigue en secreto. Va por ahí con la chaqueta abotonada, con las manos en los bolsillos del chaleco, brazos en jarras, con el sombrero inclinado sobre los ojos, con una falsa sonrisa que ha llegado a ser natural para él y que se supone que esconde su boca como las gafas lo hacen con sus ojos; sus pantalones están tan ajustados que parecen ser sus propias y delgadas piernas. Pero cualquiera puede ver cuál es su condición, y puede detallar su sufrimiento. Una fría brisa sopla sobre él desde dentro y su mirada está ensimismada con la misma media melancolía de su doble cara. Se mueve incesantemente, aunque con predecible regularidad, de una estancia a otra. Se aparta más y más de los vivos, para quienes debe aún trabajar —y ésta es la peor burla— como un esclavo consciente que no se atreve a manifestar su conciencia; hasta tal punto considera suficiente para él el espacio más pequeño... Cuando muere, el ataúd es exactamente lo adecuado para él.

WALKING AROUND

por *Pablo Neruda*

Sucede que me canso de ser hombre.
Sucede que entro en las sastrerías y en los cines
marchito, impenetrable, como un cisne de fieltro
navegando en un agua de origen y ceniza.

El olor de las peluquerías me hace llorar a gritos.
Sólo quiero un descanso de piedras o de lana,
sólo quiero no ver establecimientos ni jardines,
ni mercaderías, ni anteojos, ni ascensores.

Sucede que me canso de mis pies y mis uñas
y mi pelo y mi sombra.
Sucede que me canso de ser hombre.

Sin embargo sería delicioso
asustar a un notario con un lirio cortado
o dar muerte a una monja con un golpe de oreja.
Sería bello
ir por las calles con un cuchillo verde
y dando gritos hasta morir de frío.

No quiero seguir siendo raíz en las tinieblas,
vacilante, extendido, tiritando de sueño,
hacia abajo, en las tripas mojadas de la tierra,
absorbiendo y pensando, comiendo cada día.

No quiero para mí tantas desgracias.
No quiero continuar de raíz y de tumba,
de subterráneo solo, de bodega con muertos,
aterido, muriéndome de pena.

Por eso el día lunes arde como el petróleo
cuando me ve llegar con mi cara de cárcel,
y aúlla en su transcurso como una rueda herida,
y da pasos de sangre caliente hacia la noche.

Y me empuja a ciertos rincones, a ciertas casas húmedas,
a hospitales donde los huesos salen por la ventana,
a ciertas zapaterías con olor a vinagre,
a calles espantosas como grietas.

Hay pájaros de color de azufre y horribles intestinos
colgando de las puertas de las casas que odio,
hay dentaduras olvidadas en una cafetera,
hay espejos
que debieran haber llorado de vergüenza y espanto,
hay paraguas en todas partes, y venenos, y ombligos.

Yo paseo con calma, con ojos, con zapatos,
con furia, con olvido,
paso, cruzo oficinas y tiendas de ortopedia,
y patios donde hay ropas colgadas de una alambre:
calzoncillos, toallas y camisas que lloran
lentas lágrimas sucias.

HASTA EL INFIERNO Y REGRESO: LA RECUPERACIÓN DEL HOMBRE

por *Tav Sparks*

Como adicto, he malgastado mucho tiempo en el infierno. Es una curiosa mezcla de maldición y bendición que para algunos de nosotros las circunstancias de nuestras vidas sean tan dramáticas que su naturaleza mítica nos golpee inmediatamente en la cara. Pero el adicto como héroe épico no cumple exactamente los requerimientos clásicos. La suya no es sólo una historia de amor, sino también de miedo. Más que una victoria épica, la adicción es una odisea en que la pérdida más profunda revela el mayor logro.

No es fácil describir el puro sufrimiento del deseo absolutamente insatisfecho. Tampoco es fácil hablar acerca de las libertades y bendiciones de la recuperación. Para mí, entre los mayores logros ha quedado un sentido nuevo de lo que significa ser un hombre. La recuperación ha sido el descubrimiento de este sentido con la curación de las viejas heridas.

Mi infancia y mi adolescencia fueron tiempos de miedo e inseguridad. Siempre me había sentido como si hubiese estado bañándome en una extraña orilla o como si hubiese llegado de otra galaxia. Mis dos padres eran alcohólicos y la expresión del amor era difícil entre nosotros. Recuerdo la tristeza del aislamiento, de la frialdad y una constante sensación de inminente condena. En cierto sentido asumí el peso de la tristeza familiar, y luego, como Atlas, el del mundo. Fui un «hombre autosuficiente», razonaba, quizá podía habernos salvado a todos nosotros. En mi vergüenza manifiesto la expiación —en solitario.

Mis primeras copas de alcohol supusieron una experiencia espiritual. Porque me permitieron sentirme parte de la humanidad. Por fin era un hombre entre los hombres. Podía estar con una chica, y ser dueño de mí mismo en todos los enfrentamientos rituales que los varones creamos para probarnos a nosotros mismos. Con el tiempo, el alcohol se convirtió en mi aliado, tan necesario para mí como el mismo pan.

Con las drogas psicodélicas, mi perspectiva vital cambió profundamente en los años sesenta. Empecé a darme cuenta de que había otra búsqueda que no se encontraba en las conquistas externas, sino en la exploración de mi psique. En mi fuero interno libré mis mayores batallas, perdí y morí, y supe volver a la vida. A través de la experiencia de una verdadera totalidad y de la compasión, yo y mis compañeros de viaje empezamos a sentir que en ese momento estábamos creando una nueva realidad. Entre esos descubrimientos había indicios de que la renuncia era la clave, no de la ignominia ni de la derrota, como insistía en proclamar la sociedad, sino de una victoria para aquellos a los que nuestra sociedad no premiaba. Fueron tiempos dorados de inspiración entre las tristezas de mi niñez y las futuras penalidades de la adicción que tenían que venir.

Siguió la escalada de mi alcoholemia, pero ahora el mundo de la droga se había abierto también ante mí. El drama de la adicción no se interpretaba aparte de mi psiquismo interno; el mal es mucho más penetrante. Como los monstruos de un mito, éste devora la identidad propia y el mundo.

Como la luminosidad del LSD había empalidecido, entré en los universos totalmente diferentes de la cocaína, las anfetaminas, la heroína, la morfina y los barbitúricos. El sentido de la unidad y de la compasión de los años sesenta se había perdido entre la obsesión y la compulsión. Yo me sentía aplastado por la fuerza de la carencia y transformado en alguien que no se detendría ante nada para mantenerse en lo alto. Vivía en la orilla del río y bajo los puentes, con las salvaguardas de la psique enloquecidas, y a través del delirium tremens reconocía mi auténtica insanía. Tenía la sensación de que los agentes de narcóticos me vigilaban y que me enfrentaba con un gran jurado. Como las drogas habían llegado a ser lo primero, llegué a ser conocido como incumplidor de promesas y dejé un rastro de amistades destrozadas tras de mí. Estaba avergonzado por sentirme tan débil; de verme obligado, de uno u otro modo forzado, a pensar, a sentir, y a comportarme de una forma totalmente autocontrolada, en flagrante contradicción con las condiciones relativas a uno mismo y a la humanidad que habían emergido del uso de las drogas psicodélicas.

Viéndolo retrospectivamente, constato que había cierta lógica en que me sumase a la cultura de la droga. Parte de la pesadumbre de los primeros años de mi vida tenía un sentido de fracaso y vergüenza por no haber sido capaz de encontrar mi lugar en un mundo que consideraba dominado por los sueños de nuestros padres de una gloria despiadada. Luego, con la sacudida de los años sesenta, era excitante creer que yo podía forjar un nuevo destino basado en unos nuevos ideales.

Aún en plena adicción interpretaba inconscientemente muchos de los papeles que no había querido heredar. Cambiaba los accesorios, pero el núcleo de las pautas era el mismo. Ahí seguía estando el viejo orgullo del «autosuficiente triunfador». Cuando todo el mundo consigue un punto, yo consigo dos —y a veces tres. Eso sigue siendo un intento de conseguir honor y gloria. Yo tenía una reputación que mantener: el cabello más largo, la compañía femenina más bonita. Además estaba esa mortal obsesión —el mayor reto—, una mística masculina que, en forma perversa, encarnaba la figura del gladiador, del caballero y del brujo.

Sumarse a la contracultura era una respuesta para muchos, pero para los adictos como yo lo que ofrecía era una mayor posibilidad de fracasar. En ese «nuevo mundo feliz» que mantiene la compasión y la vinculación, el ansioso desvalimiento y el egocentrismo del adicto no tienen lugar. De manera que una vez más me veía privado de identidad.

Tal fue la esencia de la tragedia. Estaba haciendo de héroe con el trágico defecto, con un ego enloquecido y rampante. El capítulo final de esta historia es siempre una especie de muerte. Uno se va acercando hacia el ataúd. Pero por una especie de predestinación yo seguí por otro camino: la muerte del ego. Nunca olvidaré lo que llamo mi «experiencia de las tierras desiertas»; mi última borrachera. Apartado de mí mismo, de Dios y de la humanidad, totalmente incapaz de ayudarme a mí mismo, estaba escondido en uno de mis lugares favoritos. Después de beber durante dos días, me inyecté por décima vez en este episodio. Me arrastré al exterior para ver las estrellas, para sentir la vieja magia de los años sesenta. Pero ya no estaba. Y de repente los cielos se abrieron y me devoraron. Nunca había tenido tanto miedo.

Éste fue el momento decisivo. Ahora sí que había

tocado fondo. Volví con mis sobrios y limpios amigos, que a lo largo de años habían estado intentando ayudarme. Por primera vez en diez años, en todo caso, algo era diferente.

La experiencia de mi arrepentimiento no se vio acompañada por grandes revelaciones. No sé cómo se produjo ese arrepentimiento. No se produjo por cualquier cosa que yo hiciese. Mi realidad conceptual, como yo la conocía, había desaparecido. No hubo por mi parte ningún acto heroico. Todo vestigio de voluntad se había consumido en la ansiedad. Sólo existía la experiencia de una absoluta impotencia. Y entonces, en el vacío de la voluntad y de la mente, se me concedió la gracia del arrepentimiento.

Eso produjo la profunda crisis de la experiencia adictiva, el arrepentimiento ante la impotencia, «vaciar las cubiertas», por así decirlo, para finalmente destruir cualquier vestigio de esperanza de que alguna vieja identidad pudiese rescatarme. Esta total ausencia, este vacío, era lo que hacía falta para que emergiese una nueva imagen de mí mismo.

En cierto sentido, tras la «experiencia de las tierras desiertas» me convertí en el centro de unos mitos en colisión. Desde la impotencia y la muerte una nueva masculinidad empezó a aparecer. Me supuso unos años darme cuenta. Pero gradualmente empecé a comprender que para mí el cimiento de la hombría era una fuerza desconcertante que confundía cualquier idea que yo pudiese albergar acerca del heroísmo. Parecía amenazar el viejo orden y contradecir la férrea e implacable naturaleza que había aprendido a conocer —nuestra pauta cultural. Esa fuerza es el misterio del arrepentimiento. Mi recuperación se debió a ella, y, lo que es más, yo sabía que era un regalo.

Entonces inicié el más intenso entrenamiento de yoga, aprender a vivir en el planeta Tierra. Ninguna batalla con los demonios que yo haya podido librar en poder de la droga puede compararse con la intensidad de la batalla por ser total, sencillamente humano, y vivir un solo día cada vez. Me fue de gran ayuda el verme en compañía de adictos en recuperación que se esforzaban duramente por devolverles el sentido a sus vidas, codo con codo.

Mediante un riguroso trabajo interior, empecé gradualmente a darles sentido a los viejos pesares de la infancia. Empecé a constatar que me había pasado toda la vida buscando un mito para vincular mi historia con la jornada heroica de mis ancestros. Su héroe era un guerrero de imposible valentía que vivía para ganar, y que en la derrota no veía honor. Esta perspectiva atizó mi adicción, y al final estuvo a punto de matarme.

Pero la creación de una nueva imagen de lo masculino no supone rechazar en su totalidad la herencia del pasado, sino que incluye salvar lo valioso. Está comprobado que las búsquedas valerosas son indispensables, y también puedo ver un lugar en la hombría para el honor, el deber, y la humildad. A esos atributos intemporales la experiencia del arrepentimiento les añade un sentido más profundo y satisfactorio de la masculinidad y puedo empezar a determinar un sentido de la fuerza al elegir unos nuevos atributos para conseguirlos. Ésos pueden ser los ideales de mis ancestros. Aunque también puede que sean sólo míos.

Para mí y muchos como yo, la búsqueda del auténtico heroísmo ha llevado a encontrar el valor de respetar el miedo, no de hacerlo a un lado. Ha sido así por la fuerza de lo masculino que surge de las horas más negras de la destrucción personal. A través del arrepentimiento surge una poderosa personalidad, que vive auténticamente como sólo los mitos pueden cantarla. Entre las muchas contradicciones aparentes de la metáfora del arrepentimiento, el primero es el mismo misterio de la gracia. Experimento el arrepentimiento no como algo que yo realizo, sino como algo que manifiesta el vacío, a través de la acción y de la comprensión. No ocurre porque yo lo cause, sino a mi pesar. Es una gracia porque es un regalo.

El arrepentimiento me ha introducido en una nueva forma de ser un guerrero y en un nuevo planteamiento de lo que es el miedo y de lo que es el valor. En mi vida invoco el valor honrando y dándole la bienvenida a toda la magnitud de mi miedo. La recuperación parece ser un enfrentamiento con el miedo. Toda decisión de hacer frente a lo irreconocible, iniciar un tratamiento, exponer de buena gana los aspectos oscuros de mi psique, eso es una forma de ser guerrero. Incluso he empezado a celebrar el miedo. El valor no consiste en no tener miedo. Es darle la bienvenida al hecho de que yo tengo miedo.

Esta nueva forma de ser guerrero también hace que reconsidere cualquier idea que yo pueda albergar acerca del poder. Comprendo que he tiranizado a otros y a mí mismo al ejercer un poder personal y desenfrenado para ser al menos cierto tipo de hombre. También me doy cuenta de que la cultura siempre ha fomentado esas formas destructivas de lo masculino.

También he tropezado con otras paradojas en la recuperación. Por ejemplo, he descubierto una fuerza y una claridad de juicio en la renuncia a la necesidad de saber, y en rendirse al hecho de no saber. Aceptar que se ha de definir mi propio ser —no practicando constantemente su definición— lleva a una auténtica efusión de energía creativa que nunca había conseguido del mundo con toda la fuerza del ego solitario.

Una y otra vez abogo por mi propio camino, incluso aunque ello pueda contradecir en gran parte lo que comúnmente llamamos masculino. En los indicios del nuevo movimiento de los hombres, cuando hay tantos que celebran las nuevas definiciones de la masculinidad, aún me doy más cuenta del misterio. Aún ahora no me atrevo a conocerlo. Soy más valeroso cuando puedo aceptar la energía que surge de una experiencia de impotencia.

No me urgen nuevas metáforas para definirme a mí mismo. Puedo permanecer inmóvil o saltar, ser chamán o asceta, padre o bufón. Puedo confiar en que se me defina no por manifestar mi energía, sino por rendirme valientemente a algo más grande que hay dentro de mí.

Mi recuperación es una odisea inacabada. En este nuevo poema, he llegado a honrar la calamidad que es una bendición. Le estoy tan agradecido al infierno como al cielo, y también al pesar más profundo. Aparte de la muerte, de la impotencia y de la rendición, he descubierto una nueva energía, una nueva salud, una nueva entereza. Puedo celebrar la profunda masculinidad que estoy descubriendo, aunque no se haya desplegado todavía en su totalidad. Tengo mucho que aprender, pero el misterio es lo que enriquece el camino. Y es bueno no tener que conocerlo.

LOS HOMBRES ACEPTARÍAN EL FEMINISMO

por *Chris Brazier*

La misma «masculinidad» es una especie de área tabú en nuestra cultura. Es cierto que se trata de una cultura dominada por los hombres, y podríamos seguir protestando indefinidamente por tantas cosas como hay bajo el sol. Pero, como decía Simone de Beauvoir, los hombres son siempre el sujeto más que el objeto de la discusión. Nunca hablamos acerca de lo que es en la actualidad ser un hombre. En lugar de eso reaccionamos cuando nos vemos obligados a hacerlo a requerimiento de nuestra compañera femenina o de una feminista que trabaja. Esperamos que las mujeres planteen la cuestión y entonces nos adaptamos como corresponde. Por eso casi todos los hombres heterosexuales que han pensado con seriedad en la masculinidad se han visto obligados a hacerlo así para iniciar una relación con una feminista; en cuyo momento lo hacen teniendo en cuenta su propia comodidad.

Ello es comprensible, pero ya va siendo hora de que dejemos de ver «las cosas de las mujeres» como si fuesen lo único importante para nosotros cuando nos golpean en la cara. Las mujeres ya tienen problemas suficientes planteándose sus propios problemas en un mundo sexista para que tengan que asumir toda la responsabilidad de cambiarme a mí también...

Hacia los años setenta unos cuantos hombres llegaban a la conclusión... de que eran tan víctimas de su «papel sexual» como las mujeres. Concibieron la idea de una «liberación masculina», cuando realmente no podía tratarse de semejante cosa. Lo que olvidaban es que los hombres tienen un poder sobre las mujeres y no a la inversa. Son los hombres los que han creado un mundo en su propio beneficio; y son los hombres los que han de estar preparados para renunciar a su poder y apoyar los derechos de las mujeres en el hogar, en el trabajo y en la sociedad en su conjunto.

Pero por lo menos esos hombres estaban formulando algunas ideas serias acerca de lo que hacía de ellos hombres. La mayoría de los hombres están aún a años luz de comprender tales planteamientos, entregados a encarnar la nueva imagen popular de mercado del «nuevo hombre». Todos nosotros podemos exhibir pruebas evidentes de que tenemos un largo camino que recorrer. Mi propio recuerdo se remonta al bar del aeropuelo Jan Smuts de Johannesburgo. Allí se me unió un hombre blanco y vivaz para entablar conversación conmigo. Como la mayoría de nosotros lo haría, escogió lo que consideró que era un terreno común y sin problemas para su comentario inicial. Dijo: «Hay algunos bocados apetitosos en este vuelo, ¿no es verdad?». Lo que el hombre quería decir, por si alguien tiene necesidad de un intérprete, es que había visto algunas mujeres sexualmente atractivas.

Quizá debiera haberle contestado que yo era vegetariano. Seguro que hubiese debido hacer algo más que sumirme, excusándome, en mi jugo de naranja e ignorarle ostentosamente. Pero, como la mayoría de los hombres, me muestro débil cuando llega el momento de decirles a otros hombres que su sexismo resulta inaceptable para este único compadre, por lo menos. Yo también había tenido algunos éxitos a lo largo del camino. Pero de un modo u otro siempre es más fácil optar por vivir tranquilo y mantener la cabeza gacha que enfrentarse a la broma sexista en el trabajo, ese aparte sin importancia acerca de la apariencia de una mujer.

Estoy seguro de que ustedes saben a qué presiones me refiero. Desde la adolescencia, relacionarse con otros hombres ha supuesto intervenir en ese tipo de broma. Otra parte del aprendizaje que lleva a ser un «tipo normal» sigue siendo en esta sociedad reconocer los códigos de conducta que resultan aceptables entre los hombres, conocer los resortes correctos y cargados de prejuicios que hay que manipular. Bromeamos acerca del sexo erecto para probar que somos varones de sangre roja y saludable que sentimos un vehemente deseo de mujer. Nos burlamos de los homosexuales para demostrar que no lo somos —y tanto nos preocupa que se nos considere tal cosa que cuando estamos en un retrete público nos mantenemos firmes, mirando rectamente adelante para que el hombre que está en el mingitorio de al lado no pueda pensar que nos interesamos por las partes bajas de su anatomía.

Me sorprendería que hubiese un solo hombre que leyese estas líneas que estuviese genuinamente libre de complicidad con esta forma de sexismo. Hemos de tener valor y saltar por encima de ello para que otros hombres cesen en sus chistes sexistas y sus comentarios, sin que importe la incomodidad social que eso nos cause. Hacernos responsables de nuestro propio sexismo y del de otros hombres es una cuestión de fondo; pero también es un giro positivo. Al aceptar la responsabilidad por otros hombres mantenemos la esperanza de otra forma de comunicación y relación con ellos, más allá de los chistes de autobombo. Por el momento nuestras amistades masculinas se mantienen a menudo a un nivel ritualizado. Rara vez exponemos nuestras ansiedades y sentimientos más profundos, reservándonos en cambio para una o dos mujeres seleccionadas. Pero nuestras amistades masculinas podrían ser más valiosas para nosotros.

Hay un largo camino que recorrer, pero creo que hay motivos para la esperanza. Los hombres están ya experimentado algunos de los beneficiosos efectos del feminismo, tanto si se dan cuenta como si no. Se están encontrando a sí mismos en unas relaciones con mayor igualdad con mujeres enérgicas e independientes. Esas relaciones pueden exigir al principio penosos compromisos, pero finalmente llevan a una mutua comprensión que ni se soñaba en el pasado.

EL FEMENISMO TIENE POCA RELEVANCIA PARA LOS HOMBRES

por *Richard Haddad*

Sostengo que los hombres no disfrutan de una vida privilegiada. Lejos de eso, una mirada a las vidas del término medio de los hombres es precisamente un espectáculo deprimente. ¿Que clase de privilegio es ese que otorga a los hombres una vida diez años más corta que a las mujeres, y una mayor incidencia de enfermedades, crímenes, alcoholismo y adicción a las drogas? ¿Qué clase de privilegio es ese que bendice a los hombres con una necesidad frecuentemente autodestructiva de conseguir el éxito? ¿Qué clase de privilegio es ese que honra a un hombre con la obligación de dedicar su vida a mantener a otros, y muy a menudo haciendo un trabajo insatisfactorio?

Decidamos o no considerarlo, los efectos del sexismo están a nuestro alrededor, con toda evidencia. Lo que las feministas, por su propio interés hacia las mujeres, han olvidado someter a nuestra consideración es que por cada mujer a quien se desanima de ponerse a trabajar (por parte de la sociedad en su conjunto, y no sólo por parte de sus componentes económicos o políticos) hay un hombre forzado por las convenciones sociales a trabajar; y por cada mujer aburrida e insatisfecha, hay un hombre cargado de responsabilidades que sólo conoce cómo ganar un salario, un hombre que morirá antes, en parte debido al papel envenenado que le corresponde por su sexo...

Indignado con las mujeres

Estoy indignado con la negativa a veces defensiva y a veces santurrona de la mayoría de las mujeres de mi vida de que ellas tuvieran nada que ver con mi condicionamiento ni con el refuerzo de mi condicionamiento para pensar, comportarme y reaccionar de cierta manera preestablecida, ni de que se beneficiasen ni sufriesen por mis reacciones condicionadas.

Estoy indignado porque las mujeres han estado insultando a los hombres durante cerca de quince años, machacando con el privilegio y el poder que teóricamente tenemos nosotros y que hemos utilizado para mantenerlas a ellas en el servilismo, olvidando y pasando por alto que nuestros pretendidos privilegios y nuestro poder se nos endilgaron debido a unos hábitos sociales que *también ellas* contribuyeron a mantener, y que esos mismos hábitos nos han exigido pagar un precio atroz por una supremacía masculina absolutamente cuestionable.

Estoy indignado porque en nombre de la eliminación de unos estereotipos, el feminismo ha reforzado algunos de los estereotipos más fundamentales y devastadores: el hombre como predador... acechante... prepotente... vil e insensible... explotador e indigno de confianza... dominado por exigencias incontrolables y animales; y la mujer como víctima... noble... pura... solícita... desinteresada... amante... confiada... sensible... sacrificada... utilizada, apaleada y vuelta a utilizar por los hombres con motivos inconfesables.

Estoy indignado por la hipocresía de la mayoría de las mujeres que conozco, por su afirmación de una energía y una independencia que mantienen *excepto cuando les conviene* ser débiles y dependientes; por su insistencia en que yo y otros hombres cambiemos, pero sólo en el sentido y hasta el punto en que a ellas les parezca bien; claman por una acción afirmativa en cuanto al trabajo, pero no en el terreno de las relaciones domésticas; centenares de peticiones de liberalización YA del aborto, pero «No presionemos en el tema del servicio militar porque es políticamente poco aconsejable».

Estoy indignado por el cuerpo y el espíritu destrozado del buen hombre que se pasa la vida en una danza mortal, movido por compulsiones que no comprende, presa del miedo de no alcanzar el ideal masculino, abofeteado por las expectativas frecuentemente contradictorias de las mujeres cuya aprobación necesita desesperadamente.

Así, el movimiento de los hombres en el cual estoy involucrado no ha de tener nada que ver con el sinsentido de las mujeres oprimidas y victimizadas; ni responsabilidad ninguna ante la condición de la mujer, cualquiera que sea esa condición; ni nada que ver con la culpabilidad o el autodesprecio que se utiliza tradicionalmente para mantener a los hombres uncidos al trabajo...

El movimiento de los hombres se arraiga en la experiencia masculina, no en la experiencia femenina ni en lo que puedan pensar las mujeres de la experiencia masculina.

Es un movimiento positivo, no negativo, con respecto a los hombres, y apoya a los hombres que se atreven a deshacerse de sus papeles autodestructivos.

El movimiento de los hombres, en cualquier caso, es con toda seguridad *no feminista* —eso sería una contradicción—. En el feminismo no hay nada que tenga que ver con la experiencia masculina y no reconoce ésta como válida. Menosprecia la importancia relativa de los intereses masculinos e insiste en que los problemas y las luchas de las mujeres son de la máxima prioridad. Hemos de comunicarnos los unos a los otros nuestra queja dolorida y reconocer el miedo que sentimos. Hemos de acercarnos los unos a los otros con cautela pero con firmeza tendiendo la mano con comprensión, confianza y como muestra de apoyo. Hemos de reconocer nuestra indignación y ayudarnos los unos a los otros para recurrir a una fuente de energía y llevar a cabo un cambio positivo. Hemos de hablar unos con otros abiertamente y dejar de quejarnos por «fríos» o sabihondos que podamos parecer. Hemos de olvidar lo que las mujeres quieren que seamos, y determinar en primer lugar *lo que nosotros somos* y lo que *nosotros* queremos ser y decidir cómo vivir nuestras vidas; y eso —y sólo eso— es lo que haremos por un genuino movimiento de liberación de los hombres.

CUARTA PARTE

EL CUERPO DE SU ALMA: PASIÓN, DESEO, IMAGINACIÓN, SEXUALIDAD Y ESPÍRITU

¿Por qué debatirme con las palabras, cuando el amor ha llenado de luz mi espacio interior?

KABIR

Y entonces ocurrió que Hanley, enamorado, ansioso de poseer y ser poseído, mirando fijamente los ojos verdes y amorosos del santo, veía que no puede haber posesión, sino sólo deseo. Irguió su espalda, y se echó a llorar.

JOHN L'HEUREUX

«¿Qué desean las mujeres?», preguntaba Freud hace décadas. Permítaseme darle la vuelta a la pregunta y ampliarla. ¿Qué desean los hombres? ¿Qué quieren? ¿Anhelar algo? ¿Soñar algo? ¿El contacto carnal con alguien? ¿Obsesionarse? Acción, lo que un hombre ha de hacer, eso es lo que se considera por lo general la esencia de la masculinidad. Pero antes de la acción está el prurito de hacer algo; y antes del prurito, el deseo. ¡El deseo! Sólo esta palabra concita compulsiones, inhibiciones y prohibiciones demasiado numerosas para nombrarlas. Siempre apremiando con sus reclamaciones a nuestra atención, abarcando en su misma esencia el cuerpo del alma masculina.

No es que la vida antes de la pubertad no sea complicada; sólo lo parece cuando las peculiares complicaciones de la pubertad levantan el escenario. «La adolescencia es el nacimiento del pelo corporal», escribe el legendario artista Salvador Dalí, quien al arrancarse uno de sus primeros vellos púbicos, haciendo frente así a los embates de la pubertad, creó para sí un rito único de paso a la hombría.

El escritor californiano David Goff («Elogio de la masturbación») trata de separar el tema perennemente tabú de «connotaciones de suciedad, absorción en sí mismo y anhelo estéril». El aplaudido autor Norman Mailer («Contra la masturbación») se declara enemigo de esta práctica, por el temor de que los masturbadores acaben siendo incapaces de «hacer blanco donde hay que hacerlo».

El siguiente elemento es un intercambio de cartas entre Greg (un autor anónimo) y sus padres acerca del hecho de que él sea homosexual. Lo que revela un grado de aceptación por parte de la familia que la mayoría de los homosexuales sólo pueden soñar.

D. H. Lawrence, un hombre contrario a lo largo de años a los censores ingleses que se atrevieron a condenar sus escritos por pornográficos, siempre está dispuesto para el logro correcto. En «Ríos que fluyen» reprende a los jóvenes por renunciar al deseo sexual y hace el elogio característicamente lírico de las posibilidades de unión entre el hombre y la mujer.

El nuevo diálogo puede llevar a una dimensión religiosa del tema, específicamente la imagen primordial del phallos, *como escribe el analista junguiano Eugene Monick en un hermoso ensayo de su libro* Phallos. Sacred Imagen of Masculine.

Cerramos este apartado con «Los borrachos», una vivaz invocación a los «amantes, que «llegan, cantando, desde el jardín, las personas de/brillantes ojos», de Rumi, el arrebatado poeta sufí del siglo XIII.

EL PRIMER VELLO DE LA HOMBRÍA

por *Salvador Dalí*

La adolescencia es el nacimiento del pelo corporal. En mi caso, este fenómeno pareció producirse de repente, una mañana de verano, en la bahía de Rosas. Había estado nadando desnudo con algunos otros chicos y estaba secándome al sol. De pronto, al mirar mi cuerpo con mi habitual complacencia narcisista, vi algunos pelos que cubrían desigualmente la blanquísima y delicada piel de mis partes púbicas. Esos pelos eran muy finos y estaban muy espaciados, aunque habían crecido en toda su longitud, y subían derechamente hacia mi ombligo. Uno de ellos, que era mucho más largo que el resto, había brotado en pleno centro de mi ombligo.

Cogí este pelo entre el pulgar y el índice, y traté de arrancarlo. Se resistió dolorosamente. Tiré con más fuerza, y cuando por fin lo conseguí, pude contemplarlo y maravillarme de la longitud de mi pelo.

¿Cómo había podido crecer sin que me diese cuenta en mi adorado cuerpo, observado tan a menudo que pa-

157

recía que nunca hubiese podido tener ningún secreto para mí?

Una dulce e imperceptible sensación de celos empezó a brotar en torno a ese pelo. Lo miré contra el cielo... brillaba con los rayos del sol; parecía como dorado, adornado con todos los colores, como cuando, entrecerrando los párpados, veía una multitud de arcoiris entre los pelos de mis relucientes pestañas.

ELOGIO DE LA MASTURBACIÓN

por *David Goff*

Una tarde de principios de primavera, hace dos años, me toqué a mí mismo de una manera nueva. Mirando atrás, hacia esa tarde, me divierte comprobar que aunque me había masturbado desde los cinco o seis años, en esta ocasión fue como si fuese la primera vez. Con el mágico poder de transformación de una crisis emotiva, tenía la posibilidad de redescubrir y relajar mi ser íntimo con el simple hecho de amarme y darme placer a mí mismo. Esa simple hora que dediqué a explorar en la cama mi propio y apasionado anhelo, mis zonas erógenas y de expandir la sensitividad del amor, cambió mi vida por completo.

Lo que experimenté ese día, y los meses que siguieron, era un único y poderoso sentido del amor y la ternura desde algo y por algo que había en mí mismo que me alivia y me colma. Después de dos años de considerar este amor erótico, intrafísico, con el que sigo, he llegado a creer que la masturbación contiene el potencial de algo de mayor significado para el bienestar, que la simple relación sexual. Creo que el amor autoerótico da una oportunidad para que emerja la interioridad femenina y masculina en un acto de armonía que hace que disminuya la carga emocional relacionada con la proyección del Amado entre hombres y mujeres en nuestras vidas externas. Ello crea una atmósfera interna más libre desde la cual expresarnos a nosotros mismos y atraer a los demás. Quiero hacerles partícipes a ustedes de cómo se produjo en mí este proceso, y por qué creo que es comprensible, y discutible, para aquellos que puedan estar buscando una mayor satisfacción en sus relaciones y en sus vidas amorosas.

Empecé a «jugar conmigo mismo» conscientemente hacia los seis años. A los ocho años se había convertido en parte de los rituales de la mañana y de la noche. De un modo u otro, había desarrollado el buen criterio de mantener esta deliciosa actividad sólo para mí. Encontraba un gran consuelo en la cosquilleante y cálida sensación que a la vez me excitaba y me relajaba, y que me daba la seguridad de que, dondequiera que estuviese, siempre tendría un amigo secreto con quien jugar. En los tiempos en que mi madre y la Iglesia empezaban con sus urgentes advertencias acerca de los peligros y la corrupción inherente al abuso de sí mismo, yo era ya un adicto de mí mismo. Nunca consiguieron hacerme abandonar a mi primer amor. Pero sí que consiguieron hacer que me sintiese culpable, sucio y paranoico de que cualquiera pudiera estar informado acerca de mi «desagradable» costumbre. En cualquier caso, el placer se iba haciendo poco a poco cada vez más delicioso.

Siempre me he masturbado con más o menos regularidad desde esos primeros años. Tocarme a mí mismo me proporcionó una necesaria válvula de escape que me ayudó a sobrevivir en la adolescencia. Después siguió conmigo en tiempos de soledad y complementó las épocas de plenitud de mi vida. La culpabilidad seguía ahí, pero se redujo de forma significativa después de que escapase de debajo de las pesadas alas de la Iglesia. Recuerdo a un cura que me decía en el confesionario que ninguna mujer querría nunca casarse conmigo si seguía haciéndolo.

En los primeros años de la edad adulta mantuve en un celoso secreto mi actividad autoerótica. Mientras iba siendo cada vez más capaz de relacionarme profunda e íntimamente con las mujeres, descubría que ellas se mostraban muy a menudo libres de prejuicios en cuanto a la masturbación como fenómeno, aunque a ninguna le gustaba demasiado saber que yo la practicaba a pesar de la calidad de nuestra relación. Lo que yo observaba es que era indiferente reconocer que la gente normal lo hacía, de manera que no había discusión acerca de los cómos, los porqués y la frecuencia. Parecía que lo que uno hacía consigo mismo era algo mucho más privado y tabú que lo que hacía con los demás. Me asombra que en unos tiempos sexualmente liberados, la masturbación, considerada ahora un comportamiento normal, arrastre aún el estigma de verse relacionada con la pasión insatisfecha, la inestabilidad sexual y el ensimismamiento.

Después de reflexionar sobre esta cuestión durante algún tiempo, lo que me ocurrió fue que, a pesar de que la masturbación seguía proporcionándome la relajación física que yo buscaba para la frustración sexual, frecuentemente me dejaba con una sensación de vacío y soledad. Esta sensación de vacío parecía inherente a la experiencia y dejaba incompletas mis sensaciones. Este sentirme incompleto se tradujo en una sensación de insalubridad, y contribuyó directamente a mi incapacidad de hablar abierta y libremente de la masturbación y de los rituales que la acompañan. Reconocer como hombre que no estoy completo es difícil. A pesar de todo lo que sé de mí mismo, admitir que estoy perdiendo algo aparentemente amenaza la autoimagen que me permite actuar como un hombre en el mundo.

Me resisto a generalizar a partir de mis propias experiencias primerizas dando un sistema de ideas masculinas acerca de la masturbación. A lo largo de los dos últimos años, los amigos masculinos que han querido comentar sus propias experiencias en cuanto a la masturbación han reiterado mi experiencia. No me cabe duda de que eufemismos populares como «espasmo» y «gran sacudida» son indicio de actitudes muy extendidas. Hay un aura de irrisión e inautenticidad en torno al autoamor masculino. El referirse a la gente como «pajilleros» o a las experiencias como «pajas», como lo hacen ciertas personas indignas de confianza y los cómplices de los negocios manipuladores, es algo que concuerda con tales actitudes. Los gestos de las manos relacionados con la masturbación ocasionalmente afloran como gesto de degradación, dando a entender que alguien es inferior. Yo creo que, para los hombres, la masturbación, que es algo que la mayoría practicamos, se experimenta con demasiada frecuencia como un fallo de nuestra hombría y como prueba de nuestra sexualidad enferma.

Mi experiencia con mujeres me sugiere que sus actitudes son parecidas, aunque quizá menos virulentas. El movimiento de las mujeres, y la relativamente nueva exigencia (en los últimos veinte años) de satisfacción sexual y plenitud orgásmica, han impulsado a las mujeres a una relación más grata con sus cuerpos. Los sexólogos y las revistas populares para mujeres han animado a éstas a tocarse a sí mismas, a conocer sus cuerpos y zonas erógenas. Para muchas mujeres el medio para convertirse en orgásmicas comporta una gran dosis de autoamor. Aun así, las mujeres con las que he hablado de la masturbación reconocen que es una práctica infrecuente y tan sólo como medio para la relajación.

No ha sido sin cierto asombro como he echado la vista atrás a mi experiencia de dos años, maravillándome ante la constelación de circunstancias que rodean una nueva aproximación global al autoamor, junto con un mayor respeto ante él. Llevaba dos meses de separación verdaderamente ingrata de mi mujer. Experimentaba la agónica sensación de haber sido rechazado y abandonado. Nuestra relación de doce años estaba totalmente hundida. Emocionalmente, me sentía profundamente dolido y sentía terribles dudas acerca de mí mismo. Además, por primera vez en mi vida padecía de prostatitis, una inflamación de la próstata que conlleva una dolorosa inflamación de los testículos. El urólogo al que había consultado me había sugerido un tratamiento normal como lo más adecuado para lo que era una enfermedad común producto del agotamiento. La intimidad sexual con otra persona era imposible. El dolor y la incomodidad sólo podía aminorarse por medio de una masturbación regular. Las únicas fantasías sexuales que yo tenía se relacionaban con mi mujer, y eran emotivamente ingratas. El mismo estímulo era intensamente doloroso en un sentido físico. Me enfrentaba con un dilema increíble. Tenía que masturbarme, pero no podía hacerlo como siempre. Mis primeros intentos fueron tan dolorosos y difíciles que simplemente no podía continuar. Me sentía muy desdichado.

Perseveré a lo largo de esos difíciles días gracias al apoyo de algunos amigos amables y atentos, y a una firme determinación de aceptar esta experiencia y transformarme por ella. Sin disponer de mi mujer para el amor, elegí entregarme este amor a mí mismo y explorar nuevos caminos para ese mismo amor. Un amigo me habló de un adagio feminista que había oído: «Una mujer se convertirá en el hombre con quien quiera casarse». Decidí aplicármelo a mí mismo y convertirme en la mujer a la que quería amar. El deseo de curarme física y emocionalmente, combinado con el estímulo de pensar en ello y de experimentar el aspecto femenino que se encarnaba en mí, culminaron en un nuevo ritual masturbatorio, organizado en torno a mi necesidad de amar y ser amado más que en la relajación sexual.

Finalmente lo conseguí, una tarde de primavera, en mi cama, con tiempo para estar conmigo mismo. Creé un entorno rico en texturas, música, incienso y aceites de masaje que pudieran estimular y agradar a aquel con quien había elegido estar. Muy suavemente, empecé a explorar y tocar mi cuerpo, como si yo fuese la mujer anhelada y amada. Ahora tenía la oportunidad de experimentar y expresar esas sensaciones con ella. Con la excitación del descubrimiento me aventuré en mis zonas erógenas y descubrí sentimientos y sensaciones que a veces eran familiares y a veces nuevos. Pronto me sentí estimulado y deseoso. Era algo ingrato, pero en lugar de impulsarme hasta el umbral del orgasmo, relajé la respiración y el ritmo y volví a explorar mi cuerpo, conectando todo mi ser con la excitación que sentía. Durante cerca de una hora repetí el mismo drama de aproximaciones, relajaciones y retiradas. Mi cuerpo cantaba para mí de una forma que sólo había conocido en mis momentos más increíbles con una amante. Cuando me dejé ir más allá del umbral me sentí lanzado a un orgasmo total que enjugó todos mis miedos por el perdido e irrecuperable amor. Con aquella sensación de bienestar me vi a mí mismo tan esplendorosamente amado y tan completo como siempre lo había deseado.

Con esta experiencia me di cuenta de que había amado como si hubiese estado con mi bienamada. Me di cuenta de que me sentía mucho menos obsesivo al pensar en mi mujer. Necesitaba con menos frecuencia masturbarme según pasaba el tiempo porque mi estado físico había mejorado. Sentía una mayor satisfacción aparte de los momentos en que me tocaba. Y, sorprendentemente, necesitaba empeñar menos energía para crear una fantasía que catalizase mi excitación. Los tocamientos acariciadores y la amorosa atención que me concedía parecían del todo suficientes.

Esta experiencia de autoamor parece abarcar el potencial real y virtualmente indiscutible que la masturbación nos aporta a todos. No creo que la masturbación haya de seguir siendo una experiencia necesariamente cargada de connotaciones de suciedad, ensimismamiento y anhelo vacío. Creo que mi experiencia pone en cuestión las actitudes y rituales que los hombres perpetuamos en nuestro autoamor. ¿Qué pueden decir nuestros rituales autoeróticos tan orientados al logro y tan sumarios acerca de nuestras relaciones con nuestros propios cuerpos, con nuestros amantes internos? Y ¿cómo podemos desarrollar estas actitudes en nuestras relaciones? Creo que la calidad de los rituales masturbatorios manifiesta el amor que albergamos por nosotros mismos.

Se habla mucho estos días de la importancia de nuestra relación interna entre nuestros aspectos masculino y femenino. Se ha escrito mucho acerca de cómo depende nuestro desarrollo saludable del éxito de esta fusión interior. Procedente tanto de los psicoterapeutas como de los maestros espirituales, han aparecido elaboradas teorías acerca de este cortejo interno y de su impacto sobre nuestras relaciones en el mundo. Yo creo que los rituales masturbatorios conscientes que emparejan la energía erótica de nuestra sexualidad instintiva con un deseo de explorar, conocer y amar nuestro ser global pueden contribuir a que se incremente nuestro bienestar y nuestro autocumplimiento. Al dedicar un alto grado de atención a nuestros opuestos intrapsíquicos accedemos y reforzamos la comunicación de nuestra personalidad más saludable, tierna e íntima.

La ecuación amorosa que parece regular y gobernar nuestra capacidad para una vinculación incondicional sigue siendo «ama a tu prójimo como a ti mismo». Una experiencia consciente, apasionada y plenamente encarnada de autoamor se convierte en una afirmación del amor a todos. La calidad del vínculo interno queda reflejada fuera. La riqueza de mi matrimonio interior amplía el espectro de mis experiencias y emociones y puede abarcar mi relación con los demás. Así soy mucho más capaz de amar y apoyar la emergencia de los atributos masculino y femenino en los demás.

En cierto sentido parece por lo menos trivial decir que

la masturbación es autoamor. La vemos desplegarse en forma no autoconsciente en los niños y luego desaparece. Cuando reaparece en la edad adulta se considera normal y casi aceptable, aunque queda encerrada en la terminología mecanicista como proveedora de la distensión de una energía instintiva reprimida. Y ésta es precisamente la razón de que el regalo que nos hacemos sexualmente a nosotros mismos siga siendo tan insatisfactorio. Satisface nuestros criterios de satisfacción, pero usualmente ignora el deseo de emergencia del aspecto psicoespiritual e instintivo. Cuando yo seguía este deseo de emergencia, me llevaba a internalizar la relación Yo-Tú con mi amada. Lo que se ha intuido y comprendido ahora se convierte en realidad dinámica y anímicamente satisfactoria. La masturbación se hace procreadora. ¿Qué es lo que ha nacido de este acoplamiento intrapsíquico? El amor tiene su propia química en cada uno de nosotros. Lo que imagino es que cuando esto ocurre, lo que emerge es una manifestación profundamente individualizada y auténtica de nuestra más auténtica identidad sexual. Presento esta posibilidad como incentivo suficiente para considerar y recrear la masturbación y los rituales que la acompañan.

CONTRA LA MASTURBACIÓN

por *Norman Mailer*

Pregunta.– ¿Cree usted ser una especie de puritano cuando se plantea la masturbación?

Respuesta.– Creo que la masturbación es mala.

Pregunta.– ¿En relación con la satisfacción heterosexual?

Respuesta. En relación con todo —el orgasmo, la heterosexualidad, para la propia prestancia, para la posición, para ser capaz de hacer blanco donde hay que hacerlo—. Creo que la masturbación mutila a la gente. Puede que no la mutile por completo, pero la tuerce, es algo que se convierte en una tensión ingrata y muchas veces prolongada. Me pregunto si alguien ha estudiado alguna vez la correlación entre el consumo de cigarrillos y la masturbación. Alguien que se dedique en la adolescencia a masturbarse entra por lo general en la primera edad adulta sin tener un sentido claro de ser hombre. La respuesta —no sé cuál es la respuesta—, de que es sexo para adolescentes puede ser la respuesta, pero quizá no. Verdaderamente, no lo sé.

REVELACIÓN

por *Greg y sus padres*

Querido Greg:

He estado pensando mucho en ti últimamente y tengo algunas ideas que siento que he de decir. Así que trataré de exponerlas en esta carta.

Hemos pensado desde hace cierto tiempo que eres homosexual. Que has decidido hacer una elección definida de tu forma de vida. Eso, en sí, no supone un gran problema para nosotros. Pero sentimos que eso haya introducido una tensión en nuestras relaciones, una especie de sensación de incomodidad. Probablemente porque tú no podías saber lo que iríamos a pensar. ¿Cómo podríamos aceptarlo? Bien, es que tú no eres padre. El «amor de padre» es algo fuerte y misterioso. Pero puede debilitarse si no se le atiende durante un tiempo. De manera que éste es el motivo de que te escriba, revitalizar nuestros sentimientos.

Y ahora, algunas ideas:

1.- Parece tratarse de algo tan vergonzoso que has sentido la necesidad de marcharte a miles de millas de distancia, aunque lo comprendemos. Eso te ha dado una sensación de espacio que necesitabas y además nos estabas protegiendo en cierto sentido. Además, generación tras generación, los muchachos han salido y se han marchado y han dejado sus hogares en busca de aventuras o de una nueva vida, o hacer fortuna, etc. Pensamos que está muy bien que lo hayas hecho, y nos sentimos muy orgullosos de ti.

2.– Es bueno saber que has llegado a gustarse más a ti mismo y que te sientes más de acuerdo contigo. Sólo podemos desearte que pienses con claridad y que te vaya bien en la vida.

3.– Ahora bien, una total felicidad... las veinticuatro horas... un día tras otro. Eso no es realista. Nadie lo ha conseguido nunca. Me pareciste bastante feliz, hasta que lloraste en Navidad y eso hizo que me sintiese mal y también lloré yo entonces. Pero eso es siempre bueno para todos nosotros, como quiera que sea. Así se manifiesta nuestra humanidad. La Navidad puede ser un tiempo muy triste para muchos. Para mí lo ha sido durante muchos años. Nos hemos visto bendecidos con muchos momentos felices. Tú has recibido la bendición de tener una hermana maravillosa. Sé bueno con ella, ya que es tu familia, cuando nosotros nos hayamos ido.

Espero que encuentres a alguien para compartir tu vida ya que eso puede ser una experiencia enriquecedora. El tío Jack tuvo a Carl. Carl era una persona especialmente encantadora, muy bondadosa y amable. Vi a Gordon la semana pasada en el McDonalds y estuvimos charlando un rato. Dijo que pensaba volver pronto a California. Bueno, ahora es posible que no te guste esta parte, pero he de ser honesto aunque sea delicado. Me parece que en este momento que estéis juntos Gordon y tú podría no ser lo mejor. No sabría decirte por qué, es sólo una sensación. Por supuesto que no es asunto mío. Se trata de tu vida y ya eres mayor para tomar tus propias decisiones.

Espero que esta carta sirva de ayuda para que todos nos sintamos mejor y te ayude a darte cuenta de que estamos intentando comprender. Sería una tontería para todos que no dijese que esto no es fácil para nosotros. Pero todos somos seres humanos individuales e independientes. Somos todos diferentes en la creación divina. Y la cuestión más importante en el extraño esquema de las cosas es que nos queremos los unos a los otros. La vida no es fácil —sé feliz con la vida que decidas vivir.

Te quieren siempre
Papá y Mamá

De Greg, de 32 años, en California.

Queridos Mamá y Papá (y también Nancy).

Quiero daros las gracias de todo corazón. Gracias por atenderme y por trata de comprender. Gracias por tener el valor de sacar las cosas a la luz y por quitarme un peso de encima. Y gracias especialmente por permitirnos ahora estar más cerca.

Puedo comprender vuestra probable preocupación y confusión. No es difícil imaginarlo, con todos los malentendidos y mitos perpetrados por una sociedad que fomenta la conformidad en lugar de apreciar la diferencia.

Estoy seguro de que estáis llenos de preguntas, así que trataré de adelantarme a algunas de ellas y responderlas aquí.

Sí, soy *gay*. *Gay* es una palabra que nos gusta utilizar para describir nuestra diferente forma de vida. La palabra «homosexual» se utiliza de forma más apropiada como adjetivo que describe una cosa, no una persona. Además, marca un énfasis mucho mayor en la sexualidad y dice poco de los sentimientos y de una manera de «ser».

Para mí, ser *gay* supone una capacidad para amar totalmente, en forma tanto emocional como sexual, a una persona de mi propio sexo. Me siento muy orgulloso y sin el menor remordimiento de ser *gay*. Considero un especial regalo ser un tanto diferente de la mayoría. Me gusta ser capaz de ver las cosas de forma diferente y no estar vinculado a planteamientos tradicionales sobre cómo ha de ser la vida. Disfruto siendo capaz de abrirme mi propio camino y decidir lo que es mejor para mí. Disfruto de un sentido de «comunidad» con mis amigos *gay;* el consuelo y el apoyo que esta «familia» proporciona en un mundo que a veces puede sentirse como hostil. Y finalmente me considero un individuo enérgico que, haciendo frente a una gran presión del contrario, ha realizado su idea de ser quien es.

Hace tiempo que quería hablar con vosotros, especialmente a partir del momento en que empecé a sentirme más cómodo y orgulloso de mí mismo. Durante un tiempo pensé que ocultar esta parte de mí mismo podía suponer que pensaba que ser *gay* era algo malo o inicuo, y éste no es el caso, por supuesto. Pero evitaba enfrentarme con vosotros porque no sabía cómo acogeríais la noticia. No sé si podréis comprender que soy verdaderamente la misma persona que habéis conocido toda la vida, que la revelación sólo puede hacer mejor nuestra comunicación y nuestra relación. Pero, como vosotros habéis dicho, el «amor paterno» es una fuerza grande y misteriosa que probablemente yo he menospreciado.

Siempre he mantenido una relación muy próxima con Nancy, y quería ser totalmente honesto con ella, de manera que con mi siempre-creciente-respeto-a-mí-mismo me «confesé» con ella el pasado verano, durante vuestra visita a California. Ella lo acogió de una forma maravillosa, agradeciéndome el haber tenido el valor de confiarle lo que ella había estado sospechando ya durante un tiempo. La cosa no ocurrió en el lugar más apropiado (estábamos en el aparcamiento de un Burger King). La repentina liberación y proximidad que sentí cuando nos abrazamos y expresamos el amor que sentíamos el uno por el otro es algo que nunca olvidaré. Experimenté la misma sensación cuando leí vuestra carta.

Probablemente serán éstas las preguntas que haga alguien no-*gay*: «¿Cuándo se convirtió usted en *gay*?» «¿Por qué es usted *gay*?» (es decir, cuál fue la *causa*). Y «¿cuándo constató que era usted *gay*?» Realmente son preguntas por completo diferentes.

Yo no sé *cuándo me convertí en gay*. Creo que en el momento de nacer ya existe cierta predisposición a ser *gay* (activo o pasivo, introvertido o extravertido, o cualquier otra clase de calidades o características). Creo yo que ser *gay* es sólo un fenómeno natural de diferenciación normal. Un cierto porcentaje (estimado en un 10 % del total nacional) será *gay* precisamente lo mismo que un determinado porcentaje de personas serán bajas.

Probablemente existen factores que tienen una influencia en la primera infancia, pero en un mundo tan complejo, con su miríada de influencias, una persona puede verse demasiado presionada como para identificar una «causa». Ni se plantea la cuestión a no ser que alguien crea que *gay* quiere decir inferior. Ya que la causa es indeterminable, no te sientes culpable («¿Qué es lo que hemos hecho mal?»). Si se atribuyese a atraso infantil, entonces ¿por qué pueden crecer unos niños en una familia con un padre *gay* y su amante masculino o femenino se va invariablemente para ser no-*gay?*

Cuando constaté que era *gay,* fue en realidad un proceso gradual y continuo. Tanto como puedo volver atrás en la memoria, siempre me había sentido un poco diferente; me atraían otros varones. Recuerdo ciertos «apretujones» con otros chicos en la escuela de primer grado, y luego más avanzado ya. Pasé por todas las negativas de costumbre: «Yo no soy uno de esos tipos raros», «yo no haré esas cosas».

Cuando fui a la universidad Park del estado de Pennsylvania, empecé a pensar de repente y a preguntarme cosas. Fue en mi primer año cuando finalmente «me descubrí» a mí mismo. Mucha gente pasa por grandes traumas en ese momento. Cuando ya no puede seguir negando sus sentimientos, empiezan a considerarse a sí mismos «malos». Por cierto que la sociedad no puede presentar papel ninguno de «buen» *gay* que emular. Afortunadamente, escapé de esa fase y consideré la circunstancia de ser *gay* como una cuestión de hecho. «De manera que soy *gay*... no tiene por qué ser una limitación... Haré lo mejor que pueda con mi vida», etc. He estado desarrollándome desde entonces y ahora me siento cómodo con lo que soy y muy feliz por la manera en que han funcionado las cosas. No quisiera que fuesen de otra manera.

La mayoría de la gente *gay* puede informar de experiencias similares de «conocimiento» en épocas tempranas de la vida —que no se les reclutaba (los diferentes mitos pregonados por la «Moral». Y la mayoría siempre con sus campañas de «quemar a los profesores *gay* o a cualquier otro que no nos guste»).

En vuestra carta mencionabais mi traslado a California. En realidad es una de las mejores decisiones que he tomado. No sólo hay oportunidades de trabajo mucho mejores para mi carrera, sino que tiene un efecto positivo sobre mi desarrollo como individuo (¡por no mencionar mi bronceado!). Además de una sociedad por lo general más tolerante, la gente *gay* está aquí más liberada y se siente bien consigo misma.

No sabía gran cosa acerca de la vida *gay* antes de mi traslado. En ese momento pensaba que, excepto Gordon y yo, no había más gente que fuese *gay* (como por ejemplo la gente «bonita»). La sociedad le deja a uno con la sensación de que los *gay* son desdichados, unos pervertidos e inmorales, y unos monstruos. Después de todo, eso es lo que los medios de comunicación suelen mostrar; hombres afeminados, muchachos arrastrados o carniceras lesbianas. Yo no me identifico con eso. ¿Dónde está la gente normal, los *gay* que trabajan en tareas normales y viven de forma respetable? Encontré la respuesta cuando me trasladé a California.

Cuando llegué todo salió a la luz y yo empecé a darme cuenta de que había una multitud de *gay* encantadores. De hecho, me sorprendió que fuesen tantos. Entramos en una «disco» *gay,* y en lugar de los diez viejos que esperaba encontrar, para mi sorpresa había allí trescientas personas más bien jóvenes, y todas con una marcha increíble. Y eso en un solo local de una ciudad.

Se me abrieron los ojos por completo este año, cuando estaba esperando el paso del desfile del Día de la Libertad *Gay* de Los Ángeles. Desfiles parecidos se celebran anualmente en las mayores ciudades del país en el mes de junio. Tan lejos como me alcanzaba la vista, arriba y abajo de la calle (que estaba de bote en bote), había cien mil hermanos y hermanas *gay* acompañados por sus simpatizantes. Me impresionó especialmente el capítulo local de la organización nacional denominada Padres y Amigos de los *Gay.* Enarbolaban letreros en los que se leía: «Queremos a nuestros hijos e hijas *gay».* Es agradable no sentirse solo.

A ver qué más... Ya he mencionado cómo me siento al ser *gay,* y los cómos, porqués y cuándos, y mis experiencias de «reconocimiento»... ¿Qué sigue? Ah, sí, mi compañero de habitación. Jon no es *gay.* Sabía que yo lo era antes de venir aquí. Él y su chica apoyan a los *gay* y ocasionalmente van a «discos» *gay* y a restaurantes conmigo y mis amigos. Lo pasamos en grande.

En vuestra carta mencionábais el llanto de la Navidad. Yo estaba un poco fuera de tono porque acababa de regresar en ese momento de una maravillosa fiesta de Navidad en casa de mi amigo. Su madre y su hermano y muchos chicos y sus familias estaban allí. Todos juntos intercambiamos regalos. Todo se hacía abiertamente. Una madre observó lo hermoso que era pasar la Navidad con esos muchachos tan agradables. Incluso una abuela de setenta años estaba allí diciéndole a su nieto, mientras abría su regalo, que lo que en realidad quería era regalarle un «marido» en la Navidad, pero que no sabía de qué talla. Cuando hablé con vosotros después de abrir esos bonitos regalos, me sentía un poco mal por no poder estar yo mismo con mi familia. Ahora sí puedo.

No he dicho gran cosa de Gordon. Supongo que habéis imaginado que éramos amantes. Era un gran amor, tan profundo, atento y tenía tanto significado como cualquier otro; se prolongó casi dos años. Fue una experiencia valiosa, y hubiese continuado de no ser por unos cambios (de crecimiento) que se han producido en nosotros dos y por mi deseo de conocer más gente y experimentar una vida más rica.

Bien, y con eso llegamos al día de hoy. Después de que Gordon y yo siguiésemos distinto camino, he empezado a conocer bastante gente y hoy tengo muchos amigos verdaderamente buenos. Nos reunimos muy a menudo en cenas, salidas, yendo al teatro, etc. Me estoy relacionando con un chico, Michael, desde los últimos seis meses y las cosas están yendo realmente bien. Michael me ha presentado a muchos profesionales, encantadores, con éxito y con influencia.

Bien, supongo que queda abarcada la cosa —el conjunto de la historia de mi vida (oculta)— en estas pocas páginas. Tenemos que practicar mucho la comprensión. He tratado de comunicaros el sentido de lo que han sido todos esos años en que hemos tenido problemas de relación unos con otros. Espero que, con vuestra ayuda, todo eso quede atrás. No voy a pretender que no hayamos pasado por un período de incomodidad ni que esta carta responda todas vuestras preguntas. En todo caso, nuestra nueva franqueza seguro que servirá para eliminarlas.

He incluido un ejemplar del libro *Loving Someone Gay*, que espero que todos os toméis el tiempo de leer. Hay incluso en él secciones específicas escritas para los padres y los hermanos y hermanas de los *gay*. Espero que lo leáis desde el principio ya que describe la experiencia subjetiva del crecimiento y del ser *gay* mejor de lo que yo puedo hacerlo.

Resumiendo, os doy otra vez las gracias por vuestra comprensión. Sé que hay partes de esta carta que tienden a la divagación (que es lo que pasa cuando se escribe a lo largo de varios días); pero las primeras dos páginas lo dicen realmente todo.

Os quiero a todos,
Greg.

RÍOS QUE FLUYEN

por *D. H. Lawrence*

Un joven me dijo el otro día, más bien de forma despectiva: «Me temo que no puedo creer en la regeneración de Inglaterra por el sexo». Yo le dije a él: «Estoy seguro de que usted no puede». Él estaba intentando decirme que estaba por encima de tonterías tales como el sexo, y de lugares comunes tales como las mujeres. Era el usual individuo que se encuentra vitalmente por debajo de la media, vacio, un joven egoísta, infinitamente pagado de sí mismo, como una especie de momia que se desmoronaría si se la desenvolviese.

Y ¿qué es el sexo, después de todo, sino el símbolo de la relación del hombre con la mujer, de la mujer con el hombre? Y la relación del hombre con la mujer es amplia como la vida entera. Consiste en una infinidad de oleadas diferentes que fluyen entre los dos seres, distintos, incluso aparentemente contrarios. La castidad es una parte de la fluencia entre el hombre y la mujer, tanto como lo es la pasión física. Y, más allá de eso, una gama infinita de sutiles comunicaciones de las que no sabemos nada. Yo diría que la relación entre cualesquiera dos personas decentemente casadas cambia profundamente cada pocos años, a menudo sin que se den cuenta en absoluto; aunque todos los cambios causan dolor, también brindan cierta alegría. El largo proceso del matrimonio es un prolongado acontecer de cambios perpetuos, en el que un hombre y una mujer se crean mutuamente sus almas y se hacen a sí mismos completos. Como ríos que fluyen, a través de un nuevo país, siempre desconocido.

FALO Y EXPERIENCIA RELIGIOSA

por *Eugene Monick*

El falo como imagen divina

Cuando era un niño de unos siete años, en los tempranos días del período psicosexual que Freud llamaba latencia, me lancé a la cama de mis padres una mañana de verano. Nos habíamos trasladado a nuestra casa de verano de White Bear Lake, ahora un suburbio de St. Paul pero que entonces estaba a dos horas de camino de la ciudad. Mamá había salido de la cama para preparar el desayuno. Mi padre yacía allí dormido, desnudo. Yo me metí bajo las sábanas para explorar. Quizá llevaba conmigo una linterna, lo cual sería indicio de una intención de investigar. O bien es que al sentir que había un descubrimiento que hacer, rompí la oscuridad de las mantas para saber qué era. En todo caso, acurrucado en la oscuridad junto al cuerpo de mi padre, fui a parar a sus genitales. Enfoqué la linterna y contemplé el misterio. No sé cuánto tiempo estuve así; los detalles de la experiencia se han borrado. No hubo palabras, ni entonces ni después.

Por lo que yo recuerdo, mi padre no se dio cuenta de que yo estuviese allí.

Lo que sí puedo recordar es el poderoso efecto que el incidente tuvo sobre mí. Pienso ahora que estaba contemplando la masculinidad de mi padre como una revelación. Por supuesto que en ese momento no pude articular lo que era. Tengo dificultad para hacerlo incluso ahora. Sé que la masculinidad estaba indiscutiblemente presente delante de mí. En aquellos órganos había una imagen que no había conocido antes. La imagen apuntaba a otro mundo. Era un mundo que yo, de algún modo, sabía que existía, pero hasta el momento de esa visión yo no tenía imagen tangible para encarnar mi sentido íntimo. Y, de repente, en aquellas partes desnudas, le vi de frente.

El otro mundo era seguramente mi potencial interior para una vida sexual mía propia en el futuro, que entonces sólo percibí vagamente. También pienso que había mucho más. Era el principio de una conciencia transpersonal, que se me hacía presente en relación con los órganos sexuales masculinos. Los órganos eran de mi padre, y por ellos yo había llegado a existir. Eran también esencialmente arquetípicos en sí mismos —algo más que mi padre—. Él y yo estábamos unidos en una identidad masculina que tenía sus raíces más allá de nosotros dos.

Mi relación con mi padre a lo largo de los años que siguieron fue una proximidad defensora, protectora. Cuanto mayor me hago, voy descubriendo más y más que soy muy parecido a él, más de lo que hubiese creído posible en aquellos primeros años. Ocasionalmente capto destellos suyos por el rabillo del ojo, como si viese mi propio reflejo en la vitrina de un escaparate. Cuando me estoy afeitando, a veces pienso por un momento que le veo mirándome en el espejo. Mi hábito de fumar es ciertamente suyo, y estoy empezando a sospechar, como él lo hacía, un indicio significativo de enfisema. Me río inoportunamente, como él lo hacía. Me lamento por el dinero, como él. Muchas veces pienso que me dan tanto miedo mis sentimientos como a él, incluso después de años de psicoanálisis. Estoy en deuda con él en muchos sentidos, y el menos importante no es su presencia ante mí aquella mañana y en aquella cama. Me regaló algo que no podía saber que estaba regalando. No tenía forma de saber cuánto lo necesitaba; y aunque la tuviese, no es manera de regalar una experiencia semejante. Es algo que ocurre. En muchos sentidos, esa visión inicial del sexo de mi padre fue un paradigma de nuestra relación a lo largo de los años. Lo que aprendí al observarle tiene menos que ver con él como persona que con mi sorprendente descubrimiento y con mi búsqueda a lo largo de cincuenta años desde entonces del sentido de mi experiencia de esa mañana.

George Elder, del Hunter College, escribe:

> El falo, como todos los grandes símbolos religiosos, apunta hacia una misteriosa realidad divina que *no se puede comprender de otra manera* (la cursiva es mía). En tal caso, y como quiera que sea, el misterio parece que subyace al símbolo mismo... Este símbolo... no es importante para la religión como un miembro fláccido... sino como un órgano en erección.

Carl Jung entendía la psique en el sentido griego original de alma, esa parte de la experiencia humana que se hace presente desde el interior. La psique está vinculada al misterio y se enriquece con una constante y significativa interacción con el mundo exterior, aunque no en el sentido de que sea un epifenómeno de éste. Jung entendía la religión, por lo general, como una actividad de la psique *sui generis,* irreducible a cualquier otra explicación. Llegó a esta convicción ante el ridículo y el rechazo, ante el inevitable extrañamiento de sí mismo que procede de la corriente principal del psicoanálisis. Al hacerlo así, me hizo posible tener las herramientas que necesitaba para investigar mi experiencia en la cama de mi padre. Sin

Jung y su visión de lo que es la psique, es posible que hubiese quedado atrapado en mi propia experiencia, privado de unas imágenes y de una visión del mundo en la que situarlas. Así, cuando digo que estoy interesado por la naturaleza sagrada del falo, la gente tiende a sonreír y cambiar de conversación.

La gente se siente insegura ante la correlación entre la sexualidad y la religión. Especialmente la cristiandad ha separado las dos cosas de forma que las ha hecho aparecer como irreconciliables. La psiquiatría mantiene la desconexión, subrayándola con etiquetas patológicas. La Iglesia realza la religión y devalúa la sexualidad. La psiquiatría hace lo contrario, al realzar la sexualidad y devaluar la religión. La unión de la sexualidad y la religión es como una conexión eléctrica. Unir de forma incorrecta las dos lleva al desastre. No unirlas produce falta de energía. Una unión adecuada es prometedora.

Hay que aplaudir a Jung por haber llegado a la convicción de que el alma invisible es un fenómeno psicológico por lo menos tan importante como el ego visible, que se puede ver, medir y modificar superficialmente. Jung comprendió que el alma es una entrada individual en el reino de la psique, que es universal y eterna, que trasciende las limitaciones finitas del ego. Descubrió que la psicología es el estudio del alma y la disciplina con que se la atiende. Y esto no se puede realizar sin la introducción de un mundo distinto del mundo del ego.

¿En qué sentido se podría decir que mi experiencia en la cama de mi padre es religiosa, que es un encuentro con el alma? Es una pregunta difícil para contestarla ahora.

Hace poco, un joven, muy enamorado de una mujer a la que conocía desde hacia cuatro años, fue a mi consulta. Su novia había cancelado la boda unos días antes de que tuviese lugar. El joven temía que la presión familiar la hubiese obligado; se sentía rechazado, abandonado, indignado y herido. Sobre todo, herido. Yo veía que su orgullo masculino estaba amenazado. Era un hombre agradable, básicamente seguro de sí mismo, estaba bien situado por su educación y profesionalmente como para hacer algo por sí mismo, estaba seguro de su amor por la mujer; casi resultaba precoz en su dominio de sí mismo. Habiendo perdido a sus padres a temprana edad, había cuidado de sí mismo. Su herida era un dolor del alma. La pérdida potencial de su novia era un fuerte golpe emotivo para él. Pero su dolor también estaba relacionado con la amenaza de perder su autoestima, con la duda relativa a su masculinidad, un desafío a su sentido de los valores. Estas cualidades están intrínsecamente relacionadas con el falo. Jóvenes o viejos, los hombres sufren cuando su identidad fálica se ve amenazada.

Cualquiera puede entender esta situación como angustia de castración. Es una forma de hablar de lo que he observado, pero sólo es una parte de la historia. Vinculación y misterio desaparecen cuando se habla clínicamente, en forma de diagnóstico, de angustia de castración. ¿Por qué se equipara la disminución de la propia masculinidad con la pérdida del órgano sexual masculino, mientras que el logro de la masculinidad se equipara con su uso activo? Esta pregunta nos acerca más a la reveladora calidad del falo. La psique emerge: el falo conlleva la buena imagen interna masculina para un varón. El joven estaba experimentando una amenaza contra esta buena imagen al sentirse herido con la pérdida de su propio respeto. El daño del falo estaba en la base de su sufrimiento.

Eso es lo que Elder menciona cuando se refiere al falo como «una misteriosa realidad divina que no se puede comprender de otra manera». En su relación íntima con su novia el joven conocía su generosidad, su amor, su naturaleza desprendida. La intimidad era su forma de comprender lo femenino que había en su compañera y en él mismo (su ánima, por utilizar el término junguiano). Pero había más. Su realidad interior como hombre estaba vinculada a la relación; era eso lo que daba forma al sentido masculino del joven y le decía lo que era. El problema no era tan sólo la pérdida de su mujer. La pérdida de la identidad masculina era el riesgo. Tal pérdida —o ganancia, como ocurrió con mi experiencia con mi padre— es una experiencia religiosa, en el sentido en que Jung utilizaba la palabra. Es el ahogo del alma o su formación como psique lo que constituye la invisible realidad que cimienta y da sentido a la existencia.

En otras palabras, cuando interviene el falo se produce una situación, una aprehensión de la masculina divinidad que puede no tener lugar sin el falo. Éste es el horror de la castración. Siempre ha sido así. El joven no podía crear conscientemente su pasión por su prometida lo mismo que yo no había creado la revelación en la cama de mi padre. Ambas eran visitas. Visitas fálicas que aparecen por sorpresa, como una gracia, generación tras generación, de la misma manera, en todas las culturas. Jung sentía que estos modelos arquetípicos se han unido en la psique sólo a través de una repetición constante. El falo se convierte, a lo largo de eones de masculina identificación con su ir y venir interno, de su éxito y fracaso exterior, en el símbolo divino para los varones. Yo podía establecer una conexión con el joven porque también había experimentado la devastación de la pérdida fálica. Era capaz de seguir con él y apoyarle porque también había conocido la gloria de la resurrección fálica.

La resurrección fálica tiene que ver con la capacidad del miembro viril de volver a la vida, una y otra vez, tras la derrota y la muerte. Cada vez que el falo estalla en el orgasmo, muere. La energía mana del falo como la fuente de la vida en una gran excitación, y luego se acaba ese momento. Un hombre se siente agotado. Se recupera en silencio, un deseo de descanso cae sobre un hombre como si estuviese cayendo en la sepultura —su necesidad de dormir—. Como dice Elder, el falo es erección, no un pene fláccido. El falo físico se ha convertido en un símbolo religioso y psicológico porque decide por sí mismo, con independencia de la decisión de su dueño, el ego, cuándo y con quién quiere saltar a la acción. Así, es una metáfora apropiada del mismo inconsciente, y específicamente de la forma masculina de inconsciente.

El pene es un falo en potencia, tanto si está como si no está manifestándose exteriormente. Tanto en la conversación con el joven en mi consulta, como en mi experiencia con mi padre, en ambos casos estaba presente el potencial fálico, aunque no estuviese presente el falo. Me imagino a mí mismo diciendo: «Así que esto es lo que veré cuando sea un hombre. No sólo creceré en estatura, sino que todo eso crecerá también». Puedo imaginarlo ahora porque aún sigue presente en mí el chico de siete años que se maravilla ante los dibujos que hay tras la cortina.

Es una experiencia religiosa, considerada desde el punto de vista de la psicología. Una experiencia que es también una revelación —tanto mi descubrimiento infantil como el trauma amoroso del joven— que afecta de forma permanente a la vida de una persona. Y si no es así, no es religiosa. Lo que consideramos garantizado es secular, común, sin mucho significado, no es numinoso y no esclaviza. El potencial numinoso puede estar presente, pero no se experimenta la profundidad. Tal es el caso cuando alguien se limita a orinar con el pene, sin conciencia del cúmulo de energía que tiene en la mano, de la cósmica herramienta, la gran espada del heroísmo. En el transcurso del crecimiento en la primera edad adulta quedó olvidada la experiencia de cómo llevé a cabo mis cosas de muchacho. Un ego activo obstaculiza la conciencia de la temprana experiencia religiosa así como la hierba se puede segar y hacer matemáticas. Pero la experiencia religiosa vuelve con la caída de la noche, entre la fina vajilla del propio ego, con sugerencias y estirones eróticos, cuando menos se espera una intrusión. Entonces se sabe que un dios sigiloso está ahí, con su presencia que se había insinuado en los primeros años.

A lo largo de los años siguientes me resistí a aceptar mi revelación infantil como una revelación de la imagen divina de la masculinidad. El falo quedó reprimido por las estructuras culturales de mi socialización —escolaridad, ser un buen ciudadano, profesión—. En ese mundo no hay lugar para el falo como imagen divina. No está permitido participar en la vida eterna. El falo físico se reconoce aparte —en el secreto de las habitaciones de motel y en la pornografía, en las bromas entre muchachos, en interminables fantasías y en el mundo *gay*—, aunque furtivamente, bajo un encubrimiento de oscuridad. En ninguna parte aparece el falo abiertamente; se mueve furtivamente, ya que su presencia nos produce embarazo. En mi primera experiencia, la cobertura de las mantas, la luz difusa y la calidad inconsciente del hallazgo fueron paradigmáticas.

Los hombres ocultan la fuente de su autoridad y de su poder y no exponen su sexualidad ni sus genitales, de forma similar a como se evade el falo como imagen divina. Los hombres sustituyen con sucedáneos fálicos las cosas en sí —la autoridad familiar, la superioridad en el trabajo, la trama institucional, la posesión de la mujer, la capacidad física, la salud, la religión, la política, el intelecto y el conformismo social—. Puede ser una manera de protegerse de los dioses, como si la inhibición de una exposición directa fuese un medio para evadir una invasión del sagrado tabernáculo y disminuir el potencial seminal. El fenómeno fisiológico de mantener los testículos muy cerca del centro del cuerpo en tiempos de peligro refleja unas tendencias psicológicas de protección. El dios se reverencia en colisión con la reserva masculina. Los hombres saben algo de lo que no hablan directamente. Se ríen de ello juntos, se entienden implícitamente el uno al otro, pero no hablan abiertamente. Un mundo de conocimientos compartidos existe entre los varones sin que se dé un esfuerzo explícito para comunicar lo que se sabe. Aquí también estamos cerca de la cualidad religiosa del falo y de las profundidades de las que emerge en el interior de la vida masculina. Los hombres no tienen forma de hablar de lo que es a la vez conocido y desconocido.

Los hombres exhiben su miembro fálico en privado, cuando se sienten cómodos con su capacidad física, cuando el secreto se puede compartir con otra persona en la intimidad, o cuando se consienten a sí mismos reconocer su energía. Lo hacen cuando la fuerza del secreto es demasiado grande para contenerla, cuando el dios exige expresarse. Los hombres se muestran desnudos juntos sólo en un sistema de referencias compartido recíprocamente, como en los gimnasios. E incluso entonces, los hombres procuran no exhibir el falo. De lo que resulta un conflicto. Los varones tienen unos genitales que sobresalen en el centro del cuerpo y que es difícil ocultar. El falo es por naturaleza extravertido, mientras que los órganos femeninos son introvertidos. El falo es externo; desea mostrarse hacia afuera, incluso de una forma descarada. El falo se mantiene en alto, como para hacerse notar. Hace falta un medio para establecer un acuerdo entre las dos tendencias: la necesidad de ocultar lo que exige ser expuesto. Un comportamiento sustitutivo masculino y una interpretación, como se decía más arriba, pueden servir para resolver el conflicto. En las modernas sociedades de Occidente los varones han de conseguir por sí mismos este logro. La conciencia cultural de la importancia del falo es tan insuficiente que no existen medios para que los jóvenes encuentren un camino hacia la edad adulta. Existe un deseo masculino de participación en la hermandad —la de la veneración masculina del dios— pero desgraciadamente ningún camino para conseguirlo. La iniciación no puede tener lugar. La consecuencia es, con frecuencia, una exagerada exposición o una exagerada protección.

Hace veinticinco años, poco después de casarme, me envió a Uganda la Iglesia Episcopaliana para enseñar durante un semestre en una escuela de teología próxima a Mbale. Los estudiantes eran varones que se preparaban para ser ordenados para el sacerdocio. Todos menos dos habían pasado por el ritual de la circuncisión en sus tribus nativas unos años antes, al principio de la adolescencia. En esos tiempos, en Uganda, el ritual de la circuncisión masculina era motivo de grandes celebraciones tribales. La circuncisión ritual era la manera en que un muchacho se convertía en hombre, y era necesario que el joven varón pasase por la ordalía sin desmayarse ni retroceder. Los dos jóvenes no circuncidados que había entre nuestros estudiantes de Buwalasi eran diferentes de los demás. Eran los únicos que no estaban casados y eran claramente inferiores a los demás en fuerza, prestancia y apariencia masculina. Uno de los dos estaba ausente cuando le llegó el momento de la circuncisión porque una distante abuela suya había muerto. No importa eso: había perdido la ocasión y su vida había cambiado. No era un hombre.

Los ritos de iniciación masculina prosiguen a pesar de la moderna ignorancia acerca de su importancia. En mi caso, además de mi fortuita visión de la masculinidad de mi padre, era miembro de un grupo de Boy Scouts que utilizaba un campamento solitario y primitivo junto a un río del norte de Minnesota. A cada chico se le llevaba ritualmente a un cementerio rural por la noche, desnudo y desértico. Se le exigía que encontrase su camino al campamento, que estaba quizá a más de un kilómetro de distancia, a través del bosque. Estaba claro que no debía pedir orientación al pasar por una granja ni que le llevase un coche que pasase por la carretera. Eventualmente, estas pruebas se suspendieron al disolverse la fraternidad; por alguna buena razón, quizá, pero su propósito es que no se pasen de otra manera. Este problema no tiene solución fácil. Lo que es claro es que el falo aborrece el vacío.

Para mí, el conflicto entre el dios interior y la sociedad exterior en lo que se refiere al falo me llevó finalmente a este punto: o bien consideraba en serio la importancia de esa experiencia reveladora en la cama de mi padre o admitía ante mí mismo que mi aceptación de la realidad del inconsciente era inadecuada. Soslayar la imagen divina del falo suponía soslayar el inconsciente al servicio de la adaptación del ego. El inconsciente ofrecía y el falo exigía. Me vi forzado a llegar a la conclusión de que el falo es maravilloso y a la vez muy extraño como amo. Pero eso es lo que la gente religiosa dice siempre de los dioses.

LOS BORRACHOS

por *Rumi*

Los borrachos se balancean lentamente, los que se aferran al vino se
está acercando.
Los amantes llegan, cantando, desde el jardín, las personas de
brillantes ojos.
Los no-quiero-vivir se están yendo, y los quiero-vivir están llegando.
Llevan oro cosido en sus vestidos, cosido por los que han conocido.
Los de las maravillas señalan al que ha estado paciendo en el viejo pasto
del amor,
dan vueltas, gordos y retozones.
Las almas de los maestros puros están llegando como rayos de luz solar
desde tan lejos a la inmensidad del campo.
Cuán maravilloso es este jardín, donde manzanas y peras, ambas en honor
de las dos Marías,
están llegando aún en invierno.

Estas manzanas crecen por la Ofrenda, y acaban en la Ofrenda.

Ha de ser porque están llegando desde el jardín al jardín.

QUINTA PARTE

AMAR, PERDER, ABANDONAR, DESEAR: ENCUENTROS CON LAS MUJERES Y LA FEMINEIDAD

Todos los hombres odian a las mujeres... Tenemos que movilizar nuestras conciencias y energías para una activa lucha colectiva, política, y destruir el sexismo y la sociedad patriarcal que hace a todos los hombres misóginos, a todos los hombres violadores, y a todos los hombres emocionalmente mutilados.

LEONARDO SCHEIN

Olvida eso de las mujeres-como-lo-malo del mundo. Porque no es verdad. Yo lo sé, tú lo sabes y también lo sabe una mayoría de feministas; sólo siguen utilizándolo porque funciona, y porque no ha dado la señal aún bastante gente.

JOHN GORDON

Es evidente por sí mismo que estos dos textos ponen de manifiesto dos tipos de respuesta de los hombres al feminismo. Menos inmediatamente obvio es el sentido en el cual esas perspectivas polarizadas apuntan a una ambivalencia omnipresente (si bien periódicamente dormida) de la psique masculina ante las mujeres y lo femenino. Parece ocioso decir que esta ambivalencia no ha disminuido como resulta-

195

do de la política sexual de las pasadas tres décadas. Sobre este telón de fondo social y cultural, las aportaciones de esta sección del libro registran una diversidad de encuentros masculinos con mujeres y con lo femenino, organizados en torno a cuatro imágenes verbales: amar, perder, abandonar y desear.

Empezamos —¿dónde si no?— con Mamá, la mujer de la que dependemos en la vida. También es la mujer de la que se ha dicho que debemos abandonarla para afirmar nuestra masculinidad. Podemos olvidarnos de decidir que dejamos a nuestras madres, escribe el psicólogo de Nueva York Paul Olsen, autor de Sons and mothers. *«El vínculo seguirá ahí, hora tras ora, día tras día», si bien, añade Olsen, la madre de un hombre parece a menudo tener el poder de divorciarse ella. Como para manifestar su acuerdo, el escritor francés Eugene Ionesco sigue con un breve texto, «El día en que mi madre me echó», recordando el momento en que su madre le entregó a la que iba a ser su mujer. Para el psicólogo Carl Jung la cuestión no es tan sencilla, por lo menos para los hombres americanos. En un extracto de* C. G. Jung Speaking: Interviews and Encounters, *argumenta que «el hombre americano no está preparado para una verdadera independencia de la mujer. Sólo quiere ser el hijo obediente de su madre-esposa».*

En «El miedo a las mujeres», el psicoanalista de San Francisco Wolfgang Lederer muestra de forma similar las complejidades de la respuesta de los hombres a la mujer, *«el Otro». Como para corroborar sus teorías, el novelista Henry Miller admite estar perplejo ante las dificultades que experimenta cuando sigue su patrón de conducta de primero* idealizar *a las mujeres y luego* anularlas. *Sin dar muestra de la misoginia de Miller, el gran poeta irlandés William Butler Yeats, sin embargo, sigue a continuación con palabras de precaución relativas al enamoramiento, procedentes de uno que «entregó todo su corazón y lo perdió».*

Hermann Hesse, autor de los clásicos Siddharta *y* Magister Ludi, *habla del deseo que provocó en él una mujer que vio de lejos y a la que nunca conoció. El escritor de novelas de detectives Raymond Chandler («Recordando a Helga») revela su duradero amor por su última esposa.*

Que los hombres podamos sentirnos atraídos por muchas mujeres podría corroborar la premisa de los psicólogos John A. Sanford y George Lough, a saber: que ella *se personifica de muchas maneras en todos los hombres. En un ensayo de su libro* What Men Are Like, *estos autores exploran las fuerzas arquetípicas femeninas, o «divinidades», que revelan su actividad en las oscuras pausas de la mente masculina.*

NO PUEDES DIVORCIARTE DE TU MADRE

por *Paul Olsen*

La relación madre-hijo es normalmente una sutil interacción entre un dejar en libertad y un aferramiento —y eso es lo que hace que el proceso y su comprensión sea tan infinitamente complejo.

Están discutiendo el joven en la mitad de la treintena y su madre. Él se encuentra empantanado en un complejo y agrio divorcio, y algo de lo que él estaba describiendo acerca de ello, su sensación de impotencia, de que era atacado, de que se le marginaba, ha hecho que su madre se lanzase contra su mujer. Y él se siente afectado porque eso hace que se sienta como un idiota. Ella le dice que siempre estuvo segura de que la mujer con la que se había casado era «indigna de él» —y que él no había prestado atención a los consejos de su madre de que la rechazase antes de casarse con ella—. Ella se muestra implacable y él estalla encolerizado, y le dice, como con su mujer, que lo mejor sería que no se viesen el uno al otro durante un tiempo. Que él ya no puede soportar tanta discusión; que necesita cierta tranquilidad y que lo único que tiene son críticas. Las cosas irían mejor si él pudiese distanciarse un poco.

Y ella contesta, asumiendo una extraña y casi mortal calma: «¿Crees que puedes hacerlo, lo crees? ¿Crees que puedes tratarme de la misma manera que tratas a tu mujer? ¿Que puedes hacerme a un lado, y no verme, y no hablar conmigo, como si fuese sólo otra persona culquiera en tu vida? Muy bien, déjame decirte algo, querido; puedes divorciarte de quien te parezca, pero nunca podrás divorciarte de tu madre. Eso no es posible. Somos de la misma carne, de la misma sangre. Puedes creer que es posible el divorcio, pero no lo es. Sólo un idiota podría pensar que puede divorciarse de su madre. Pero eso precisamente es imposible. Aunque lo intentases con todas las fuezas de que eres capaz, precisamente eso es imposible».

La misma carne, la misma sangre —y al decirlo, ella pulsa los acordes de una verdad que está más allá de su negación, y los acordes son tan poderosos, tan profundos, que no puede haber réplica que tenga ningún sentido—. Ella dice la verdad; un hombre puede creer que le es posible divorciarse de su madre, pero cuando trata de vivirlo, cuando intenta hacerlo, descubre que es imposible, que los recuerdos y los pensamientos se interrumpirán sólo momentáneamente, que el vínculo seguirá ahí, hora tras hora, día tras día, golpeando y pulsando en su cuerpo como si después de todo estuviesen vinculados por la misma sangre, por la misma carne, y no metafóricamente sino en forma crudamente real —una simbiosis, como una extraña forma de unión gemelar, una unión siamesa de órganos y membranas, pensamientos y percepciones.

Un hombre ha de intentar crecer al margen de los aspectos infantiles de sus relaciones, pero no puede divorciarse de su madre, aunque parezca que ella tiene la capacidad de divorciarse de él.

Un hombre, pero un hombre muy especial, un hombre que parezca haber ido más allá de su humanidad mundana, transcendiéndola hasta alcanzar la divinidad, sólo un hombre así puede despojar a su madre de alguno de sus atributos; pero el divorcio de *la madre y el hijo* nunca puede producirse. Un mítico Horus egipcio, traicionado por su madre Isis, que actuó en contra de la independencia de juicio y del logro de su hijo, es capaz de arrebatarle la corona de las manos a su madre y negarle su rango... Pero ese hecho sucedió en un mundo de dioses y diosas, y un hombre tendría que convertirse en dios para ver las cosas con tanta claridad y mantenerse libre del vínculo que le mantiene preso en un estadio infantil.

Pueden pasar años de separación, años de silencio, y el vínculo no se debilitará. Tal es la fantasía, el sueño, el deseo interior del hombre, que cree que puede forzar su libertad; pero algo dentro de él también le dice que esa libertad total no es posible; que un divorcio no real, sea voluntario o se produzca por la inevitabilidad de la muerte, siempre producirá una ruptura profunda en un vínculo establecido de una forma tan poderosa y dinámica. Los hombres pueden intentar negar el vínculo, pretender que no tiene fuerza, intentar disminuir su importancia, y verse condenados a vivir en la mentira. Porque su negación es mentira y huir de él impide la autoconfrontación necesaria para el crecimiento y la conciencia.

Cuando un hombre intenta huir de su madre, se cierra definitivamente; intenta sustituir la conciencia emotiva con la distancia física; una absurda confusión de funciones. Corre lleno de terror y furia en lugar de pararse a pensar que liberarse de su dependencia es una tarea de la vida interior precisamente porque está tratando con factores emocionales y psicológicos, y no con un encarcelamiento físico; aunque pueda *sentir* que la proximidad física con su madre es venenosa. Debe también darse cuenta de que su liberación emocional requiere un equilibrio tanto del «bien» como del «mal». En otras palabras, un hombre ha de llegar a darse cuenta de que los aspectos positivos de su identidad se han logrado no sólo *a pesar* de la influencia de su madre sino también y ampliamente *debido a* esa influencia. Como dice uno de mis colegas: «Una madre proporciona el primer material para la rebelión y la conciencia mientras parece no darse cuenta. Un día puede caer en la cuenta de ello, o puede no saberlo en absoluto».

Hablando de su relación con su hijo, dice una madre: «Tengo setenta y siete años. Y eso es haber vivido mucho, pero estoy contenta de haber llegado hasta aquí porque por primera vez en todos esos años ha estallado la tormenta. Parece que ahora nos conocemos el uno al otro, y no estoy muy segura de cómo ha ocurrido exactamente.

»Oh, puedo recordar momentos, duros y penosos momentos. Como la forma en que le dije que se fuese al infierno, que no era nada de lo que había querido que fuese, y que era obvio que yo no era lo que él esperaba de mí. Y que yo podía vivir con ello, y que si él no podía peor para él. "Haz lo que quieras", le dije, "pero deja de culparme. Haz lo que te dé la gana."»
Ahora es escultora, y muy buena, un talento que floreció después de la muerte de su marido. Señala una pieza de piedra inacabada y dice: «Es como eso. Es pura materia y puedes hacer algo con ello, no atacarlo. Tu vida es algo que necesitas forjar, crear, descubrir. No puedes hacerlo a fuerza de golpes o huyendo de ello.
»Bueno, él debe de haber hecho algo con eso. Ya no puede frustrarme más. Ha perdido su necesidad de herirme y culparme, y yo he perdido mi necesidad de exigirle. Y eso es el meollo de la cuestión».

James Joyce, entre muchos escritores, planteó el tema de forma notoria en *Ulysses,* en que al joven artista Stephen Dedalus sus amigos le recuerdan sin cesar que se negó a arrodillarse y rezar junto al lecho de su madre moribunda. Pero eso es también simbólico; el nuevo y joven dios despojando a su madre de su realeza. Y es un deseo; no hay pruebas de que Joyce hiciese tal cosa en la realidad de su vida no artística, en la otra realidad de la existencia terrenal y mundana.

Existe, claro está, evidencia apenas de que algún hombre haya hecho jamás algo semejante, o lo haya deseado; a no ser que haya perdido una especie de humanidad básica, a no ser que haya enloquecido de rabia o haya sentido que su supervivencia dependía de un rechazo semejante, siendo en este caso su supervivencia la necesidad crucial de mantenerse cuerdo.

La mujer tenía razón: un hombre no puede divorciarse de su madre.

Hay ciertas explicaciones «razonables» de por qué esto no se puede hacer; pero se trata de explicaciones que se sitúan en el telón de fondo de una «lógica» grotescamente hecha a un lado en función de un hecho actual, de un propósito actual. Por ejemplo, los hombres son demasiado culpables para llevar a cabo el divorcio, aterrorizados por algún tipo de venganza; o bien, en el lado «maduro» de la moneda, demasiado responsables, demasiado poco dispuestos, como buena gente que son, a negar la necesidad de sus madres. Y todo eso puede tener una apariencia racional, intelectual; aunque, considerándolo más de cerca, vemos que sólo están siguiendo lo que se les ha enseñado a creer, lo que están condicionados a creer, como lo han sido por medios verbales, por las verdades eternas y los valores que se nos han comunicado en series diarias de lecturas y sermones.

Y hay muy poco de esto que acierte.

Un hombre dedica la mayor parte de su vida a huir del mundo de su madre a través de la búsqueda de sus juguetes masculinos: hace deporte, compra automóviles, dedica su tiempo a aprender cómo manejarse financieramente, se vuelve sexualmente agresivo; todas esas actividades que pueden convertir a un hombre en una parodia. Puede intelectualizarse, utilizando las formas «limpias», «analíticas», «lógicas» de pensamiento y comportamiento para identificarse a sí mismo con la «masculinidad», abandonando la intuición, la sensibilidad, y percibiendo lo que él define como «femenino». Y para cimentar su necesaria elusión de cualquier cosa que pudiese llevarle más cerca de ser definido como femenino, la sociedad le ha provisto del miedo a la homosexualidad. Ser tierno es ser raro, tocar a otro hombre es ser raro; es decir, ser quintaesencialmente femenino.

Así es como desea escapar lejos de su madre. Pero lo hace al precio de un increíble perjuicio y derroche: entierra por lo menos la mitad de su vida, deja en suspenso por lo menos la mitad de su potencial como ser humano completo; y vivirá el resto de su vida en un conflicto, como una personalidad escindida; como un esquizofrénico socialmente aceptable. Con su pretendida hombría siempre en conflicto con su inconsciente, con su parte oculta, con lo que no puede conocer acerca de las zonas más ocultas de sí mismo, pero que siempre buscarán expresarse de una u otra manera.

O, si es psicoterapeuta, le echará el lazo a su inconsciente como si fuese un animal salvaje, y lo interpretará (que lo haga bien o mal no importa), y con eso conseguirá un ilusorio control sobre sí mismo: una especie de violación de la psique.

Pero escapar no funciona: como Heracles, finalmente acabará en el olvido de la madre que le alimenta en el interior de lo inconsciente. Era Jung quien decía que la madre es un símbolo del inconsciente; y Jung bien puede estar en lo cierto. Y eso es lo que le ocurre a un hombre cuando elude una confrontación con la madre en su interior, que la madre queda absorbida en su interior por esa original deglución y mezcla de carne.

Eso es lo que ocurre tan a menudo cuando un hombre se retira después de los años de un trabajo «masculino»: se sume en una dependencia, en la atracción de la madre interior, y llega a ser como un niño «que busca algo que hacer», que busca sin encontrar porque nunca se detuvo en su carrera para escapar de su vida interior, para descubrir la riqueza interna; porque ese interior es lo que no puede ver, lo que no puede «pensar» o «razonar», y es lo que teme. El matrimonio puede morir exactamente aquí, porque sólo le rodean mujeres; la mujer interna, la oscuridad; la mujer externa, su esposa, que intenta ponerle en movimiento pero que de repente se ve como si fuese un dictador.

La mujer tenía razón: un hombre no puede divorciarse de su madre. Sólo puede descubrir quién es, en qué forma está separada de él, y llegar a apreciar lo que ella le ha entregado.

Pero no puede escapar siempre de ella. Porque, como Heracles, como el protagonista de *Appointment in Samarra,* de John O'Hara, correrá exactamente al lugar en que será aplastado, en que morirá en su propia oscuridad.

En el momento en que un hombre ha bajado la guardia puede experimentar algo nuevo:

«Nunca había hecho antes el amor», dice. «Sólo había penetrado. Pero cuando ocurrió, fue algo que nunca había experimentado antes. Creo que debí de desmayarme un segundo, y todo aquello de lo que era consciente era de una especie de increíble calidez; todo mi cuerpo se había llenado de eso mismo, y yo no quería dejarla ni apartarme de ella. Quería estar más cerca de ella, muy cerca. Podía sentir la calidez de su cuerpo contra el mío, suave y amable, y por primera vez en mi vida me quedé entre los brazos de una mujer y me dormí».

Lo que haga con esta experiencia sólo el tiempo lo dirá. Puede negarla por la mañana. O puede hacerla suya plenamente y nunca más volver a sentir la necesidad de escapar.

EL DÍA EN QUE MI MADRE ME ECHÓ

por *Eugene Ionesco*

Cuando le dije a mi madre que iba a casarme, quiso conocer a mi prometida, y cuando esta última le abrió la puerta, mi madre la miró un momento, como si la conociese desde hacía mucho tiempo, aunque ante ella tenía una persona desconocida... una amiga, la hija de un amigo, que era también un extraño, que se convertía de una forma inesperada en su pariente más cercano, como si fuese una hija... como si fuese otra ella misma, alguien que había estado esperando desde el principio, a quien había conocido con anterioridad, a quien no podía reconocer, y al mismo tiempo alguien a quien ella parecía haber conocido desde el principio de los tiempos: la persona elegida por el destino, a quien se veía obligada a aceptar e incluso preferir. Mi futura esposa le devolvió a mi madre la mirada; mi madre tenía lágrimas en los ojos pero contenía la emoción y sus labios temblorosos expresaban una emoción que iba más allá de las palabras... En ese momento entregó su lugar, y me entregó también a mí a mi mujer. Esto es lo que decía la expresión de mi madre: ya no es mío, es tuyo. ¡Cuántos mandatos silenciosos, cuánta melancolía y cuánta felicidad, cuánto miedo y esperanza, cuánta renuncia había en su expresión! Era un diálogo sin palabras del que yo no participaba, un diálogo entre una mujer y otra.

LOS HOMBRES AMERICANOS COMO HIJOS DE SUS ESPOSAS

por *C. G. Jung*

Estudio al individuo para comprender lo genérico, y lo genérico para comprender al individuo. Y me pregunto, ¿qué influencia tiene la construcción de América en el hombre americano y en la mujer americana de hoy? Creo que éste es un buen tema para el estudiante del psicoanálisis.

Hay mucha energía vital en un solo ser humano. En nuestro trabajo le llamamos a eso «Libido». Y yo diría que la libido de los hombres norteamericanos se dirige casi por entero hacia el trabajo, así que como maridos están encantados de no tener responsabilidades. Entregan todo el cuidado de la vida familiar a sus mujeres. Esto es lo que ustedes llaman independencia para las mujeres norteamericanas. Esto es lo que yo considero indolencia en el hombre norteamericano. Por eso el hombre es tan amable y educado en su casa y por eso puede mostrarse tan duramente combativo en los negocios. Su vida real está donde lucha. La parte indolente de su vida se encuentra donde está su familia.

Cuando los hombres se encontraban aún en un estadio de barbarie hacían de las mujeres sus esclavas. Y si, mientras aún eran bárbaros por naturaleza, alguna influencia les hizo ver que no debían tratar a las mujeres como esclavas, entonces ¿qué podían hacer? Aún no sabían cómo amar a alguien que era igual a ellos. No sabían lo que es la verdadera independencia, así que tenían que arrodillarse ante esta esclava y hacer que se transmutase en otra cosa que instintivamente (aunque seguían siendo bárbaros) respetaban: el cambio del concepto de esclava al concepto de madre. Así que se casaron con la mujer-madre. Y la respetaron mucho, y pudieron depender de ella. Necesitaban no ser sus dueños. En América, vuestras mujeres mandan en casa porque los hombres aún no han aprendido a amarlas.

He podido observar muchas cosas a bordo del barco. He sabido que cuando el marido americano habla con su mujer siempre hay una ligera nota de melancolía en su voz, como si no se sintiese completamente libre; como si fuese un muchacho que habla con una mujer mayor. Se muestra siempre muy educado y amable, y se ve correspondido con todo respeto. Es posible ver que él no es en absoluto peligroso a los ojos de ella, y que no teme que él se adueñe de ella. Pero cuando alguien le dice que hay algo en juego, entonces la hace a un lado, y su rostro se agría y su expresión se llena de ansiedad, y sus ojos se ponen muy brillantes y su voz se endurece, y se vuelve seca y brutal. Por eso digo que su libido, su energía vital, se pone en juego. Le gustan las jugadas arriesgadas. Así son hoy los negocios.

Requiere mucha energía vital estar enamorado. En América hay tantas oportunidades para los hombres y para las mujeres que ni unos ni otras se reservan fuerza vital ninguna para amar. Éste es un país maravilloso en cuanto a oportunidades. Las hay por todas partes. Se propagan fuera de él. Es algo que lo invade todo. Y, así, la mentalidad americana se expande y se propaga por todo el país. Pero eso tiene su parte oscura. El pueblo americano no ha profundizado en su propia vida. En Europa lo hacemos.

En Europa hay muchas fronteras. Consideremos mi pequeño país, Suiza. En Suiza hemos de ser suizos, porque no queremos ser alemanes, ni queremos ser franceses, ni italianos. Y el pueblo alemán siente lo mismo. Pero en América podéis ser cualquier cosa. En mi país no se me ofrecen muchas oportunidades. En consecuencia, profundizo más y más hasta dar con mi vida. En América pensáis que estáis unidos porque sois tan directos, porque os gusta que vuestros hombres tengan una sola idea a la vez. Creo que desconfiáis del hombre que tiene dos ideas. Pero si sólo tiene una le dais todas las posibilidades para que ponga en marcha su empresa. A mí me parece que no os preocupáis por las ideas profundas. Podéis confundiros vosotros mismos muy fácilmente. Y cualquier cosa que os resulte desagradable la enterráis de inmediato en el inconsciente.

El marido americano parece muy indignado cuando acude a mí para seguir un tratamiento para la neurastenia o la crisis nerviosa, y yo le digo que ello se debe a que es brutal en un aspecto y remilgado en otro. En América tenéis rostros inexpresivos porque intentáis por todos los medios ocultar vuestras emociones y vuestros instintos. En Europa tenemos muchas válvulas de escape para nuestras emociones. Tenemos una vieja civilización, que nos da la posibilidad de vivir como hombres y mujeres. Pero en Inglaterra, hace cien años, el pueblo era aún la raza conquistadora que se caracterizaba por los instintos salvajes de los primitivos habitantes de las Islas Británicas. El inglés tenía que conquistar al celta, y el celta vivía unos años antes en condiciones casi salvajes.

En América aún sois pioneros, y sentís las grandes emociones de todos los pioneros y de la aventura, pero si les diéseis vía libre perderíais en el juego de los negocios, de manera que ponéis en práctica un gran autocontrol. Y este autocontrol, que os mantiene unidos y alejados de la disolución, de veros reducidos a pedazos, actúa contra vosotros y os hace sufrir con el esfuerzo de mantenerlo.

Eso es lo que yo entiendo que es el psicoanálisis. La búsqueda en el alma de los factores psicológicos ocultos que, en combinación con los nervios físicos, han llevado a un falso ajuste vital. En América ha llegado ese trágico momento. Todos ustedes saben que están nerviosos, o, como decimos los médicos, neuróticos. No se encuentran ustedes cómodos. Pero no saben que no son felices.

Creen ustedes, por ejemplo, que los matrimonios americanos son los más felices del mundo. Yo digo que son los más trágicos. Lo sé no sólo por el estudio del pueblo como conjunto, sino por mi estudio de los individuos que acuden a verme. Creo que las mujeres y los hombres están entregando su energía vital a todo menos a la relación entre ellos. En esta relación todo está confuso. Las mujeres son las madres de sus maridos tanto como de los chicos, aunque en ellas se encuentra el viejo, viejo y primitivo, deseo de ser poseídas, de someterse, de rendirse. Y no hay nada en el hombre para que ellas se le rindan a excepción de sus amabilidad, su cortesía, su generosidad, su caballerosidad. Su competidor, su rival en el negocio, se rendiría pero ellas no lo necesitan.

No existe país en el mundo en el que las mujeres tengan que esforzarse tanto para atraer la atención de los hombres. Hay en el Metropolitan Museum de ustedes un bajorrelieve que muestra a las muchachas de Creta en una de sus danzas religiosas ante su dios con forma de toro. Esas muchachas de hace dos mil años llevan el cabello recogido en un moño; llevan mangas abullonadas; son de cintura muy estrecha; se arreglan para mostrar cada línea de sus figuras, precisamente como las mujeres de ustedes se arreglan hoy.

En esos tiempos los motivos que hacían esto necesario

para atraer a los hombres hacia ellas estaban relacionados con la moral. Las mujeres estaban tan desesperadas
como lo están hoy, sin saberlo. En Atenas, cuatrocientos
o quinientos años antes de Cristo, hubo una epidemia de
suicidios entre los jóvenes, la cual sólo llegó a su final
por la decisión del Areópago de que la próxima chica que
se suicidase sería exhibida desnuda en las calles de Atenas. Y ya no hubo más suicidios. Los jueces de Atenas
comprendían la psicología del sexo.

En la Quinta Avenida recuerdo constantemente ese
bajorrelieve. Todas las mujeres, por cómo van arregladas,
por la ansiedad de sus rostros, por su forma de andar,
están intentando atraer a los fatigados hombres de su
país. Lo que harán si fracasan no puedo decirlo. Es posible que se enfrenten consigo mismas en lugar de escapar
de sí mismas, como hacen ahora. Normalmente los hombres son más honestos consigo mismos que las mujeres.
Pero en este país las mujeres de ustedes tienen más tiempo libre que los hombres. Las ideas circulan con facilidad
entre ellas, se discuten en los clubs y, así, es posible que
sean ellas las primeras que pregunten si son ustedes un
país feliz o un país desdichado.

Es posible que estén produciendo ustedes una especie
que sea en primer lugar humana, y secundariamente hombres y mujeres. Es posible que estén creando ustedes una
mujer que se sabe independiente, que siente la responsabilidad de su independencia, y, con el tiempo, llegará a
ver que debe entregar espontáneamente esas cosas que
hasta ahora sólo entrega para que lo reciban de ella cuando pretende ser pasiva. Quiere la independencia, quiere
ser libre de hacerlo todo, tener todas las oportunidades
que los hombres tienen y, a la vez, quiere ser vencida por
el hombre y poseída a la arcaica manera de Europa.

Ustedes creen que sus muchachas se casan con maridos europeos porque ambicionan tener sus títulos. Yo sé
que es porque, después de todo, no son distintas de las

muchachas europeas; les gusta la manera de hacer el amor de los hombres europeos, y les gusta sentir que somos un poco peligrosos. No son felices con sus esposos americanos porque no les dan miedo. Es natural, aunque sea algo arcaico, que las mujeres quieran sentir miedo cuando aman. Y si no quieren tener miedo, entonces es que de verdad se han hecho independientes, y ustedes quizá han conseguido crear la «nueva mujer». Pero hasta ahora el hombre americano no está preparado para una verdadera independencia de la mujer. Sólo quiere ser el hijo obediente de su madre-esposa. El pueblo americano tiene una importante obligación: enfrentarse consigo mismo, admitir su presente trágico, admitir que tiene un gran futuro sólo si tiene el valor de enfrentarse consigo mismo.

EL MIEDO A LAS MUJERES

por *Wolfgang Lederer*

¡Las madres! ¡Cómo golpea eso en mi oído!
¿Qué palabra es la que no quiero escuchar?

GOETHE

De todas las cuestiones que ocupan la mente de los
hombres, la relación entre los sexos es la más básica e
importante; y también la más intrincada, confusa y elusi-
va. A lo largo del tiempo, filósofos, escritores y psicólogos han elaborado, cada uno según su particular punto
de vista, diversos aspectos del tema, estableciendo verdades que a ellos se lo parecían: y en el proceso por lo
general han entrado en contradicción, no sólo unos con
otros, sino también cada uno consigo mismo. La verdad,
al parecer, está llena de paradojas y se evade de una
definición precisa.

En todo caso, mientras no podemos decir cómo *son*
estas cosas, sí podemos describir con alguna certeza lo
que *parecen;* en cada área cultural prevalece una idea más
o menos dominante de las mujeres tal como las ven los

hombres. En nuestra cultura occidental, que logró su definición más clara durante la vida de Freud y que en la actualidad, a pesar de las diluciones y adulteraciones, aún sigue los valores básicos de ese tiempo; en esta cultura occidental nuestra los hombres han visto a las mujeres de diversas maneras: encantadoras o aburridas, como atareadas amas de casas o emancipadas descontentas, inspiradoras o castradoras; pero con todo, y a pesar de todo, básicamente y siempre como el «sexo débil». Dominada o tolerada, despreciada, adorada o protegida, en cualquier caso la mujer es «el Otro», el apéndice y el contraste del «Rey de la Creación», el hombre.

Esto concuerda mal con la conciencia, que nunca se ha perdido, de que el hombre *necesita* a la mujer; o con el reconocimiento global y popular de la importancia de la madre en la infancia. El mito del «sexo débil» ha afectado tan ampliamente la percepción del hombre occidental que éste, hasta hoy, ha de considerar cualquier tipo de miedo a la mujer como algo no masculino y por tanto inaceptable. De hecho, el hombre se ha aceptado tan firmemente a sí mismo como ser superior que puede mostrarse muy arrogante al garantizarle a la mujer la igualdad: una magnánima pretensión, que supone que la mujer es inferior al hombre, aunque se la puede ayudar a llegar a su nivel —presumiblemente porque ella nunca llegará a ser una verdadera competidora ni una amenaza.

Y aún así, en la desvergonzada privacidad de nuestros consultorios podemos ver de vez en cuando a hombres fuertes que están inquietos, y oírles hablar de las mujeres con miedo, con horror, con temor reverencial, como si las mujeres, lejos de ser unas tímidas criaturas a las que dominar, fuesen poderosas como el mar e ineludibles como el destino.

Y ¿qué nos dicen? O, mejor, ¿qué es lo que confiesan con resentimiento? Un breve resumen nos lo dirá: Un abogado corre con su coche deportivo hacia casa, y su mujer le acusa de manirroto. Un piloto no puede casarse porque le dan náuseas los olores femeninos en el baño, que le recuerdan las compresas higiénicas de su madre. Un estudiante se estremece ante el vello de los brazos de su chica, y un ingeniero se siente mórbidamente fascinado y repelido por las venas varicosas y lo que ha aprendido a llamar «necrosis de gordura» de las piernas femeninas. Un hombretón tiene pesadillas en las que su mujer, en la cama, rodará hasta él y le aplastará. Un vendedor de automóviles, soltero, teme que le aten y un comerciante de vinos, casado, está aterrorizado de que su mujer vaya a emprenderla a puntapiés con él. Un profesor se queja de que nunca consigue entender a su esposa ni predecir lo que hará a continuación; otro sufre por lo que siente que es una eficacia práctica superior y dominante de su mujer. Un joven padre se evade de los senos en embrión de su hija, y un hijo mayor se pega tembloroso a unos pechos secos, y se siente prisionero de unos brazos marchitos. Algunos hombres no pueden resistirse a las seducciones extramaritales, otros no pueden convencer a sus propias esposas de que hagan el amor, y muchos se sienten muy poca cosa porque no pueden llevar a sus mujeres al clímax.

Un estudiante de tardía adolescencia se queja de la dispersión de los amigos y de sus matrimonios: «Las mujeres son veneno para la amistad... es un golpe terrible para mí ver a esos muchachos, que lo mismo podrían estar en la cárcel o muertos». Y un hombre casado dice: «La cólera de una mujer, eso es estar aterrorizado porque ella puede echar de casa al hombre. También puede matarle. No sólo puede cortarle las pelotas sino que puede matarte; eso es lo que mi madre le hizo a mi padre; desde el día en que ella le echó de casa hasta el día en que murió no dejó de ir constantemente cuesta abajo».

Así son las cosas. Así y de mil otras maneras. El hombre, enfrentado a una mujer, puede sentirse de formas muy diversas: asustado, rebelde, dominado, desconcertado, e incluso, a veces, superfluo.

Estamos viviendo en una gran era de las luces. La razón nos es vital —y sin embargo sabemos menos sobre las mujeres que en casi cualquier otra época.

Oh, sí, sabemos más acerca de su química y su fisiología, de sus glándulas, hormonas y ciclos, sabemos más acerca de cómo alimentar y cuidar su cuerpo, hasta el punto en que ella, que siempre ha sido más fuerte que el hombre, es hoy más saludable y hermosa y longeva que nunca. También sabemos mucho más acerca de la embriología y del cuidado de la madre y del bebé —preparto, parto y postparto—. Abreviando, la proposición «mujer» nunca había estado tan segura.

Pero sólo estamos hablando del cuerpo. Cuando se trata de la psicología, y, aún peor, de las relaciones interpersonales entre los sexos, entonces parece que las cosas son más misteriosas que nunca. De hecho, parece que hayamos «olvidado» más de lo que nos hemos consentido conocer.

Hemos olvidado, o intentado olvidar, hasta qué punto sentimos un temor reverencial ante la funciones biológicas de la mujer, sus menstruaciones y su fecundidad, y hasta qué punto aborrecemos los olorosos flujos de su organicidad, la multitud de secretos pliegues y arrugas de su inevitable decadencia. Tratamos de negar su atractivo sobre nuestra masculinidad, su lengua de serpiente, y los afilados dientes que hay entre sus dos labios sangrientos. Nos negamos a creer en el señuelo de su profundidad y en la infinita exigencia de su vacío. Empequeñecemos su desafío sexual y ridiculizamos, dificultosamente, la fuerza de sus golpes: el filo de su crueldad la envainamos en silencio.

Disminuimos su poder, para reducir su importancia. Ya que quisiéramos prescindir de ella, con un encogimiento de hombros, y ella nos lo pone difícil. Ya que a decir verdad —y esto también intentamos olvidarlo— la necesitamos, y dependemos de ella en todo, porque ella es el astillero en el que nos construyeron, y la ensenada que es nuestra base y nuestra fuerza, y el territorio en el que vivimos para defenderlo; y ella es la tierra, y la salvación del mudo misterio de la bestia y de la helada lejanía de la muerte.

Y ¿cuál es el castigo por nuestras supresiones y represiones?

Esta vez tenemos la respuesta: todos los mecanismos de defensa, todos los rechazos y desplazamientos y proyecciones y racionalizaciones y sublimaciones y demás, todos ellos juntos no dan protección contra el síntoma de la formación y la inadaptación.

¿Así que no tememos a las mujeres? Entonces ¿por qué esa atracción por complejos sustitutos, por el amor de los hombres y los niños pequeños y tantas otras cosas? Entonces, ¿por qué los violadores y los que maltratan a sus esposas y todos esos que sólo son fuertes con una mujer deficiente o en cierto sentido inferior? ¿Por qué el célibe elusivo, el marido ausente, el ermitaño en su torre de marfil? ¿Por qué no amansar más a la arpía, y por qué la obediencia a Mamá, y ese picoteo en el gallinero mientras empollamos sus doradas talegas?

No. Hemos de admitir y hacer frente a nuestro miedo a la mujer y como terapeutas hacer que nuestros pacientes lo admitan y comprueben, que es como lo hicieron los héroes antiguos y, haciéndole frente, conquistaron el miedo y a la mujer y los monstruos del inconsciente profundo, de la noche y de la muerte.

Pero ¿es que todos somos héroes?

¿Por qué no, si no hay elección? La tarea de cada uno de nosotros es exorcizar el origen, el nacimiento; todos participamos esencialmente en la misma carrera de obstáculos. Cada uno de nosotros ha de aprender a escapar de su abrazo seductor, y luego volver a él. Hemos de destruir los dientes de su vagina, y amarla a ella con fuerza y ternura; hemos de derrotar a la amazona para protegerla; hemos de beber el sustento y la inspiración de su oscuro manantial, y no ahogarnos en él. Y hemos de alimentar sus insaciables necesidades, y no ser destruidos por ellas. Cada uno de nosotros ha de definirse a sí mismo como hombre en contraposición con la mujer como naturaleza, y no perder nuestra humanidad en un frígido aislamiento.

¿Cómo podemos decirles esto a nuestros hijos? ¿Cómo decírselo a nuestros pacientes?

Bien, ése es el problema.

Tanto en pedagogía como en la terapia no podemos enseñar más que lo que sabemos; y, así, una vez hemos aprendido a exorcizar en nosotros mismos toda clase de terrores y demonios, nos corresponde antes que nada convertirnos en nuestros propios confesores, y admitir y calificar, sin vergüenza ni evasivamente, el miedo a la mujer que hay en nuestro propio corazón. Después de eso, se puede extirpar, o dejar de lado, o ignorarlo, o tomarlo en franca consideración, según de lo que seamos capaces.

Así, cuando eso les llegue a nuestros hijos, necesitaremos pocas palabras: aunque se puede enseñar con la conducta y el ejemplo, que siempre han sido los maestros más convincentes y lúcidos. Y cuando les llegue a los pacientes, también necesitaremos pocas palabras; pero para reconocer en ellos la multitud y diversidad de excusas y autocompasiones con las cuales el miedo a la mujer suele quedar encubierto, podemos retarles y obligarles a un duelo, en cualquier idioma que pueda resultar útil. «No está usted bien considerado por su esposa, y tiene miedo de ella.» «No está cansado de la mujer de su juventud, pero le da miedo admitir sus nuevos deseos sexuales, le da miedo pedirle una nueva expansión intelectual, le da miedo ante ella incluso llevar el pelo revuelto y comportarse tan juvenil y tontamente como a veces se siente...» y cientos de variaciones sobre el tema.

Por supuesto que saber que alguien tiene miedo no le hace no tenerlo. Aunque es un buen principio. Hay muchos soñadores, antes llamados vividores, que, como Hamlet, se lanzan a la acción, y de forma inmediata; y he visto bastantes que, de ser sempiternos desanimados se convirtieron en animosos, con los más gratificantes efectos. Es cierto que, para otros, la conciencia de su miedo les asusta aún más, y en este punto, será básico entrar en la terapia, porque, aunque el miedo ha de ser ahuyentado, proceder a pesar de eso podría ser a la vez imposible y nada beneficioso. Nada es tan terapéutico como un acto de valor, no importa lo pequeño que sea; y en la vida privada y en la política las mayores revoluciones pueden iniciarse con una rebelión insignificante.

Todo esto parece casi marcial; algo así como el estruendo de Teseo y sus griegos rechazando a las Amazonas en la Acrópolis. Parece una lucha constante y sin fin; y lo es. Aunque la llamada «guerra de los sexos» nunca fue tal cosa precisamente; lejos de ser destructiva, ha llegado a serlo, por sus exigencias y tensiones y vicisitudes en continuo cambio, todo aquello de lo que nos enorgullecemos en la historia humana. Sería temerario determinar, aquí y ahora, los papeles sociales del hombre y de la mujer; si la mujer «debiera quedarse en casa o no quedarse», si es superior o inferior o igual. Ni se la debe describir, como se ha hecho, como víctima de la naturaleza o del mal trato y la vil sojuzgación del hombre, o ambas cosas; o considerarla naturalmente superior aunque llevada a la subyugación.

En el transcurso de la historia, desde estas primeras victorias heroicas, el hombre ha intentado defenderse de la mujer; durante los Tiempos Oscuros trató de acabar con la femineidad; en la Edad Media, con la Inquisición, intentó devorar a la Kali devoradora; desde entonces, la mujer ha sido el juguete del Rococó, la muñeca (la Nora de Ibsen) de la burguesía. El proletariado, amándola fraternalmente, produjo masivamente camaradas femeninas vestidas con los mismos pantalones azules y desprovistas de todo atractico femenino. Cada sistema social, en su propio estilo, trató de limitar su mafia.

Y hoy, nuestra estrategia defensiva consiste en clamar por la igualdad. Y al promover clamorosamente el estatuto de igualdad de la mujer, esperamos que ella se sienta favorecida y no arrojada escaleras abajo. Con el pretexto de la «igualdad de derechos» intentamos negar lo específicamente femenino. Hacer a la mujer igual supone: despojarla de su magia, de su posición primordial: y más: despojar a Shiva de Shakti, y al hombre de su inspiración.

De hecho, hombres y mujeres nunca han sido iguales, sino cada cual único a su manera. La diferencia entre ellos es, con palabras de Erickson: «Una diferencia psicobiológica nuclear en dos grandes aspectos de la vida, el de la paternidad y el de la maternidad». La Regla de Oro sugiere que un sexo amplía el carácter único del otro. Esto implica asimismo que cada uno, para ser verdaderamente único, depende de una reciprocidad con un compañero igualmente único.

Llámesele asociación o batalla, da lo mismo. En cualquier caso se trata de una fluida y dinámica interrelación de fuerzas, un ajuste constante, un gravitar en torno a un centro común que no consiente un escape definitivo.

La mujer, en todo caso, no utiliza la libertad; no pretende ser libre, sino la realización. No se considera una esclava, ni desigual ante la ley, ni tolerará limitación alguna de su potencial intelectual y profesional; pero puede requerir la presencia, en su vida, de un hombre fuerte que la proteja del mundo y de su propia destructividad; lo bastante fuerte como para permitirle saber que ella es el mágico recipiente del que fluyen todas sus más profundas satisfacciones y la mayor parte de su energía básica.

En cuanto al hombre, lo que más desea de la mujer es que ella le haga sentirse más hombre. Ésta es la gran exigencia, y no hay mujer que pueda satisfacerla siempre. En el matrimonio se producen insatisfacciones; no hay mujer que pueda ser siempre maternal, sensual e intelectual en la medida de las necesidades del marido. Y no es cosa de un par de generaciones que la masculinidad del hombre, y la femineidad de la mujer, puedan adoptar la misma forma ni que atiendan los mismos fines. No cabe duda de que existen grandes modulaciones que se están produciendo, teniendo en cuenta que, en una escala como nunca se había dado en la historia, la función central de la mujer, la fertilidad, y la función central del hombre, la agresividad, se han convertido una y otra en una amenaza letal para la supervivencia de la especie.

Pero como quiera que se llegue al equilibrio, éste no derivará de la igualdad, ni del miedo, sino de la mayor perfección posible del respectivo carácter único del hombre y de la mujer.

Y LUEGO LAS ANIQUILO

por *Henry Miller*

Los hombres dicen siempre: «La mujer que he elegido». Yo digo que ellas nos eligen a nosotros. Ciertamente, corro tras ellas, me esfuerzo, y todo eso, pero no puedo decir: «Oh, ésta es mía. Ésta de ahora es del tipo que quiero y voy por ella». No, la cosa no funciona así.

... Creo que para las mujeres es difícil vivir conmigo. Pero, sabes, soy la persona más fácil del mundo aunque llega un momento en que siento algo tiránico en mí. Y quizá mi vertiente crítica aparece con mucha fuerza cuando vivo con una persona, sea hombre o mujer. Tengo un agudo sentido de la caricatura. Descubro con rapidez las fallas de la gente, las debilidades, y las exploto. No puedo evitarlo.

Ése es el tipo de persona que soy. Empiezo colocando a las mujeres sobre un pedestal, idealizándolas, y luego las aniquilo. No sé si lo que digo es exactamente cierto, pero me parece que las cosas son así. Y aún quedamos como amigos, amigos con todas menos una mujer, con una cálida amistad. Me escriben y me dicen que aún me quieren, y todo eso. ¿Cómo se lo explica usted? Me dicen que me quieren por mí mismo, pero no pueden vivir conmigo.

NUNCA ENTREGUES TODO EL CORAZÓN

por *W. B. Yeats*

Nunca entregues todo el corazón, ya que el amor
parece ser algo difícilmente digno de que pensar
para mujeres vehementes si les parece
cierto, y ellas nunca sueñan
que se marchita entre un beso y otro beso:
Con todo lo encantador que es
y es sin embargo algo delicioso, ensoñador y fugaz.
No, nunca entregues el corazón por entero
porque ellas, con todo lo que dicen con sus suaves
[labios,
han entregado sus corazones en un juego.
Y quién podría jugar lo bastante bien
si el amor le ha vuelto sordo, mudo y ciego.
Quien lo ha hecho conoce el precio,
porque entregó todo su corazón y lo perdió.

HERMOSOS Y FELICES SUEÑOS, MUJER

por *Hermann Hesse*

La primera población de la vertiente sur de las montañas. Aquí se encuentra la auténtica vida de los seres errantes, la vida que me gusta; errar sin una dirección concreta, llevando la vida con facilidad a la luz del sol, la de un vagabundo plenamente libre. Siento una fuerte inclinación a vivir de mi mochila y dejar que mis pantalones se deshilachen como les parezca.

Mientras tomaba un vaso de vino en un jardín, recordé repentinamente algo que Ferrucio Busoni me había dicho: «Pareces tan rústico», me dijo este querido amigo con un deje de ironía la última vez que nos vimos —en Zurich, no hace mucho de eso—. Andrea había dirigido un concierto de Mahler y estábamos juntos sentados en nuestro restaurante de costumbre. Me sentía encantado otra vez mirando el rostro espiritual, pálido y brillante de Busoni, con la expresión alerta del más brillante enemigo de los filisteos que estaba tranquilamente con nosotros... ¿Por qué habré tenido este recuerdo?

¡Lo sé! No es a Busoni a quien recuerdo, ni Zurich, ni

a Mahler. Ésos son los trucos usuales de la memoria cuando se encuentra con cosas incómodas; esas imágenes sin importancia que pasan con demasiada facilidad por la superficie de la mente. ¡Ahora lo sé! En el restaurante, con nosotros, estaba sentada una muchacha rubia, resplandeciente, con las mejillas arreboladas, y yo no le había dirigido la palabra en ningún momento. ¡Ángel! Había estado mirándola con todo mi ser, y era algo doloroso, era toda mi delicia. ¡Oh, cuánto te he amado por la plenitud de esa hora! Yo tenía otra vez dieciocho años.

De repente todo resulta claro. ¡Hermosa, luminosamente rubia, feliz mujer! Nunca supe tu nombre. Durante toda una hora estuve enamorado de ti, y hoy, en la calle soleada de esta población de montaña, vuelvo a amarte toda una hora. No importa quién te haya amado, nunca te habrá amado más que yo, nunca ningún hombre te habrá otorgado tanto poder sobre él mismo, de forma incondicional. Pero estoy condenado a no ser verdad. Pertenezco a esas voces aéreas, que no aman a las mujeres, que sólo aman el amor.

Todos los errantes somos así. Una buena parte de nuestro errabundeo y de nuestra falta de hogares y amor, erotismo. El romanticismo del errar, por lo menos una mitad, no es más que una forma de ansia de aventura. Pero la otra mitad es otra ansia, una fuerza inconsciente para transfigurar y disolver lo erótico. Nosotros los errabundos somos muy astutos, desarrollamos esas sensaciones que es imposible satisfacer. Y el amor que actualmente podría pertenecer a una mujer lo esparcimos entre las poblaciones y montañas, lagos y valles, entre los niños de la orilla del camino, los mendigos que hay bajo los puentes, las vacas y los prados, los pájaros y las mariposas. Separamos el amor de su objeto, el amor solitario es suficiente para nosotros, así como, al errar, no tenemos un objetivo, sólo nos importa la felicidad del errar, sólo errar.

Muchacha del rostro fresco, no quiero saber tu nombre. No quiero preservar ni hacer crecer mi amor por ti.

No eres el fin de mi vida, si no que lo es este despertar, este principio. Entrego este amor fuera de mí, a las flores del camino, al brillo del sol en mi vaso de vino, a la roja cebolla de la torre de la iglesia. Haces posible para mí que ame el mundo.

¡Oh, qué estúpida cháchara! La última noche en mi montaña soñaba con esa muchacha rubia. Estaba fuera de mí y, amándola, hubiese dado todo lo que me queda de vida, junto con las alegrías del errabundeo, sólo por tenerla junto a mí. He estado pensado en ella día tras día. En honor a ella bebo mi vino y como mi pan. En honor a ella hago en el cuaderno mis esbozos de la población y de la torre de la iglesia. En honor a ella, doy gracias a ello; está viva, y tengo la posibilidad de verla. En su honor, escribiré una canción y tomaré un poco de este vino rojo.

Y con eso basta: mi primer momento de paz cordial en el sereno sur pertenece a mi anhelo de una mujer luminosamente rubia que está al otro lado de las montañas. ¡Qué hermosa es su fresca boca! ¡Cuán hermosa, cuán absurda, cuán mágica, esta pobre vida!

RECORDANDO A HELGA

por *Raymond Chandler*

Fue el latido de mi corazón durante treinta años. Fue la música escuchada quedamente a la orilla del sonido. Fue mi grande y ahora inútil pesar que nunca escribiese yo nada realmente digno de su atención, ningún libro que pudiese dedicarle a ella. Lo había planeado. Pensaba hacerlo pero nunca lo escribí. Quizá no pudiese haberlo escrito. Quizá ahora se da cuenta de que lo intenté, y que yo consideraba el sacrificio de unos años de una carrera literaria casi insignificante un precio pequeño que pagar, si hubiese podido hacerla sonreír un poquito más.

... No le fui fiel a mi esposa por una cuestión de principios sino porque era absolutamente adorable, y el ansia de separarse que aflige a muchos hombres a una cierta edad, porque creen estar perdiéndose un montón de chicas hermosas, nunca me afectó. Yo tenía la perfección. Cuando ella era más joven solía tener repentinos y cortos cambios de genio, en los que lanzaba almohadas. Yo me reía. Era tremendamente fuerte en el ataque... Y siempre ganaba, no porque utilizase deliberadamente su encanto en el momento táctico adecuado, sino porque era irresistible sin saberlo ni preocuparse por ello.

Amar, perder, abandonar, desear: ...

... Durante treinta años, diez meses y cuatro días fue la luz de mi vida, mi única ambición. Cualquier cosa que yo hiciese no era más que el fuego para que ella calentase sus manos en él. (De las cartas del autor después de la muerte de su esposa.)

LAS DIOSAS Y LA PSICOLOGÍA MASCULINA

por *John A. Sanford y George Lough*

Las diosas son particularmente importantes para comprender la psicología femenina, aunque también son importantes para comprender la psicología masculina. Mientras los dioses representan aquellos arquetipos que pueden dar forma directamente al ego del hombre, las diosas representan las potencias arquetípicas que influyen en el hombre desde el inconsciente. Su efecto sobre un hombre es más sutil pero no menos profundo que el de los arquetipos masculinos. De hecho, en algunos hombres en cuya psique lo femenino desempeña un papel especialmente importante, las potencias femeninas pueden ser las dominantes. Siempre hemos visto, por ejemplo, que en el caso de un músico o de otro artista las Musas personifican influencias arquetípicas determinantes. De forma similar, mientras un hombre como el general George S. Patton de la segunda guerra mundial tenía la fama de ser un devoto de Ares, el dios de la guerra, el doctor Zhivago era un auténtico hijo de Afrodita.

Un breve resumen de las diosas mayores de Grecia

nos dará una ayuda para comprender la psicología de la femeneidad en el hombre. Como ya hemos mencionado a las Musas, empezaremos con Afrodita.

Afrodita era la diosa del éxtasis amoroso, de la unión con el amado, era la diosa que llevaba la vida a la fruición. Hesíodo decía que cuando el dios Cronos se vengó de su hermano Urano, el miembro viril de Urano cayó al mar. Una espuma blanca remolineó en el lugar donde flotaba el falo de Urano y de esa espuma emergió Afrodita. Cuando Afrodita llegó a la orilla, la tierra floreció, y Heros e Himeros, los dioses del amor y del deseo, la escoltaron jubilosos a la morada de los dioses. Hesiodo dice que la parte que le corresponde a Afrodita «de la honra entre los hombres y los dioses, es un delicado murmullo y engaño y un dulce arrobamiento, abrazos y caricias». Se convierte en la diosa que impulsa a todas las criaturas vivientes a hacer el amor y a ser fructíferas. Sólo Artemisa, Atenea y Hestia pueden emular sus encantos; todas las demás, divinas y humanas, estaban sometidas a su poder, tan seguro era que ella podía hacerlas suyas y encadenarlas con sus encantos. Se manifestaba en jardines florecientes, que le estaban consagrados. Como la rosa le estaba consagrada, y el manzano. El amor que inspiraba no respetaba la santidad del matrimonio, y bajo su influencia un hombre o una mujer veían saltar en pedazos los más honorables y sagrados votos por el amor del bienamado. Afrodita iba acompañada por un cortejo de diosas menores que incluía a las tres Gracias, y especialmente Aidos, cuyo nombre significa vergüenza, modestia y reserva. No todo era belleza en sus ojos, sin embargo, y Afrodita también se manifestaba en las peleas y disputas que tan a menudo acompañan al amor. También podía ser cruel, especialmente con las mujeres, en las que a veces inspiraba un amor imposible por un hombre inadecuado. Hacía sentir su cólera a los que la desdeñaban. Hipólito, por ejemplo, era un joven tan devoto de Artemisa que no prestaba atención a Afrodita. Ésta se sentía tan ofendida por este trato que le convirtió en un monstruo; así aterrorizó a los caballos de Hipólito que arrastraron su carroza a la destrucción y a él a la muerte.

Cuando Afrodita conmueve a un hombre le inunda de anhelo amoroso. El hombre se siente arrastrado por la energía arquetípica que la diosa simboliza para buscar la unión con la amada. Si el hombre es particularmente inconsciente la diosa se manifestará a él en el nivel más bajo y groseramente libidinoso. En el nivel más alto, utilizará su poder para impulsarle a la unión con la Divinidad. Si el hombre niega esa energía interior ésta le atormentará más y más, manifestándosele con obsesiones sexuales, ansiedad o depresión. Para algunos hombres Afrodita representa el arquetipo psicológico más importante. Todos los hombres gravitan hacia (y lo aman) el mundo de lo femenino. Pueden ser devotos del aspecto grácil y hermoso de la vida y evitar aquello que es ásperamente masculino. Como ya hemos mencionado, hay Zhivagos en el mundo para los que el amor, la belleza y la relación son las cosas verdaderamente convincentes de la vida. Eso no significa que no sean masculinos, sólo que su masculinidad se inclina más al servicio del amor que a la guerra o al poder, a la ciencia o al arte.

Hera es la esposa de Zeus y la reina de los cielos. Residía en el monte Olimpo donde presidía regiamente los banquetes de los dioses. No era tanto madre, en cualquier caso, como reina y matriarca. Estaba ferozmente celosa de los frecuentes amores de Zeus con mujeres mortales y llegó a implorarle a Afrodita que le prestase su ceñidor de oro, que otorgaba a su portador un irresistible poder amoroso. Aunque su dominio no era básicamente el amor, el abrazo amoroso y la pasión, sino la santidad del matrimonio como institución social honorable y necesaria. Significa el arquetipo que defiende, conserva y protege todas las instituciones sociales y que presta coherencia al orden social y que abarca y perpetúa los más altos valores sociales.

Un hombre en el cual prevalece Hera como fueza arquetípica de la femineidad se sentirá atraído por el orden social y su preservación. Por ejemplo, puede convertirse en un eclesiástico devoto de la Iglesia que se preocupe por ella y por los valores que encierra de forma amable y protectora. La institución del matrimonio será importante para él debido a los valores que alimenta y protege, aunque su relación actual con su esposa, con toda su corrección y apoyo recíproco, puede tener poca intimidad y profundidad. Puede ser un político conservador en su deseo de proteger y perpetuar el mundo de los valores establecidos. Su inclinación será hacia un orden de cosas colectivo, más que a lo personal, hacia cuestiones y valores sociales más que al alma individual.

Artemisa era la diosa de la naturaleza libre y virginal, con su vida salvaje de resplandeciente brillo y encanto. No era el suyo el aspecto maternal de la naturaleza, sino su pureza y aislamiento, y también su dureza y crueldad. Suyos son el aire limpio de las cumbres de las montañas, las profundidades intocadas de los bosques virginales, la lejanía de los prados salpicados de flores y la centelleante claridad de las corrientes y los manantiales. Era señora de todo lo que es puro, de lo que deleita y encanta, y también de lo que es peligroso. Era el principio unificador que fluye con la multitud de formas naturales en un conjunto sublime. Los animales salvajes se le consagraron, especialmente el león y el oso. Se le llamó la «señora de los animales salvajes». Era la señora de las distancias y las vastas y fascinantes cadenas montañosas eran su reino especial. El ave migratoria era símbolo apropiado de esta diosa que, como Hermes, llamaba a los hombres a viajes distantes y era una buena compañera de los viajeros. Debido a su castidad era inmune al poder de Afrodita y a su pasión. Fue adorada por los atletas y presidía las competiciones atléticas de la antigua Grecia.

Los hombres en quienes predomina Artemisa son constantes y dignos de confianza en sus relaciones, aunque algo distantes. El área especial de su relación no es el mundo de la sexualidad y el deseo, sino un firme y duradero compañerismo. Sentirán amor por la vida al aire libre y pueden ser miembros apreciables de organizaciones medioambientales, con un apasionado y religioso celo en la defensa de la naturaleza virgen. Un hombre como John Muir es un ejemplo excelente de este tipo de hombre. La naturaleza es sagrada para él, y su destrucción una violación de lo más sagrado; simplemente, no puede comprender que otros hombres (entre los cuales hay diferentes arquetipos) puedan ver el medio silvestre tan sólo como algo que hay que sojuzgar. Cada hombre puede tener también un vínculo místico, una visión interior y de amplias miras que le dé una intuición de la profundidad de las cosas. El corredor de fondo, en su soledad contemplativa, recocijándose en la casta energía de su cuerpo, tendrá a Artemisa corriendo junto a él.

Demeter era la diosa madre de la tierra cuya pasión y cometido era alimentar a todas las criaturas vivientes. Su provincia era también la del amor, aunque para los niños más que para los amantes. El suyo era el mundo femenino elemental o primitivo y suya era la energía que hacía que la tierra soportase los frutos y que hacía crecer las cosechas. Como Afrodita y Artemisa, también tenía su aspecto oscuro y peligroso, ya que podía devorar a los que había permitido nacer, y también podía olvidar la tarea divina de hacer que la tierra diese fruto. Cuando su hija Kore fue secuestrada por Hades, señor de los mundos subterráneos, la pena la afectó de tal manera que se olvidó de la tierra y de sus necesidades.

Llegó el invierno, y toda la tierra se enfrió; la vida retrocedió y no hubo nada que creciese. Sólo cuando recuperó a su hija mediado el año se apiadó. Llegó la primavera y el verano floreció.

Un hombre en el que Demeter es una poderosa influencia sentirá una inclinación hacia los niños, será un padre amante y fiel, y protegerá y alimentará a todos los seres

233

jóvenes y desvalidos. Mientras Hera protege la santidad del hogar y del matrimonio, Demeter protege a los niños, y un hombre que incorpora el arquetipo de Demeter atenderá asimismo a todo lo que requiera su atento cuidado nutricio. Un eclesiástico puede dirigir su energía nutricia a su congregación, un político a la ciudadanía, un psicoterapeuta a un paciente, un médico al enfermo, un jardinero a las plantas de su jardín, un agricultor a sus campos. Dondequiera que las criaturas vivientes y desvalidas necesiten ayuda el hombre con Demeter en su interior actuará para proveer a la necesidad.

Hestia es la diosa del corazón y del hogar, pero por sí mismo, no sencillamente como el lugar en el que viven unos niños. Es la diosa más pequeña conocida, y hay que decir algo acerca de ella, aunque eso en sí mismo revela su carácter. Para Hestia es agradable llevar una vida sencilla y casi invisible. En un hombre la diosa personifica ese instinto que le retira del mundo y que le inclina a procurar seguridad y comodidad a los sentimientos y al hogar. Encuentra satisfacción disfrutando con los placeres sencillos como el fuego que calienta en la noche y el confortable abrigo del hogar. Bajo la influencia de todo lo que Hestia representa hace a un lado, al menos por un tiempo, su deseo de renombre o de dejar una huella en el mundo. Si la diosa ejerce influencia especialmente fuerte en un hombre éste puede vivir de forma que muy pocos le conozcan, y eso no supondrá para él una merma de su propio cumplimiento sino agrado y alegría.

Atenea, como Artemisa, era una diosa virgen. No había nacido del vientre de una mujer sino que fue lanzada a la vida procedente de la cabeza de Zeus, ya crecida y pertrechada de una armadura de guerrera. Atenea era una diosa de la guerra. Aunque no hacía la guerra por puro amor al combate, como Ares; hacía la guerra fríamente, utilizando estrategias e inspirando valor a los guerreros. Se distinguió especialmente en guerras en las que se defendían cosas nobles y sagradas. Y fue justamen-

te aclamada por eso por los atenienses, que le dieron el
nombre de la diosa a su ciudad. En la *Ilíada* homérica, el
pendenciero Ajax era hijo de Ares, pero el astuto Odiseo
era el favorito de Atenea.

El dominio de Atenea es la inteligencia y el consejo
prudente, un conocimiento de las cosas práctias, y pensar
con rectitud. Es una diosa creativa y constructiva que
inspira a los hombres y las mujeres logros positivos. De
ella procede la cultura. Los carpinteros aprenden su arte
de ella, también los herreros, y los alfareros, y todos
aquellos que se comprometen en un trabajo artístico. Su
animal es el buho, símbolo del conocimiento y de la capacidad de ver incluso en la oscuridad. Nada le causa
más placer que ver aparecer en un hombre la grandeza, el
conocimiento y la capacidad para las acciones heroicas.
En un hombre, Atenea personifica la capacidad para vivir con más grandeza de lo que es usual; tenderá a ser
heroico, tendrá inventiva y se inclinará por los logros
culturales. Mientras no sea propenso a iniciar disputas,
será un hombre que habrá que tener en cuenta cuando un
conflicto sea inevitable.

Esperamos que este breve resumen de las diosas más
importantes de Grecia, con una descripción de cómo viven en la actualidad en la psique del hombre como influencias arquetípicas, pueda dar una idea del alcance y
de la importancia de los arquetipos, especialmente de los
arquetipos femeninos, en la psicología del hombre. En
todo caso, nuestro discurso hace que aparezca otra cuestión por la que la psicología de Jung fue criticada en
ocasiones: porque diviniza la psique.

Por ejemplo, Jung utiliza en ocasiones la palabra
numinoso para describir los arquetipos. La palabra numinoso la acuñó Rudolph Otto para describir la idea de la
divinidad de Dios. Algunos críticos de Jung dicen que al
utilizar la palabra numinoso para describir la psique Jung
la divinizaba, la colocaba en el lugar de Dios.

La psique no debe ocupar el lugar de un Dios trascendente, pero es cierto que los arquetipos producen en nosotros efectos fascinantes, pasmosos y emocionalmente absorbentes, y que tales son las calidades de lo numinoso como las describió Rudolph Otto. Los arquetipos *actúan* como divinidades, por eso fueron personificados como seres divinos en unos tiempos en que la mitología anticipaba a la psicología. Jung no hizo de la psique una divinidad; es la psique misma la que es numinosa. Lo numinoso de la psique viene atestiguado por el efecto que causa en nosotros una pesadilla. En el breve espacio de tiempo posterior al despertar de una pesadilla todos nosotros somos creyentes.

SEXTA PARTE

ESE HOMBRE ALTO LLAMADO PADRE: REFLEXIONES PSICOLÓGICAS, MÍTICAS, RELIGIOSAS Y PERSONALES

No quiero que mis hijos tengan un recuerdo monolítico de mí... Por el contrario, me gustaría que me conociesen como el vulnerable hombre que soy, tan vulnerable como ellos y quizá aún más.

GEORGES SIMENON

No somos como padre e hijo, decía a veces mi padre, somos como compañeros. Ahora pienso que mi padre a veces se lo creía. Yo no, nunca. Yo no quería ser su compañero; quería ser su hijo. Lo que pasó entre nosotros como una broma entre hombres a mí me dejó exhausto y aterrorizado.

JAMES BALDWIN

El título de esta sección del libro procede de una secuencia satírica de la televisión de hace unos años. Con la espalda vuelta hacia el telespectador, un hombre pasea pensativamente, con los pies desnudos, los zapatos en la mano, por una solitaria playa de California. Una voz masculina, afectando nostalgia sobre un fondo de música sentimental, se oye triste rememorando el recuerdo de una salida familiar que incluye a «un hombre alto al que llamábamos papá».

*La ironía es impecable: el espectador se ve llevado a acep-
tar la premisa de que ese hijo ahora adulto recuerda ante
todo que en ese* pasado de entonces *había normalmente
otro hombre llamado papá, que era sencillamente «alto».
Las imágenes acaban con el hombre errando en la distancia
mientras la música se desvanece.*

El pasado... errar... distancia... se desvanece. *Esas imágenes captan el sentido de unos reflejos actuales de la relación padre-hijo, especialmente lo que recuerdan los hijos de
los padres. Es un hecho que casi toda la gran ficción y las
obras referidas a los padres y los hijos las han escrito los
hijos. Es literatura, escribe el politólogo Harold Isaacs, en
la que los escritores de generación en generación han intentado pactar con la experiencia de liberarse de sus padres o
han escrito sus tristes o tiernos recuerdos acerca de lo que
fueron sus padres como si por fin pudiesen recordarles.*

*La selección inicial presenta aquí precisamente esas re-
flexiones.*

*Empezamos con: «Por mi padre, que nunca fue a París»
del escritor Phil Cousineau, de San Francisco, autor de*
The Hero's Journey. The Life and Work of Joseph
Campbell.

*El místico armenio G. I. Gurdjieff habla de las cosas
importantes que aprendió de su padre. De su autobiografía*
La infancia del mago, *Hermann Hesse presenta el recuerdo de su padre como un ser que no pertenecía ni «al mundo
de los ídolos... ni al mundo rutinario de la ciudad».*

*Robert Bly, en un extracto final de mi entrevista con él,
dice que el profundo anhelo del padre en la cultura moderna refleja, en parte, el alejamiento de los padres de la vida
familiar como consecuencia de la revolución industrial.*

*El corto y provocador ensayo del analista junguiano
James Hillman, «Padres e hijos», incita al escepticismo con
respecto a la extendida presunción de que los hombres no
encuentran la paternidad que necesitan. La exigencia de
tener un padre se basa típicamente en una imagen idealiza-*

*da del padre, dice Hillman, quien argumenta que una pater-
nidad «deficiente» (ofensiva o ausente) constituye una valiosa iniciación al humano sentido de lo oscuro, de la pérdida, de la pena y de las sombras. «Compartir —frecuentar
también— los aspectos sombríos puede unir a padre e hijo
en una empatía sombría y silenciosa tan profunda como
cualquier compañerismo idealizado», concluye Hillman.*

*Lou Becker, organizador de actividades comunitarias en
la Georgia rural, cierra esta sección con unas conmovedo-
ras páginas, «Una carta de un padre anciano a su joven
hijo», que aparecieron originalmente en una antología titulada* New Men, New Minds: Breaking Male Tradition.
*Ahora que tantos hijos han empezado a reclamar a sus
padres perdidos, espero que más padres sigan el ejemplo de
Becker y hablen con el corazón en la mano a sus hijos,
antes de que se pierdan también.*

POR MI PADRE, QUE NUNCA FUE A PARÍS

por *Phil Cousineau*

Por mi padre que nunca fue a París
me reúno con amigos tarde por la noche en cafés humosos
para tomar espumosos capuchinos y escuchar
solos de saxo de Coltrane en viejas sinfonolas,
y hablar de las heridas de padres e hijos.

Por padres e hijos
que nunca volvieron al hogar
llego a la profundidad de las palabras para expresar mi
        pena,
como un médico de guardia en urgencias que busca a
        tientas
la metralla perdida en la carne
de los seres queridos que se desangran.

Por todas las palabras nunca encontradas entre los hom-
        bres,
las palabras enterradas y ardientes que nos infectan lenta-
        mente,

meto monedas en teléfonos de bares sin nombre
para llamar a los amigos suicidas, a padres turbados,
solitarios hermanos lobos que aúllan a la indiferencia de
       la luna,
y ofrecer la mesa redonda de la hermandad.

Por todos los tumores causados por la tristeza,
y todas las úlceras formadas por el odio,
por todas las pesadillas creadas por la ira
y todo el vacío labrado por la desesperanza,
sondeo a amigos y familia
en busca de historias curativas.

Por mi padre y todos los padres
que nunca vieron París,
un amigo dice, revela,
llega a una herida abierta,
encuentra un fragmento de dorada metralla,
paga con ella el precio del viaje,
y lleva a su padre a Left Bank.

Así, la curación
puede empezar.

LO QUE APRENDÍ DE MI PADRE

por *G. I. Gurdjieff*

Mi padre tenía una idea muy simple, clara y totalmente definida de las metas de la vida humana. Me dijo muchas veces en mi juventud que el esfuerzo fundamental de todos los hombres debía ser crear por sí mismos una libertad interior con respecto a la vida y prepararse para una vejez feliz. Consideraba que lo indispensable e imperativamente necesario de esta meta vital era tan obvio que debiera ser comprensible para cualquiera que tuviese un poco de sentido común. Pero un hombre sólo puede alcanzar esta meta si, desde la infancia hasta los dieciocho años, ha adquirido elementos para el cumplimiento inquebrantable de los cuatro mandamientos siguientes:

Primero. Amar a los propios padres.

Segundo. Permanecer casto.

Tercero. Mantenerse exteriormente cortés con todos sin distinción, sean ricos o pobres, amigos o enemigos, detentadores de poder o esclavos, y cualquiera que sea la religión a la que puedan pertenecer, pero mantenerse libre interiormente y no confiar demasiado en nada ni en nadie.

Cuarto. Amar al trabajo por el trabajo mismo y no por el beneficio.

Mi padre, que me quiso de manera muy especial al ser su primogénito, tenía una gran influencia sobre mí.

Mi relación personal con él no era como con un padre, sino como con un hermano mayor; por sus constantes conversaciones conmigo y sus extraordinarias historias, contribuyó en gran manera a que en mí surgiesen imágenes poéticas y grandes ideales.

MI PADRE ERA DIFERENTE

por *Hermann Hesse*

Mi padre era diferente. Se mantenía aislado, sin pertenecer al mundo de los ídolos, ni al de mi abuelo ni al mundo rutinario de la ciudad. Se mantenía aparte, solo, solidario e inquisitivo, educado y benévolo, sin falsedad y lleno de interés por servir a la verdad, aunque manifestando su lejanía en aquella noble y tierna aunque indescifrable sonrisa. No había en él trazas de misterio. La benevolencia nunca le abandonó, ni la inteligencia, ni su rostro se desdibujó nunca con el infantilismo ni la beatería, cuya interrelación consideraba a veces con melancolía, otras con una ligera ironía, y también con la silente e introspectiva mirada de Dios. Mi padre no podía hablar con mi madre en las lenguas indias, hablaba inglés y un alemán claro, puro y hermoso, ligeramente matizado por un acento báltico. Era este alemán el que utilizaba para atraerme y ganarme y educarme; a veces yo trataba de emularle, lleno de admiración y entusiasmo, si bien sabía que mis raíces se extendían profundamente hasta el dominio materno, hasta lo más profundo y misterioso. Mi madre estaba llena de música; mi padre no, no podía cantar.

UN PADRE HAMBRIENTO

por *Robert Bly*

Keith Thompson.– En el fondo de todo lo que hemos estado hablando se encuentra el tema del padre o de la ausencia del padre. Me sentí afectado por una declaración que hizo en *News of the Universe* acerca de que el vínculo amoroso más perjudicado por la revolución industrial fue el vínculo entre padre e hijo.

Robert Bly.– Creo que es importante que no idealicemos los tiempos pasados y la revolución industrial aún puede representar una nueva situación porque, por lo que sabemos, en la antigüedad el chico y su padre vivían cerca el uno del otro, por lo menos en el mundo del trabajo, desde los doce años.

Lo primero que ocurrió en la revolución industrial fue que los chicos tuvieron que separarse de sus padres y de otros hombres y entrar en las escuelas. D. H. Lawrence describió cómo fue eso en su ensayo «Los hombres han de trabajar y las mujeres también». Lo que le pasó a esa generación como él lo describe es que apareció una idea: que el trabajo físico es malo. Lawrence recuerda cómo disfrutaba su padre trabajando en las minas, cómo disfrutaba con la camaradería con otros hombres y lo que disfrutaba llegando a casa y dándose un baño en la cocina. Pero en los tiempos de Lawrence los profesores llegaban de Londres para enseñarles a él y a sus compañeros que el trabajo físico es malo, que tanto los chicos como las chicas deberían de esforzarse por conseguir trabajos más espirituales; un trabajo mejor, un trabajo mental. Con eso llega la idea de que los padres están haciendo algo malo, que el trabajo físico es algo inferior, que las mujeres tienen razón al preferir unas cortinas blancas y una vida elegante y llena de sensibilidad.

Cuando escribió *Hijos y amantes,* Lawrence creía muy claramente lo que decían los maestros; se puso del lado de la vida «mejor», de parte de su madre. Y sólo dos años antes de morir, cuando estaba enfermo de tuberculosis en Italia, fue cuando empezó a comprender que era posible que su madre no hubiese hecho la elección correcta.

Una actitud mental actúa como una plaga. «El trabajo físico es malo.» Y esto se sigue de que si el padre es malo, si el padre es ordinario e insensible, entonces la madre está en lo cierto y yo debo subir, y dejar a mi padre de lado. Y así la separación entre padres e hijos se hace más profunda cuando esos hijos van a trabajar a una oficina, y se convierten en padres, y no siguen compartiendo el trabajo con sus hijos. Lo que resulta extraño en esto no es sólo la separación física, sino el hecho de que el padre no es capaz de explicarle a su hijo lo que está haciendo. El padre de Lawrence podía mostrarle a su hijo lo que hacía, llevarle consigo a las minas, como lo hizo mi propio padre que era granjero, y que me llevó con él en el tractor, y me enseñó los campos. Yo sabía lo que estaba haciendo todo el día y a lo largo de todas las estaciones del año.

En el mundo oficinesco eso se rompe. Con el padre que sólo está en casa por la noche, y con los valores femeninos tan presentes en el hogar, el padre pierde a su hijo cinco minutos después de su nacimiento. Es como si tuviese amnesia y no pudiese recordar quiénes son sus hijos. El padre está lejos, no está en la casa donde nosotros estamos, está en algún otro lugar. Lo mismo podría estar en Australia.

Y el padre está un tanto avergonzado de su trabajo, a pesar del «prestigio» de trabajar en una oficina. Y aunque lleve a su hijo allí, ¿qué puede enseñarle? ¿Como mueve los papeles? Los chicos consideran las cosas en un sentido físico, no mental. Si trabajas en una oficina, ¿cómo puedes explicar que lo que estás haciendo es importante, o que es diferente de lo que otros varones están haciendo? El psicólogo alemán Alexander Mitscherigh escribe acerca de esta situación en un interesante libro titulado *Society Without Father*. Su idea esencial es que si el hijo no comprende con claridad, físicamente, lo que hace su padre a lo largo del año y durante el día, aparecerá un «agujero» en la percepción que tenga el hijo de su padre, y en ese agujero entrarán los demonios. Es una ley de la naturaleza: los demonios aparecen porque la naturaleza odia el vacío. La mente del hijo se llena con la sospecha, la duda y el constante temor de que su padre esté haciendo cosas demoníacas.

Este hecho quedó dramáticamente de manifiesto en los años sesenta cuando los estudiantes amotinados tomaron la oficina del presidente en la Universidad de Columbia buscando pruebas de que la CIA estaba involucrada en los asuntos de la institución. Fue esto un perfecto ejemplo de cómo se siente el miedo de que tu padre sea un ser demoníaco y transferir ese miedo a alguna figura que representa la autoridad. Concedo a los estudiantes todo el crédito que merecen por su valor, pero en un nivel más profundo no estaban protestando por la guerra de Vietnam, sino que estaban buscando pruebas del demonismo de sus padres. Una universidad, como un padre, aparece exteriormente correcta y decente, pero hay algo que por debajo hace que tengas la sensación de que está haciendo algo demoníaco. Y es una sensación intolerable que los miedos internos puedan ser tan incongruentes con la apariencias. Así que vas con toda la angustia del mundo a invadir la oficina del presidente para echar una ojeada por fuera lo mismo que por dentro, para descubrir la prueba de una actividad demoníaca. Y entonces, a la vista de la trabazón de las relaciones entre ambos organismos, puedes descubrir cartas de la CIA y conexiones demoníacas con fundamento. Pero el descubrimiento nunca es verdaderamente satisfactorio, porque la imagen de los demonios internos no era real en primera instancia. Son más bien los miedos imaginarios, que se producen porque el padre está lejos, no porque sea malvado. Dar con la prueba no puede responder a la profunda necesidad de que hablamos: la ansiedad por el padre, la confusión acerca del porqué estoy tan distanciado de mi padre, ¿es que no me quiere? ¿Se ha marchado?

Keith Thompson.– Dado que el padre se convierte a los ojos del hijo en una figura demoníaca, resultaría lógico que el hijo evitase el tener una relación fructífera con *cualquier* forma de energía masculina, incluso la energía masculina positiva. Ya que el padre le sirve al hijo de primer modelo de comportamiento masculino, las dudas del hijo podrían trasladarse a la masculinidad en general.

Robert Bly.– Es cierto; la idea de que la energía masculina, cuando detenta autoridad, pudiera ser buena ha llegado a considerarse imposible. Los griegos entendieron y alabaron esta energía. La llamaban energía de Zeus, y comprende la inteligencia, una salud robusta, una autoridad compasiva, una autoridad inteligente, física, saludable, buenos deseos, capacidad de mando; en resumen, una energía positiva aceptada por el varón al servicio de la comunidad.

Los nativos americanos también lo comprendían, que esta energía sólo se hace positiva cuando se ejerce en beneficio de la comunidad, y no para un engrandecimiento personal. Todas las grandes culturas han vivido con imágenes de esta energía, menos la nuestra.

En América la energía de Zeus ha ido desintegrándose

cada vez más. La cultura popular ha ido destruyéndola progresivamente, empezando con las tiras cómicas de los años veinte, en las que el varón es siempre un idiota. Desde ahí el estereotipo pasa a los dibujos animados, y ahora aparece en las comedias de la televisión. Los jóvenes de Hollywood que escriben estas comedias sienten un grande y profundo odio hacia la imagen de Zeus de la energía viril. Creen que están dándole a la audiencia lo que ésta quiere o que simplemente trabajan haciendo chistes, aunque en realidad lo que están haciendo es vengarse de sus padres de la manera más clásica posible. Para enfrentarse a sus padres de Kansas, esos escritores de la televisión les atacan a larga distancia desde Hollywood.

Este tipo de ataque es particularmente insidioso porque no es sólo la manera de destruir toda la energía del padre, si no la energía que ha intentado transmitir. En la antigua tradición, el varón que crece es alguien que es capaz de entrar en contacto con la energía procedente de los ancianos, y también de las mujeres, pero especialmente de los maestros espirituales varones que transmiten la energía viril positiva.

Keith Thompson.– Veo en sus traducciones de los poemas de Rainer María Rilke, así como en su propio libro de poemas más reciente, *The Man in the Black Coat Turns*, un deseo de rendir honores a los ancianos que más influencia han ejercido en usted: su propio padre y sus padres espirituales. De hecho, desde hace unos pocos años parece haberse interesado deliberadamente por los hombres y la experiencia masculina. ¿Qué es lo que ha inspirado este cambio en el énfasis que le aparta de lo femenino?

Robert Bly.– Después de que un hombre se ha esforzado tanto por recuperar su vertiente femenina húmeda y fangosa, muchas veces ocurre que aún no se siente completo. Hace unos pocos años empecé a sentirme disminuido por una falta de encarnación de lo masculino fructífero o lo «húmedo viril». Me vi a mí mismo perdiendo contacto con lo masculino; ¿o debería decir con mi padre?

Por primera vez empecé a pensar en mi padre de otra manera. Empecé a pensar en él no como alguien que me había privado del amor o de la atención o de la compañía, sino como alguien que él mismo se había visto desprovisto de todo eso por su madre o por su cultura. El proceso está aún en marcha. Cada vez que veo a mi padre experimento sentimientos diferentes y complejos acerca de hasta qué punto la privación que sentí con él se manifestó de forma voluntaria y hasta qué punto se manifestó en contra de su voluntad; hasta qué punto era él consciente o no de eso. Y he empezado a verle cada vez más como un hombre que se encuentra en una situación compleja.

Jung hizo una observación muy interesante: dijo que si un hombre es educado principalmente por la madre, adoptará una actitud femenina con su padre. Verá a su padre a través de los ojos de su madre. Si el padre y la madre compiten por el afecto del hijo, no le será posible tener una imagen correcta del padre aparte de la madre. Por el contrario, todas las insuficiencias del padre quedarán subrayadas. La madre tiende a manifestar que la civilización y la cultura y los sentimientos y la relación son cosas que la madre y el hijo y la hermana comparten. Mientras que en el padre hay algo inadecuado. Es inmovilista, quizá brutal, insensible, obsesivo, racionalizador, hacedor de dinero, implacable.

Así, el joven varón crece con una imagen distorsionada de su padre, no necesariamente creada por los actos del padre, sino basada en la observación de la madre de esos actos.

Yo sé que en mi propio caso establecí mi primer contacto con los sentimientos a través de mi madre; ella fue quien me dio el primer sentido de lo que es la comunidad humana. Pero el proceso involucraba también una visión negativa de mi padre y del conjunto de su mundo.

Un hombre necesita tiempo para superar esta situación. La absorción en la madre puede prolongarse diez, quince, veinte años, y entonces, casi de forma natural, un hombre se vuelve hacia su padre. Eventualmente, cuando el varón empieza a considerar las cosas con detenimiento, el punto de vista de la madre sobre el padre ya no puede mantenerse.

Otra manera de plantear todo esto es decir que si el hijo acepta la interpretación de su madre sobre su padre, considerará su propia masculinidad desde un punto de vista femenino. Pero eventualmente el varón ha de abandonar este planteamiento y empezar a descubrir por sí mismo lo que es su padre, y lo que es la masculinidad.

PADRES E HIJOS

por *James Hillman*

Este deseo del padre de matar al hijo es algo que ignoramos a riesgo nuestro, especialmente desde que el psicoanálisis desciende de los padres. Si este mito es fundacional para la psicología profunda, el infanticidio es básico en nuestra práctica y para nuestro pensamiento. Nuestra práctica y nuestro pensamiento reconocen el infanticidio en la madre arquetípica, con su deseo de sofocar, disolver, afligir, embrujar, envenenar y petrificar. Somos conscientes de que este hecho inherente a la maternidad es una «mala» maternidad. También la paternidad se ve impulsada por su arquetípica necesidad de aislar, ignorar, neglicir, abandonar, exponer, rechazar, devorar, esclavizar, vender, mutilar, traicionar al hijo; los motivos podemos encontrarlos en los mitos bíblicos y helénicos, así como en el folklore, en los cuentos de hadas y en la historia de la cultura. El padre asesino es esencial para la paternidad, como ha escrito Adolf Guggenbül. La penosa reclamación por la paternidad, tan común en la práctica psicológica, así como el resentimiento contra el padre cruel o insuficiente, tan común en el feminismo, sea un gobernante cruel o insuficiente, o un maestro, o una ana-

lista, o una institución, o un programa, o una corpora-
ción, o el patriarcado, o Dios, son elementos que ideali-
zan el arquetipo. La penosa reclamación y el resentimiento no consiguen reconocer que esos rasgos sombríos son
precisamente los que inician la paternidad.

Y eso porque, en primer lugar, matan la idealización.
El padre destructivo destruye la imagen idealizada de sí
mismo. Rompe la idolatría del hijo. Cuando y dondequiera idealizamos al padre, nos quedamos en la niñez, en la
falsa seguridad de un bien ideal. Un buen modelo, como
el amable analista, el sabio gurú, el profesor generoso, el
patrón honesto, alberga esas virtudes de la amabilidad, la
sabiduría, la generosidad y la honestidad fijadas en otro,
proyectadas al exterior. Y, así, en lugar de iniciación, lo
que hay es imitación. Entonces el hijo permanece fijado a
la persona de la figura idealizada.

En segundo lugar, los rasgos terribles del padre inician
también al hijo en los duros rasgos de sus propias sombras. La pena por los fallos de su padre le enseña que
fallar es algo propio de la paternidad. El primer fallo es
padre de los fallos del hijo. El hijo no debe odiar su parte
oscura. Crece bajo un techo roto que no protege en absoluto sus propios fallos, invitándole, forzándole a ser
oscuro él mismo para poder sobrevivir. Compartir —frecuentar también— los aspectos sombríos puede unir a
padre e hijo en una empatía sombría y silenciosa tan
profunda como cualquier compañerismo idealizado.

En tercer lugar, los rasgos terribles del padre proporcionan una contraeducación. ¿Qué mejor manera hay de
crear una auténtica apreciación de la decencia, la lealtad,
la seguridad, el apoyo y la fortaleza del espíritu que mediante su ausencia o su perversión? ¿Qué puede haber
que sea más eficaz para el despertar de la moral que
provocarle una herida moral al mal ejemplo paterno?

UNA CARTA DE UN PADRE ANCIANO A SU JOVEN HIJO

por *Lou Becker*

Querido Jacob:

Cuando yo era muchacho, como tú lo eres ahora, mi papá —tu abuelo— murió. Durante mucho, mucho tiempo pensé que lo había hecho a propósito, y me puse a pensar que lo había hecho para abandonarme. No podía saber por qué quiso hacerlo, pero ésa era la única razón en la que podía pensar para que él me abandonase. Intenté recordarle, pero nunca lo conseguí. Sabía qué aspecto tenía por retratos, pero no conseguía recordarle. No podía recordar si me abrazaba y besaba. No podía recordar su voz ni su olor, ni qué sabor tenía cuando yo le besaba. Le añoraba mucho, pero también estaba muy enfadado con él porque se había marchado para siempre. Cuando crecí, pensé que sería una buena idea intentar ser una persona que no pudiese querer a otras, porque si quieres mucho a alguien y él o ella se va para siempre, eso duele mucho. Pero cuando me hice mayor descubrí que no puedes decidir no querer a los demás; si les quieres, bueno, pues les quieres, y eso es todo. Pero ¿sabes lo que descubrí también? Descubrí que puedes pretender que no quieres a otras personas, y con eso puedes hacer que sea muy duro para ellos quererte a ti. Puedes inventar un montón de razones para que la gente no te quiera. Puedes pretender que la gente no te necesita para que les abraces mucho, y decirles que lo que tú estás sintiendo y lo que ellos están sintiendo son cuestiones privadas. Puedes pretender que nunca te sentirás triste, porque si alguien te ve triste esa persona puede decidir hacerte llorar maltratándote. Puedes pretender que vas a vivir en una casa en la copa de un árbol, sólo para ti, y ser feliz ahí porque nadie podrá herir tus sentimientos o marcharse para siempre y tú no serás capaz de recordarle. Yo pretendí todas esas cosas con tus hermanas y su madre, y con mi madre y mis hermanas, y también lo he pretendido contigo durante mucho tiempo.

Pero entonces algo me ocurrió, y empecé a cambiar lentamente. ¿Sabes cómo es la cosa cuando la primavera está empenzando y vemos que los narcisos empiezan a cambiar? Primero los tallos verdean, y luego aparecen los brotes, aún envueltos en sus hojas. Y entonces, una mañana ocurre algo mágico. Los capullos amarillos están ahí al salir nosotros. Yo era un poco eso mismo. Mi vida tenía una nueva primavera, y muy despacio empecé yo también a cambiar. Empecé a sentirme como un narciso; como el narciso sabe que quiere abrirse al abrazo y al beso del sol y de la lluvia, y también para entregar su polen a las abejas y su color y su forma y su aroma a la gente para hacer que se sienta bien con las cosas que empiezan a crecer otra vez después de un oscuro invierno; yo también quería ser de esa manera. Quería abrirme yo mismo, para amar y ser amado, para crecer, para ser hermoso y sentirme hermoso, para entregarme yo mismo porque tenía cosas buenas en mi interior que entregar a otras personas. Los narcisos actúan como si nos amasen porque se abren a nosotros y nos entregan placer y así hacen lo que es natural en ellos. No pretenden que hay malas hierbas; no pueden odiar sus capullos ni su polen y que las abejas y la gente no pueden quitárselos. Se abren y crecen porque eso es lo que hacen los narcisos; por amor a la lluvia y al sol, por amor a las abejas de patas peludas y minúsculos pies, por amor a que les cuiden y les necesiten y les quieran tal y como son.

Mi primavera se inició cuando tú naciste. Fue el primer día cálido después de mi largo y oscuro invierno. Aunque pensaba que hacía frío y que estaba nevando ese día, estaba empezando mi primavera. Había pretendido durante tanto tiempo que podía estar solo que no fue fácil para mí cambiar. Había olvidado lo que era ser amado, y también había olvidado lo que era amar. Y al principio seguí pretendiendo cosas. Pretendía que tú me necesitabas porque eras muy pequeño y no podías hacer nada por ti mismo. Pretendía que no iba a quererte demasiado, porque podía ser que te marchases. Pretendía que no me amases porque podía ser yo quien se marchase, y que en cualquier caso no podías amarme porque en mí no había gran cosa que amar.

Pero estaba equivocado. A lo largo de los cinco años siguientes que tú y yo estuvimos juntos, nos hemos querido el uno al otro tanto como hemos podido. ¿Por qué supones que ha sido así? En parte, creo, porque hemos tenido mucha suerte al yo poder cuidar de ti todo el día y cada día. Cuando tus hermanas eran pequeñas, yo salía a trabajar cada día, así que no podía estar con ellas todo el tiempo. Y cuando estaba con ellas supongo que pensaba que tenía que enseñarles cosas y ser aquel que sabe todas las cosas. Fue mucha pretensión, creo. Nunca dediqué mucho tiempo a averiguar lo que ellas sabían, así que suponía que ellas —y toda la gente de pocos años— probablemente no sabían en realidad gran cosa.

Pero, contigo, me dejé querer. Y ésa es la gran diferencia. Ya que, como tú querías, empecé a creer que podía ser amado. Así que dejé de esconderme y de pretender, y te amé. Y te dejé que fueses mi maestro. Aprendí a cantar porque si cantaba como un cuervo no estarías contento conmigo. Aprendí a llorar porque a veces llorábamos juntos por lo mismo. Aprendí a escuchar, porque tú tenías un montón de cosas que decir y en las que teníamos que pensar y de las que teníamos que hablar. Aprendí que lo más importante que tenía que hacer mientras estábamos juntos era estar contigo y hacer cosas contigo. Trabajar y jugar eran la misma cosa. Cuando trabajábamos juntos construyendo algo, lo que construíamos no tenía mucha importancia, pero la alegría que sentíamos haciéndolo juntos era muy importante. Cuando jugamos al béisbol no importa en realidad si golpeamos la bola; lo que importa es que estamos alegres por jugar uno con otro. Creo que aprender nuevas cosas contigo ha sido la mayor alegría. En un momento dado ninguno de nosotros conoce cierta cosa, y al momento siguiente los dos sabemos esa nueva cosa exactamente al mismo tiempo.

Yo quería que supieses todo esto por dos motivos. Si cuando seas grande decides que te gustará ser un papá, espero que recuerdes que lo mejor es que te las arregles para poder estar con tu hijo todo el día. Si lo haces, si te pareces un poco a mí, descubrirás que tus músculos del amor se harán más y más grandes y más y más fuertes, y casi estallarás de amor, como un gran budín.

Lo segundo es que aunque te digo que te quiero, y estamos los dos de maravilla, y te sientas en mi regazo, algún día no estaré, y tú te preguntarás por qué, o estarás furioso, por la forma en que yo lo haya hecho. Si eso ocurre, quiero que saques este papel y que leas esta historia especial acerca de mí mismo y acerca de cómo tu magia me convirtió en un hermoso narciso.

Te quiero muchísimo.
Papá.

SÉPTIMA PARTE

FORMAS DE COMPORTAMIENTO DE LOS HOMBRES EN EL TRABAJO

El héroe (de Horacio Alger) no apuntaba al éxito sino a las consecuencias —es decir, a la formación del carácter y a la «propia mejora»... El hombre que se ha hecho a sí mismo es el auténtico monstruo americano... Siempre está tratando de hacer cosas, reformándolas, ajustándolas, iniciándolas, temeroso de que su producto salga fuera de tiempo, o que se quede en el almacén.

GARRY WILLS

Quienquiera que desee ser un hombre ha de ser también un inconformista. *Este proverbio del clásico ensayo de Ralph Waldo Emerson «Confianza en sí mismo» capta la esencia de la masculinidad antes de que se manifestase la atmósfera de conformismo y estandarización del mundo industrial de mediados del siglo XX. El varón emersoniano triunfaba o fracasaba como individuo, el varón posterior a la segunda guerra mundial se encontró en una situación diferente: «Se esperaba que aceptase las directrices de la empresa porque la empresa, con todo su saber colectivo, sabía lo que era lo mejor en realidad», escribe Joe L. Dubbert en* A Man's Place: Masculinity in Transition.

Que este desarrollo marcó un cambio en la identidad masculina queda indicado en una reveladora afirmación del sociólogo Talcott Parsons:

Quizá no sea decir demasiado que sólo en casos muy excepcionales puede un hombre adulto respetarse genuinamente a sí mismo y gozar de una posición respetada a ojos de los demás si no «se gana la vida» en un papel ocupacional admitido. (Personality in Nature, Society and Culture, 1949.)

Robert S. Weiss muestra su desacuerdo en «La importancia del trabajo», de su libro Staying the Course. *Weiss dice que no está tan seguro de que el trabajo por sí mismo sea esencial para la autoestima y el propio respeto. Otros factores importantes influyen tanto a un hombre que ha alcanzado una edad que le da derecho a retirarse con honor, como que sea posible para él una forma diferente de comunidad valiosa —una comunidad religiosa o una organización de voluntarios— que le ofrece no sólo ser miembro de ella sino también una misión que puede darle sentido a su vida.*

John Lippert, en «La sexualidad como consumo», nos lleva a su puesto de trabajo, donde pregunta por qué él y sus compañeros dan por sentado que «podemos enfrentarnos solos a esta fábrica», más que como compatriotas que comparten problemas y aspiraciones comunes. «Al intentar considerar esas barreras interpuestas entre la gente que me rodeaba y yo, tropecé inmediatamente con el papel que desempeña la sexualidad al mediar en las relaciones de la gente de la fábrica», dice.

Finalmente, en un extracto de Fire in the Belly: On Being a Man, *el filósofo Sam Keen refleja el amor que siente por su trabajo y su constante sospecha de que en su gran pasión hay algo oculto que le arrastra. Se pregunta Keen: «¿Al trabajar tanto, estoy violentando a mi ser?». Ojalá esta pregunta encuentre un eco entre todos los automóviles equipados con teléfonos, fax y ordenadores.*

LA IMPORTANCIA DEL TRABAJO

por *Robert S. Weiss*

¿Qué tiene de malo la vida de un hombre que simplemente deja de trabajar? ¿Es esencial el trabajo como base de la propia estima y de la seguridad?

La respuesta es: depende. Depende de que el hombre sea lo bastante mayor para retirarse de una forma honrosa o que todavía se encuentre en el espectro de edad en que lo que hace un hombre es trabajar. Depende también de que, además del trabajo, haya algo a lo que pueda dedicar sus energías, especialmente si tiene a su alcance una comunidad de valores diferentes, una comunidad religiosa o una organización de voluntarios, que no sólo le ofrece la posibilidad de hacerse miembro de ella sino también una misión que puede darle un sentido a su vida.

Pocos hombres que estén en el espectro de edad en que los varones esperan de sí mismos ser productivos pueden encontrar otra base para su autoestima que dedicarse a un trabajo interesante y valioso. Además, el puesto de trabajo es esencial para abrirse un lugar en la sociedad. Para juzgar la posición social de un hombre nos dirigimos a él y le preguntamos, de la mejor manera: «¿Qué es lo que usted hace?». Como respuesta, el hombre muestra sus títulos laborales. Los jóvenes quizá den el nombre de la firma para la que trabajan, si ésta es de envergadura. Y un hombre cuya ocupación es verdaderamente impresionante —neurocirujano, por ejemplo— puede decidir modestamente no decirlo, aunque lo tenga en mente, como un jugador de póquer oculta su carta de triunfos. Pero esto son variaciones sobre el mismo tema; por lo general, un título ocupacional sitúa a un hombre socialmente.

Tan íntimamente vinculados están la posición social y lo que el hombre hace en el trabajo que un varón sin un trabajo adecuado tenderá a retirarse de la vida social y se cuestionará acerca de la legitimidad de sus funciones como marido y como padre. La angustia que provoca la ausencia de un trabajo adecuado se infiltra en todo el ámbito de la vida del hombre.

A unas muestras representativas del hombre americano se les preguntó en una amplia serie de estudios realizados en los últimos treinta años en qué trabajarían si no tuviesen que trabajar para vivir. Nancy Morse Samelson y yo utilizamos la siguiente fórmula en un estudio de 1955: «Si por cualquier casualidad heredase el dinero suficiente para vivir cómodamente sin trabajar, ¿cree usted que en cualquier caso trabajaría o no?» Un ochenta por ciento de los hombres que respondieron dijeron que sí, que seguirían trabajando.

El porcentaje de hombres que dijeron que seguirían trabajando no varió notablemente en cuanto al tipo de trabajo que estaban realizando. No fue mucho mayor entre los profesionales y directivos que entre aquellos cuyos trabajos eran monótonos o de poca importancia, o controlados de cerca, o desagradables, o peligrosos. Incluso unos cuantos trabajadores industriales dijeron que seguirían con su mismo trabajo aunque tuviesen el dinero necesario para dejarlo.

A la pregunta de por qué seguirían trabajando aunque no necesitasen dinero, sólo un tres por ciento contestó que era porque disfrutaban con su trabajo. La mayoría dijeron que necesitaban hacer algo. Querían mantenerse ocupados. Y, sí, podían dedicarse a ver la televisión o a dar largos paseos o añadir un cuerpo a sus casas. Pero ninguna de éstas son ocupaciones en un sentido social, en el sentido que otorga un lugar en la sociedad.

Uno de los hombres a los que entrevistamos para el presente estudio, un caso especial, no tenía que trabajar para ganarse la vida. La familia Taylor había sido gente sana durante generaciones, y cuando el señor Taylor era aún un adolescente su abuelo murió, y le dejó una buena cantidad de acciones. Desde entonces el señor Taylor pudo vivir bien contando sólo con sus rentas. Y así lo hizo.

Taylor había sido un buen estudiante en la escuela preparatoria, se había licenciado con honores en el Ivy League College, y un licenciado de éxito en un terreno que era a la vez intelectualmente exigente y atractivo. Pero a pesar de la posesión de un título de estudios avanzados, era incapaz de conseguir un trabajo aceptable.

Sentía que iba a conseguir un buen trabajo y que trabajaría duro y me convertiría en un miembro de la sociedad verdaderamente productivo. Estaba convencido de eso. Tenía buenos asuntos en perspectiva. Y con eso se me ofrecía una posición, si echo la vista atrás, y probablemente la hubiese conseguido. Pero era una posición inferior a la que me habían anunciado. Y dije: «Mire, pues lo siento, no me interesa una posición inferior. He venido aquí por lo que ustedes habían anunciado». Y a eso le siguió un largo período sin trabajo.

Y pasó el tiempo y Taylor seguía sin trabajo, y se desesperaba. Es indudable que si no hubiese dispuesto de sus rentas hubiese buscado trabajo en otro campo. Se hubiese introducido en el negocio inmobiliario; había hecho gran parte del trabajo que requirió la remodelación de su casa. Pero tal como estaban las cosas, Taylor prefería seguir buscando trabajo en su propio campo. Pero los puestos de trabajo en su propio campo escaseaban. Además, los patrones pueden echarse atrás ante un curriculum en el que no consta ningún empleo sustancial; al principio, fue sólo un año sin empleo después de dejar la escuela, y luego dos años, y cada año era un año más.

Taylor perdió la confianza en sí mismo. Sus esfuerzos por encontrar trabajo se hicieron esporádicos.

No era como si alguien se dirigiese a mí de repente y me dijera: «¡Oh, no le podemos dar un empleo!». La cosa no ocurría así. Era una lenta y constante erosión de mi propia confianza, de esa sensación de ser alguien positivo.

Taylor recurrió a la psicoterapia.

El psiquiatra no podía hacerse cargo del hecho de que yo tenía dinero suficiente y que podía hacer mi propia elección. A él le parecía que eso me estaba apartando de la necesidad y que ése era el problema. Lo que pensaba era que en realidad no quería un trabajo, sino que quería cortar el cupón y vivir de rentas. Y eso era precisamente un gran error. No tener un trabajo se me estaba comiendo, me estaba destruyendo por dentro. Y aún lo hace, muy ampliamente.

A Taylor le ofendía la idea de que él pudiera conformarse con ser un rentista, un miembro de la clase de los ricos ociosos. Tal vez Taylor hubiese podido considerarse a sí mismo como inversionista. Eso hubiese podido ser el punto de inflexión, si él hubiese podido convencerse a sí mismo de que ésa era una ocupación válida. Pero había dedicado años a prepararse para otra cosa, y no quería renunciar a esa inversión en sí mismo.

Taylor no estaba entonces ocioso. Había hecho todos los tratos para remodelar su casa y gran parte del trabajo. Pero eso no era una contribución prestada a una gran empresa, ni era trabajar en el campo para el que se había preparado. Antes de que se completase la remodelación, ya había perdido el interés en ello.

Taylor dedicó mucho tiempo a un trabajo de voluntario, en especial como miembro de la junta de administradores de la caridad pública.

> Tengo actividades en el exterior. Estoy en la Shelter Board y me paso mucho tiempo al teléfono, más del que le gustaría a mi mujer. Pero has de mirar a tu interior para encontrar la recompensa más que tener en cuenta una situación laboral en la que has conseguido un objetivo, o un sobresueldo, y cosas así. No tienes cosas tales como un ingreso.

Taylor descubrió que el trabajo de voluntario era una ayuda, aunque finalmente resultaba insatisfactorio. Aunque su contribución como voluntario era apreciada, no se sentía miembro de pleno derecho de la comunidad del trabajo. No había podido ocupar la plaza que hubiese debido ser la suya. Un indicio de esta falta de lugar era que no tenía obligaciones; que los demás no contaban con él. Si hubiese percibido un ingreso por su trabajo, hubiese tenido responsabilidades. Para empezar, hubiese cabido esperar que destacase de alguna manera. Pero, siendo las cosas como eran, la gente que hacía cosas tenía que estar dispuesta a hacerlas sin él.

Como voluntario, Taylor había quedado apartado del sistema acostumbrado de recompensas y penalizaciones, ascensos, subidas de salario y bonificaciones. Pero eso quería decir que no participaba en gran parte de la vida de la organización. Además, el reconocimiento de unos méritos que es tan importante para compensar a los miembros de una organización era algo inalcanzable para él.

El servicio como voluntario no proporciona la base para una identificación ocupacional. Se trata de una respuesta inadecuada para la pregunta «¿Qué es lo que usted hace?», a la que se contesta: «Estoy en la Shelter Board», o bien «Ayudo a recoger dinero para hacer obras de caridad».

Has de prescindir de lo que en nuestra sociedad es un elemento importante de la autodefinición. Has de tirarlo por la ventana y decir: «Bueno, no voy a ser ni juez, ni bombero, ni jefe indio...». Perder estas cosas supongo que es algo que lamentas de alguna manera.

Taylor envidiaba a aquellos otros hombres por la perdida trama de amigos y compañeros de estudios que le servían como una especie de elemento de referencia. Se sentía como excéntrico, como un hombre desubicado.

Fui a una cena la otra noche y había allí un montón de gente que había ido conmigo al colegio o que estaba relacionada con la escuela. Y nunca olvidaré la tristeza de pensar: «¡Señor, ahí está toda ese gente hablando y que tienen su buen trabajo y que se realizan de distintas maneras. Y eso es algo que he deseado tanto. Y parece que yo soy incapaz de hacer lo mismo por una u otra razón». Y eso es muy penoso.

Dicho brevemente, aunque tener un ingreso sin trabajar le permitirá a un hombre mantenerse materialmente, le hará incapaz de mantenerse socialmente. Quizá, si los más allegados a un hombre están también sin trabajo, podrá encontrar un lugar en la comunidad de la gente acomodada... aunque esto está lejos de ser cierto. Pero cuando los más allegados a un hombre son gente trabajadora, carecer de trabajo es ser marginal. Y en la medida en que la sensación de equilibrio de un hombre se basa en la valoración de los demás, carecer de trabajo lleva a una sensación de desequilibrio.

LA SEXUALIDAD COMO CONSUMO

por *John Lippert*

Trabajo en una fábrica de la Fisher Body que está cerca de Elyria. Dedico unas sesenta horas semanales a amontonar cosas. Solía dedicar todo mi trabajo aquí, a Oberlin, cuando era estudiante. Pero tuve que dejar esta vida de comodidades cuando se me hizo financieramente imposible, haciéndoseme cada vez menos satisfactoria como alternativa, tanto psicológica como políticamente. Aún intento seguir siendo riguroso con mi desarrollo intelectual y me he matriculado en unos cursos aquí, en la facultad. A veces esta especie de actitud esquizofrénica resulta difícil soportarla psicológicamente, y el trabajo pesado es a menudo sorprendente. Pero esta forma de vida doble también me proporciona una perspectiva única acerca de Oberlin y la Fisher Body. Creo que esta perspectiva es una contribución útil en esta conferencia sobre la sexualidad de los hombres.

Una de las cosas que realmente me sorprendieron cuando fui a trabajar para la Fisher Body es que realmente es duro ir a trabajar todos los días. No sé por qué me sorprendió. Al principio pensaba que todo el mundo que había a mi alrededor estaba perfectamente equilibrado y que yo era aún un hippie irresponsable en mi fuero íntimo. Pero luego he descubierto que todos los que conozco en la fábrica tienen el mismo problema de ir a trabajar todos los días. Otra vez me sorprendí, pero esta vez también me sentí animado, porque llegué a la sorprendente conclusión de que podía tener en cuenta a la gente que había a mi alrededor y ayudarles a hacer frente a la tensión de la fábrica. Pero me he dado cuenta de que no hay nada de «sorprendente» en esta forma de ayuda; es algo increíblemente difícil. Ahora tengo montones de amigos, de todo el norte de Ohio y de todos los diferentes medios culturales. Pero la mayoría de esas relaciones parecen basadas en una cierta distancia, en la suposición de que verdaderamente podemos enfrentarnos solos a esta fábrica. Al principio tuve que considerar si eso era culpa mía, si había algo en mí que me hacía tan difícil atender las relaciones con la gente con la que trabajo. Y he descubierto que es culpa mía, sí, pero que eso forma parte de un fenómeno más general. Empecé a explorar ese «fenómeno» tan a fondo como me era posible: esa exploración se convirtió en una parte esencial de mi problema de ir a trabajar todos los días.

Al intentar considerar esas barreras interpuestas entre la gente que me rodeaba y yo, tropecé inmediatamente con el papel que desempeña la sexualidad al mediar en las relaciones de la gente de la fábrica. Dedico mucho tiempo a trabajar con hombres y en un aislamiento casi total de las mujeres. Me di cuenta de que en lugar de prestar atención a esos hombres estaba bajo la intensa presión que me llevaba a competir con ellos. No parece haber un objetivo específico en esta competitividad (ascensos o posición). Cada miembro del grupo parece interesado primordialmente por exhibir su experiencia sexual y sus capacidades en la competición. La historia del pasado sexual se describe y compara con cierto detalle: como

273

recién llegado, se me exigió que defendiese mi capacidad sexual en una semana de reuniones del grupo. También tratamos de minusvalorar la capacidad sexual de los demás con comentarios como éste: «Bueno, y ¿por qué no le presentas a tu mujer a un *auténtico* hombre?», o «Bueno, pues estaba yo en tu casa la última noche y le dije a tu mujer unas cuantas cosas que no sabía». Pero es importante darse cuenta de que nada de lo que pasa entre los hombres de la fábrica se considera «sexualidad». Se queda en lo que hacemos con nuestras mujeres, o lo que les hacemos, cuando vamos a casa. Y en cuanto a la homosexualidad, se la considera por lo general como una especie de enfermedad, y la mayoría de los hombres son libres de comprometerse en lo que parece ser una especie de necesidad básica de intimidad física o de vínculo tranquilizador. Y esto puede venir expresado de forma muy sencilla, rodeando los hombros con el brazo o rozándose las rodillas, aunque puede también convertirse en algo más intenso y explícito, como dar palmadas en las nalgas y agarrar las pelotas. Pero toda esta interacción física se produce en una atmósfera competitiva. Y adopta forma de burla, de payasada, con empujones que se entienden que hacen la necesidad de esa interacción física tan absurda como sea posible. Pero en esta competición es fácil ver que muchos, muchos hombres disfrutan con esta interacción física y que reciben cierta satisfacción física de eso que precisamente es lo que no hacen cuando van a casa.

Mis relaciones con las mujeres parecen en cierto modo igualmente distorsionadas. La entrada de las mujeres en las fábricas es algo aún relativamente reciente, por lo menos lo bastante reciente como para que el contacto entre hombres y mujeres sea muy infrecuente y notable. En gran parte ese contacto se produce antes de que se crucen palabras. Como todos los demás hombres que hay aquí, comento y valoro la apariencia de las mujeres que hay a nuestro alrededor. Este análisis es a veces largo y complicado, como al decir que «es bonita, pero sus piernas son demasiado largas comparadas con el resto de su cuerpo». Por supuesto que estas valoraciones se dan en lugares distintos de la fábrica, pero aquí parecen particularmente universales e intensas. Quizá una razón de esta intensidad sea que la fábrica es un ingrato lugar en el que hay que estar ocho o diez horas diarias, y es mucho más agradable ver gente atractiva en ella.

Supongo que en realidad encuentro cierta satisfacción al hacer este análisis. Pero hay una increíble diferencia entre la forma de placer que siento cuando duermo con alguien y la forma de placer que siento cuando veo a alguien atractivo en el trabajo. Aunque me comporto como si hubiera cierta conexión. Muchos hombres se muestran completamente desvergonzados al hacer que las mujeres sepan lo que miran y comentan, y algunos hombres son completamente abiertos en cuanto a los resultados de su análisis. Mujeres verdaderamente atractivas se ven agredidas de forma increíble por constantes proposiciones y gruñidos obscenos que oyen al pasar. Los hombres que exteriorizan tales obscenidades pueden no estar intentando acostarse con las mujeres a las que gritan; simplemente están haciendo que las mujeres sufran por su belleza.

En este ataque se les unen hombres mayores a los que no les gusta la idea de trabajar con mujeres. Muchas mujeres han dicho que tendrían que dejar la fábrica y buscarse un marido, y han dicho con cierto detalle lo que harían para conseguir un marido... Es verdaderamente difícil para las mujeres trabajar en esta fábrica. En muchos casos las mujeres sólo han añadido ocho horas diarias al trabajo doméstico y las atenciones infantiles en el hogar. Y encima han tenido que luchar con todas esas agresiones.

Pero las mujeres se van sintiendo más y más seguras en la fábrica. Ahora y cada vez más los hombres que se muestran particularmente ofensivos en esta agresión se ven correspondidos con desplantes como éste: «¡Por el culo, chico!». En cualquier caso, en el momento en que estoy lo bastante cerca de una mujer como para hablarle, me siento como un auténtico patrono. En ese momento ya he completado mi análisis de la apariencia física de la mujer, y al principio de la conversación ambos estamos intentanto llegar a los resultados del análisis. Y para reforzar esta sensación de ser un patrono, cuando vuelvo con los hombres con los que trabajo, oigo todo tipo de comentarios, como «¿Has podido meter mano?» o «¿Está marchando la cosa?».

Pero hay una cosa que me sorprende en cuanto a mi sexualidad en la fábrica y es que tiene un amplio efecto sobre mi sexualidad en casa. Empecé a darme cuenta de ello cuando, en la primera semana, empecé a sentir una increíble acumulación de energía sexual amorfa e indefinida en el momento en que salía de la fábrica. Esa energía hace el camino a casa muy excitante e influye en mi comportamiento del resto del día. Muchas veces pienso algo como esto: «Bien, tengo dos horas antes de volver al trabajo, y sería realmente estupendo que pudiese echar un par de polvos antes». Descubro que disipar esta energía sexual hace realmente más fácil volver. También he empezado a darme cuenta de que mi sexualidad se está haciendo menos física (como si estuviese por un momento cerca de alguien) y más genital (como cuando se hace el amor y luego se queda uno dormido). También, cuando las tareas domésticas empezaron a hacerse menos formidables debido al trabajo, empecé a decirle a la gente que fuese a mi casa —y por alguna razón mis compañías sexuales— para asumir una mayor responsabilidad en mantener el lugar en orden.

En el intento de comprender cómo mi sexualidad se había visto influenciada por la fábrica, esta relación entre la sexualidad en casa y en el trabajo se convirtió en una pista importante. Trabajar es mucho más que una diversión de ocho horas diarias; influye en todo lo que hago. Si no estoy trabajando, estoy o bien recuperándome o preparándome para volver al trabajo. Ya que me enfrento con ese hecho todos los días, no me resulta difícil imaginar los cambios de mi sexualidad como, esencialmente, una respuesta al hecho de que tenga que ir a trabajar todos los días.

Ahora bien, existe una importante contradicción en este «voy al trabajo». Cuando estoy trabajando, yo ya no soy verdaderamente yo, por lo menos en cierto sentido muy amplio. No trabajo *cuando* quiero hacerlo; no disfruto con mi trabajo; no trabajo *porque* quiera hacerlo; no trabajo *en* algo que me guste hacer; siento un sinsentido en realizar mi tarea; y no siento satisfacción cuando la he acabado. Soy un productor; mi única función significativa es hacer dinero para la Fisher Body. Ahora bien, la Fisher Body me valora altamente por ello, y al final de cada semana me compensa con un cheque que es mío para que lo use como quiera. Pero, atención: tengo que gastar gran parte de ese cheque y emplear gran parte de mi tiempo libre preparándome para reincorporarme a mi papel de productor. En gran parte, no gasto en lo que me pueda dar alguna satisfacción ni nada así. Gasto para volver al trabajo y producir. Y esa parte de mi gasto que puedo disfrutar está influenciado por mi trabajo en la medida en la que mi disfrute quede tan aparte de mi trabajo como sea posible. Construyo elaborados y caros sistemas (como familias, aparatos de estereofonía) con los que puedo escapar de mi trabajo cada día. Y lo que es cierto en cuanto a mi sexualidad, lo es en cuanto a la música que consumo para escapar cada día, y el coche que consumo para marcharme, y el jabón que consumo para limpiarme la suciedad de la fábrica al volver a casa.

Hay algo importante que añadir a esto: el carácter específicamente asexual o incluso antisexual del trabajo que hago. Durante los últimos tres meses mi papel como productor ha consistido en amontonar cubos en carretillas. Es decir, nada más y nada menos. Muchas áreas de mi personalidad se enrigidecen con este tipo de trabajo;

todos hemos leído cosas sobre la monotonía y demás. Lo que aquí importa es que cualquier energía sexual dinámica y creativa que yo tenga queda ignorada durante ocho horas diarias y, al final, se pierde.

Espero que ahora empiece a emerger un cuadro que explique gran parte de lo que está ocurriéndole a mi sexualidad en función de esa división entre mi papel de productor y mi papel como consumidor. ¿Cuál es la naturaleza de este cuadro? El conflicto esencial es que, en mi papel de productor, gran parte de lo que es orgánico y natural en mi sexualidad queda ignorado durante ocho horas diarias y finalmente se pierde. He de dedicar gran parte de lo que me queda del día a considerar este hecho.

Aunque, cuidado: ya he perdido una gran parte de lo que parece ser un aspecto básico de mí mismo. Mi sexualidad es algo que no es ampliamente mío porque yo esté vivo. Es algo que tengo que considerar y, trágicamente, algo que algún otro ha de entregarme. Y ya que mi necesidad de ser sexualmente revitalizado cada día es tan grande, ello se convierte en la primera y más básica parte de un contrato que he de establecer para asegurarla. El objetivo de este contrato es la estabilidad, lo que incluye todo aquello que yo necesito consumir: sexo, alimentos, vestido, una casa, quizás niños. Mi compañero en este contrato es en la mayoría de los casos una mujer, pero ahora es tan esclava de mi necesidad de consumir como yo soy esclavo de la necesidad de la Fisher Body de consumirme a mí. ¿Qué debe ella producir? Otra vez: sexo, alimento, vestido, una casa, niños. Y ¿qué ha de consumir por todo ese esfuerzo? Toda la riqueza material que yo pueda ofrecer más una vida al margen de un brutal e intransigente mercado del trabajo. Según este cuadro es fácil ver por qué a muchas mujeres les molesta el sexo. Les molesta por la misma razón que a mí me molesta amontonar cubos en carretillas.

Pero ¿dónde se origina esta división entre producción y consumo y cómo puede actuar como una poderosa influencia en nuestras vidas? El problema esencial es que verdaderamente hemos de ir a trabajar y realmente tenemos que permitir que nuestros patronos nos exijan el trabajo. No hay nada misterioso en ello. Las personas que no quieren o no pueden establecer un pacto similar al que yo hice con Fisher Body morirán de hambre. Si somos incapaces de convencernos a nosotros mismos de ello mirando a nuestro alrededor en esta estancia o en esta facultad, sólo tenemos que ampliar un poco nuestra observación. Además, Fisher Body y otras empresas han estado décadas acumulando burocracia y tecnología que son maravillosas para producir bienes pero que a nosotros nos dejan trabajos terriblemente absurdos que realizar. No tenemos nada que decir en cuanto a la decisión de la naturaleza de esos trabajos. Vienen decididos tan sólo desde el punto de vista de la maximización del beneficio.

Pero discutir el poder económico de Fisher Body supone discutir la mayor parte de las cosas que son esenciales en nuestras vidas y nos lleva a una tradición intelectual que la mayoría de nosotros encontramos repugnante. Y si hemos de tener una visión adecuada de nuestra sexualidad hemos de empezar con observaciones como ésta: «que como productores nos vemos forzados a desempeñar papeles que no podemos determinar y que ignoran nuestra sexualidad precisamente porque ésta es una consideración que no da beneficio; y que como consumidores nuestra sexualidad se convierte en prenda de nuestra necesidad de escapar del trabajo que hacemos y nuestra necesidad de volver al trabajo se renueva y está lista para empezar de nuevo».

Y ahora, ¿cuál es el potencial de la conclusión a la que hemos llegado? Se trata de una conclusión a la que se ha llegado a través de la exploración en la experiencia diaria, pero en este punto es una abstracción intelectual que deja muchas cosas fuera. Por ejemplo, no tiene en cuenta las importantes influencias de la familia y la escuela sobre la sexualidad. En este punto, la conclusión es suficientemente general como para aplicarse a los trabajadores de cuello y corbata y a los fabriles (el conflicto esencial es que verdaderamente tenemos que trabajar). Esta conclusión no puede pretender la explicación detallada de la vida de todos los trabajadores. Puede pretender, sin embargo, explicar cierta dinámica a la que responden esas vidas y ciertos límites en los que se dan esas vidas. Esta conclusión es necesaria para nosotros en esta conferencia sólo desde el punto de vista de la claridad intelectual; podemos seguir adelante siempre que seamos conscientes de que nosotros como hombres, y esta facultad como institución, desempeñamos un particular papel económico en la sociedad. La autoconciencia suficiente como para incluir la discusión relativa a la sexualidad es una forma de consumo que está simplemente fuera del alcance de la masa popular en nuestra sociedad. Y es a su utilización del tiempo como productores a lo que debemos nuestro propio y extravagante consumo.

Pero ¿cuál es el significado político de la conclusión a la que hemos llegado? Es decir, ¿puede nuestra discusión sobre la sexualidad afectar la evolución del poder de la Fisher Body sobre nosotros? Por el momento la respuesta parece ser que no, que en la actualidad la Fisher Body es increíblemente fuerte porque, como yo mismo, la mayoría de la gente que trabaja para ella está básicamente obligada a hacer su trabajo. Pero sólo tenemos que considerar la supervivencia individual por un momento y que sólo eso es lo que cabe ambicionar en la larga carrera en una conciencia colectiva que sea capaz de desafiar el poder que la Fisher Body tiene sobre nuestras vidas. Y ésta es la razón de la necesidad de que hagamos frente a nuestra sexualidad; porque nuestra sexualidad se basa en una pugna entre los hombres y en una comunicación distorsionada entre hombres y mujeres, y ello hace que la crea-

ción de esa conciencia colectiva sea una tarea increíblemente difícil.

Dentro de poco veremos en los Estados Unidos cómo
crece la necesidad de esa conciencia colectiva mucho más
de lo que lo vemos en la actualidad. Un Tercer Mundo
en rebeldía y la economía de los Estados Unidos que está
en medio de un colpaso económico que rivaliza en proporciones con el colapso de los años treinta. Como consecuencia, en este país nos enfrentamos con un desempleo
masivo y la pavorosa perspectiva de una batalla entre
distintos grupos de personas en lucha por el «privilegio»
de trabajar para la Fisher Body. Si la gente se da cuenta
de que sólo es la Fisher Body la que puede ganar en tal
batalla puede decidir no luchar. Y si la gente ve que una
victoria de la Fisher Body lleva inevitablemente a un
retorno del tiempo vital alienado y a la opresión en las
oficinas y las fábricas, puede decidir luchar por el derecho a controlar sus propias vidas.

¿A QUÉ PRECIO?

por *Sam Keen*

Tengo la suerte de tener un trabajo que se ajusta a mis condiciones. Apenas sé cómo separar el trabajo de mi propio ser. Incluso cuando pongo en el «debe» las largas horas, el cansancio, las incertidumbres debidas al dinero, la irritación por tener que considerar un millón de detalles tontos, las largas horas en el limbo de los aeropuertos, los compromisos que tengo que atender, el «haber» es aplastantemente positivo. No sé quién sería sin la satisfacción de atender a mi familia, sin la ocasional intoxicación de la creatividad, el cálido compañerismo de los colegas, el orgullo del trabajo bien hecho, y la certeza de que mi trabajo ha sido útil a otros.

Pero aún existe algo inexpresado, algo que me obliga a hacerme preguntas sobre mi vida, que son quizá algo trágicas: al trabajar tanto, ¿me he violentado a mí mismo? ¿He traicionado lo mejor de mí mismo y he abandonado lo que es mejor para aquellos a los que amo? ¿Cuántas horas no hubiesen sido mejor empleadas paseando por el bosque o jugando con mis hijos? Hace veinte años, próximo el final de lo que fue un buen aunque agitado matrimonio, mi mujer me preguntó: «¿No querrías ser menos eficiente?». Esa pregunta me persigue.

OCTAVA PARTE

COMPAÑÍA VIRIL: EL ESPÍRITU Y EL ALMA DE LOS HOMBRES UNIDOS COMO TALES HOMBRES

Mucha gente cree que los hombres en situaciones arriesgadas tienen amigos, pero usualmente, cuando el peligro pasa, también lo hace el *ser activo* de la amistad; y le sustituye una nostalgia cálida y participativa. Es cierto que la amistad puede a veces aparecer en tales contextos, pero finalmente es independiente de ellos. La amistad es su propio contexto.

STUART MILLER

Su debilidad (del movimiento de liberación femenina) reside, seguramente, en su insistencia en que los hombres se mueven por motivos racionales porque, en muchas situaciones, prefieren la compañía de su propio sexo...

WILLIAM F. BUCKLEY, Jr.

Un hombre ha ido a que le corten el pelo. Hay tres hombres sentados a lo largo de la pared a un lado y otro. Uno de ellos, Charles, habla de la caza del ciervo a la que fue el día anterior con su hermano. Sin previo aviso, uno de los otros contradice con energía algo que Charles dice. La atmósfera de la barbería se enrarece; parece a punto de estallar una disputa. Uno tras otro, los hombres se despi-

den, excepto el hombre que está en el sillón del barbero y Bill, el barbero. La estancia queda en silencio. El barbero da vuelta a su cliente en la silla, lleva una mano a uno de los lados de su cabeza, y desliza los dedos por su cabello, suavemente, como si estuviese pensando en cualquier otra cosa. Más adelante, el hombre recuerda ese día: «Hoy estaba pensando... acerca de la tranquilidad que sentí cuando cerré los ojos y dejé que los dedos del barbero se moviesen entre mis cabellos, la suavidad de esos dedos, y el cabello que ya empezaba a crecer.»

Los hechos anteriores tienen lugar en la narración de Raymond Carver titulada «La calma», que apareció en la última recopilación del autor, Where Calling From. *Me gusta la manera en que Carver, uno de los más premiados escritores de ficción de los Estados Unidos, muestra en una narración lo que es más difícil decir en un ensayo: cómo la relación de los hombres con otros hombres parece a menudo pasar por un «interface» entre la competencia y la atención, apareciendo la una inmediatamente después, a partir de o con la otra, reflejando una característica tensión entre polaridades. Llámese a las polaridades como se quiera: atracción/repulsión, eros/alienación, aceptación/rechazo, deseo/hostilidad. Sospecho que debajo de todas ellas existe un hiato más importante en la psique masculina, entre el impulso del amor y el miedo a este impulso.*

En un fragmento de Inter Views, *su prolongada conversación reunida en un libro con Laura Pozzo, James Hillman muestra el* homoeros, *la atracción entre semejantes, un aspecto esencial de la amistad masculina y una amenaza. Dice que la amistad exige «que te permitas a ti mismo sumirte en otra persona, dejar que tu imaginación se vea agitada por pensamientos, aproximaciones, sentimientos que te apartan de tu propio comportamiento».*

«Hombres unidos en un grupo terapéutico», de los psicoterapeutas de Atlanta Louis W. McLeod y Bruce K. Pemberton, habla de unos hombres que se unen para explorar, entre otras cosas, «cómo ellos utilizan el odio para

controlar, dominar y eludir las alternativas de la intimidad, el desamparo, el miedo y la fuerza». Terrance O'Connor («¿Qué es un hombre sin su espada?») describe los sentimientos decididamente entremezclados que poco antes experimentara al asistir a diferentes formas de manifestación masculina: una semana en que se reunió con Robert Bly y Michael Meade. «Me gusta tener bajo control mi pequeño mundo. Sé que no podré cpntrolarlo ahí», admite O'Connor para sí mientras se debate entre ir o no. «¿Puedo confiar en un grupo de hombres desconocidos?»

Otro hombre plantea una pregunta similar en «Un hombre necesita un alojamiento», un corto ensayo mío que apareció en una edición de 1986 de Utne Reader. *«La puerta del alojamiento se abre donde y cuando quiera que los hombres se plantean preguntas acerca de sus sentimientos, sus relaciones con otros hombres y lo que les hiere u obsesiona», escribí entonces. «Éste es el camino para vivir nuestras heridas, no rechazar las energías oscuras, sus dones velados, las opacas depresiones que de algún modo abren nuevas profundidades del alma.»*

Tengo el placer de cerrar este apartado sobre los hombres en relación con hombres con una de mis piezas favoritas: «El acantilado», de Charles Baxter. Aparecida originalmente en el libro del autor The Harmony of the World, *esta narración breve sobre el aprendizaje de un chico junto a un brujo inverosímil me revela algo nuevo cada vez que penetro en imágenes, especialmente la imagen de un joven varón y pupilo que comprueba «los sucios propósitos del vuelo».*

AMOR EN LA AMISTAD VIRIL

por *James Hillman*

Laura Pozzo.– Siempre hay algo homosexual en la amistad... Depende de cómo considere usted la homosexualidad. De si la considera una perversión o la considera como un momento venusiano, sexual, o como un momento erótico que engendra la amistad.

James Hillman.– Sí, en este sentido hay un componente homosexual en la amistad. Un amigo es alguien de quien quieres estar físicamente próximo, en una comida, yendo a pescar, en una reunión. Haciendo cosas juntos. La conversación es una realidad física. Vea usted todas las conversaciones que aparecen en los diálogos socráticos. La homosexualidad ha quedado reducida a unos hombres que exhiben sus penes entre las paredes de los lavabos; fonocaptores por completo impersonales, genitales autónomos. La homosexualidad es bastante más que eso; es homoerotismo, eros entre hombres, entre mujeres, o entre semejantes, familiares. El homoerotismo se ha confundido con el autoerotismo, pero el autoerotismo puede aparecer tanto en la heterosexualidad como en la homosexualidad...

Había un viejo analista junguiano, un hombre muy notable, John Layard, que me proporcionó un nuevo planteamiento relativo al amor, a la amistad, y que siempre estaba demostrando lo que era falso y buscando un analista, especialmente entre los hombres más jóvenes, porque proclamaba que Jung no había comprendido ni nunca intentaría comprender el homoerotismo. Quería hacer cierto análisis conmigo; y yo me negué porque quería mantener nuestra relación en un nivel amistoso. Así, yo estaba valorando el amor o la amistad más que la conciencia analítica. Nuestra relación era el hecho de estar trabajando en el arquetipo de la amistad. Parecía difícil trasladarlo a otro patrón arquetípico. Se da una especie de colaboración entre psiques que aparece en la amistad, lo que no supone necesariamente que los amigos estén trabajando juntos en el mismo proyecto o en proyectos parecidos sino que las psiques colaboran, se afectan la una a la otra, se impulsan entre sí. El amigo entra en tu imaginación y la fertiliza: algo parecido a la homosexualidad entre amigos. Pacientes varones que están completamente sumidos en sí mismos se muestran muy resistentes a los avances homosexuales y a las atracciones que aparecen en sus sueños. Usualmente esas imágenes se interpretan como prueba de una homosexualidad latente y la cerrazón del paciente se ve como resultado de su homosexualidad latente. Pero el retroceso se produce porque los avances que lleva a cabo el homosexual hacia él a través de la psique son precisamente la curación que podría abrirle a manifestarse en otro espíritu, y a ser penetrado y abierto. El homoerotismo puede apartarte de la cerrazón; no te cerrará aún más.

Es tan difícil mantener las amistades porque exigen continuamente accesibilidad, que te permitas a ti mismo sumirte en otra persona, dejar que tu imaginación se vea agitada por pensamientos, aproximaciones, sentimientos que te apartan de tu propio comportamiento. Yo me muestro más airado y menos tolerante, creo que me enfurezco y choco más con mis amigos que con cualquier otra persona. Pero esto es sólo un aspecto menor de la amistad. La cosa es bastante más complicada; el eros que se mueve en el terreno de la psicología arquetípica... es una especie de amistad comunal. Todo lo que quiero aclarar es el valor de esas formas de amor —el homoerotismo, la amistad— y resaltar que la cultura siempre ha reconocido esa importancia desde los griegos hasta el Renacimiento, y los movimientos románticos, y que no recibe la debida atención de la piscología actual.

Laura Pozzo.– Mencionaba usted otros aspectos del amor menos personales. ¿Estaba usted pensando en el amor místico o en el religioso, en el oriental o el occidental, en el espiritual o el físico?

James Hillman.– Seguramente estaba pensando en algo mucho más próximo. Pensaba en un amor que une en pareja, que acopla, en la díada, la ilusión de la reciprocidad. Y hay que añadir un tercero. El amor mismo es el que se mueve. Aparece en el triángulo, de ahí la importancia de los celos: eso te hace plenamente consciente del tercero. Sólo tiene que considerar esta entrevista: la entrevista misma es una forma de amor. Está moviendo la psique de acá para allá como una tercera cuestión que se explora, la entrevista. Ésta no funcionaría si no hubiese un amor actuando mientras trabajamos. Y ¿qué es ese amor? ¿Se trata del amor de uno a otro? No nos conocemos el uno al otro. Pero se da cierta reciprocidad, aunque no se da entre nosotros dos... existe una reciprocidad con respecto a la cual aparece. De manera que es la entrevista —no nuestra relación— el *objeto* de nuestro amor: un trabajo, algo que se forma, algo que se hace. Mire, el amor no es un fenómeno de la persona, el amor es un fenómeno del espíritu que arrastra el alma y genera la imaginación.

HOMBRES UNIDOS EN UN GRUPO TERAPÉUTICO

por *Louis W. McLeod y*
Bruce K. Pemberton

La decisión de dirigir un grupo terapéutico sólo para hombres fue una prolongación lógica de nuestra amistad. Nos conocimos en una fiesta y dedicamos muchas horas a hablar de nosotros mismos, de nuestros amigos comunes y de nuestras prácticas iniciales en psicoterapia. Averiguamos que ambos habíamos observado recientemente un incremento en el número de hombres que acudía a las sesiones y especulamos acerca de los motivos. Sentados uno junto al otro, empezamos a darnos cuenta de que habíamos conocido cada uno a otro hombre con quien compaginar, en el que confiar y con quien arriesgarse.

Después de esa intensa conversación, estábamos ya dispuestos a actuar. Al entrar en una sala en la que la gente estaba bailando, vimos que todos formaban parejas, incluso algunas mujeres. Con un poco de vino y sintiéndonos seguros, empezamos a bailar los dos juntos. Reíamos, disfrutando de nosotros mismos y pensando que éramos muy elegantes cuando de repente la música se convirtió en una canción lenta de Johnny Mathis. Mirándonos el uno al otro supimos que había llegado el momento de la verdad. Por fin, uno de nosotros dijo: «¡Qué diablos!». Tras algunas dificultades para determinar quién guiaba, nos pusimos a bailar lentos cada uno con otro hombre. Uno de nosotros cerró los ojos, apoyó la cabeza en el hombro del otro, y así siguió. La experiencia de bailar piezas lentas el uno con el otro se hizo muy importante en nuestra relación y, más tarde, en nuestro trabajo con los hombres. Era un gran alivio bailar con alguien de la propia estatura, apoyarse y sentirse apoyado por el compañero y compartir así la responsabilidad de llevar el ritmo y estar constantemente alerta. Bailar con otro hombre simboliza muchas alternativas de las que confrontan los hombres en la actualidad: seguir tanto como llevar, ser tan receptivo como activo, dejarse ir tanto como controlarse, hacer frente a la homofobia tanto como nuestra atracción hacia otro hombre, y reconocer la competitividad tanto como el esfuerzo por cooperar. El desarrollo de la relación de uno con el otro nos llevó a especular acerca de muchos hombres que suspiran por una relación cualitativamente diferente con otros hombres. Como consecuencia, colaboramos en dar forma a un sistema de apoyo para hombres llamado Atlanta Men's Experience.

Durante dos años seguimos con las reuniones semanales del grupo de apoyo a las parejas masculinas. Descubrimos el valor del apoyo a la pareja en que los hombres se relacionaban y se ayudaban los unos a los otros al margen del grupo. Esta experiencia desafió muchas de nuestras ideas sobre los códigos tradicionales de terapia de grupos. A la vez, las limitaciones de la dirección de un grupo de hombres nos llevaron a imaginar lo que debía ser un grupo de terapia masculina. Un creciente número de hombres nos llamaban en relación con el Male's Experience y los grupos de apoyo. Al hablar con esos hombres empezamos a comprender que algunos necesitaban tratamiento y lamentamos no disponer de un grupo de terapia masculina que ofrecer.

En otoño de 1978 decidimos iniciar la actividad de un grupo de terapia masculina. Nuestro primer paso fue realizar unas entrevistas individuales. Exploramos con cada hombre la adecuación de su personalidad a un grupo de terapia masculina. Con nuestros propios clientes exploramos los problemas de transferencia que podrían surgir al ver que el terapeuta de uno estaba en relación íntima con otro hombre. También expusimos la estructura básica del grupo. Sirvió de especial ayuda nuestra insistencia en que los hombres se conociesen entre sí sólo por sus nombres. Desaconsejamos los contactos al margen del grupo de manera que los hombres pudiesen relacionarse unos con otros como «extraños íntimos». Como compromiso mínimo hablamos de cuatro meses. Sabíamos que muchos hombres tienen dificultades para establecer compromisos que suponen intimidad y emociones intensas. Obligar a los participantes a este compromiso era un factor crucial para ayudar a muchos hombres a través de las primeras etapas. Descubrimos que los hombres están menos dispuestos a abrirse en un grupo si las mujeres están presentes para proporcionar un apoyo básico y unas atenciones. Otro requerimiento era volver un mínimo de cuatro veces para decir adiós después de haber decidido abandonar el grupo. Muchos hombres no finalizan bien las relaciones. Prolongar la despedida proporcionaba a cada hombre la oportunidad de conocer y experimentar su tristeza al despedirse, resolver algún miedo irresuelto y compartir su calidez y afecto por los otros hombres.

Reunimos al primer grupo en enero de 1979, y seguimos reuniéndonos semanalmente hasta el otoño de 1984. La permanencia media como miembro del grupo era de dos años. En la primera reunión les dijimos a los hombres que eligiesen un compañero, que hablasen de sus padres, y luego que se diesen a conocer uno a otro intercambiando impresiones sobre el padre del otro hombre.

Nuestro objetivo era crear una experiencia inicial vinculante a través de conversaciones relativas a los padres; y relacionar a unos con otros les dio a muchos hombres un «compinche» en los sufrimientos del crecimiento inicial del grupo.

Para ampliar nuestra eficacia como directores nos reuníamos una hora antes que el grupo para cenar y treinta minutos después para hacer un resumen. Durante los resúmenes establecimos turnos para escribir nuestras respuestas a tres preguntas:

1. ¿Cuál es la situación de nuestra relación y cómo debemos actuar como coterapeutas?
2. ¿Qué estamos aprendiendo acerca del grupo de terapia de hombres y dónde se encuentra el grupo en este momento de su desarrollo?
3. ¿Cuál es el desarrollo de cada hombre individualizado y qué hay que hacer por él la próxima semana?

Antes de la reunión de cada grupo, teníamos cinco minutos para leer las notas previas de la semana. Esto nos permitía pasar de la experiencia social durante la cena a prepararnos para la reunión del grupo.

¿Qué hemos aprendido acerca de nosotros mismos como coterapeutas?

Trabajar con un grupo terapéutico para hombres ha sido una experiencia muy enriquecedora. Nos enriquecíamos el uno al otro en nuestras conexiones antes de las reuniones del grupo mientras comíamos. Experimentar con la exploración de las relaciones entre los hombres profundizaba nuestra propia relación. Durante los últimos cinco años hemos considerado las noches de los lunes como lo más personalmente valioso de nuestra práctica.

Nuestra relación se convirtió en un modelo para el grupo de cómo podían relacionarse dos hombres. Al cabo de los años nos sentimos cómodos al compartir la dinámica de nuestra relación y empezamos a mostrarnos en desacuerdo y a discutir dentro del grupo. Algunos hombres dijeron lo importante que era vernos resolver nuestras diferencias. Para unos hombres que se encontraban en situación competitiva con otros hombres en sus vidas, nosotros éramos una demostración de cómo los hombres pueden amar, estar en desacuerdo y recuperar el contacto.

En cualquier intimidad, dejando aparte el sexo, existen papeles masculinos y femeninos. Mientras el grupo evolucionaba, sus miembros nos asignaban papeles materno/paterno, sentimiento/acción y femenino/masculino. Muy pronto el grupo asignaba tales papeles y hablaba de forma muy directa de que nos sentía a uno de nosotros (Bruce) como el iniciador, el que más hablaba, el que interrumpía y dirigía, etcétera («es como si fuese el padre»); y el otro (Louis) como el que apoyaba y reflexionaba y resumía y escuchaba, etcétera («es como si fuese la madre»). Suponemos que estas funciones de iniciación e integración han evolucionado a partir de unas imágenes primitivas o arquetípicas de la masculinidad y la feineidad. En nuestros grupos no sólo se asignaron esos papeles a los dos líderes varones sino que se repartieron entre nosotros a lo largo de los años según cuál fuese nuestra actitud en el grupo.

En el seno de nuestra propia relación trabajábamos intensamente para llegar a una mayor igualdad y estábamos empezando a integrar nuestros aspectos masculino/femenino individuales. Bruce, que se había mostrado más activo en el grupo, se esforzaba por ser más receptivo. Louis, que había aportado la función de apoyo, se esforzaba por ser más resolutivo. La relación de confianza y amistad nos llevó a la capacidad de experimentar nuevos comportamientos y a arriesgarnos a cometer errores en el interior del grupo. Al principio, Bruce tuvo que hacer frente a un miembro del grupo con motivo de su descuido. Mientras Louis informaba después de que se había producido una sensación de incomodidad, ni protegió al cliente ni se enfrentó con Bruce. Ambos nos mostramos de acuerdo en que eventualmente perderíamos a ese cliente a pesar de que por lo general había sido una buena experiencia. Por otra parte, como Louis se mostró más agresivo con Bruce y Bruce escuchaba a Louis y se acomodaba a él, el grupo experimentó una inversión de los papeles, viendo a Louis «como el padre» y a Bruce «como la madre». Cuatro años después de la primera confrontación, Bruce se enfrentó con un miembro del grupo con una rabia que le sorprendió a él mismo. Louis estaba preparado para intervenir si era necesario. El cliente, que estaba bastante afectado, informó después de cómo la manifiesta presencia de Louis le brindó protección y le hizo posible mantenerse en un intenso contacto con Bruce durante la confrontación y después de ella.

Finalmente, nosotros dos nos pusimos a trabajar con la multitud de residuos de homofobia que había en nuestra relación. En esta sociedad, cualquier pareja de hombres que hayan llegado a la intimidad han de hacer frente a la alternativa entre la atracción y la homofobia en cierto momento de su relación si están profundizando en la confianza y el cariño. Nosotros descubrimos que nuestra relación afirmaba nuestra heterosexualidad más que amenazarla. Al modelar nuestro bienestar según la intimidad y reconociendo el aspecto sexual de toda relación amorosa permitimos que los miembros del grupo explorasen sus propios miedos y sus preguntas relativas a su masculinidad y sexualidad. Este planteamiento es quizá el más difícil de confrontar y explorar en un grupo terapéutico para hombres. No resulta sorprendente, por tanto, que tuviese que pasar un cierto número de años para que ello se convirtiese en un planteamiento esencial para el grupo.

Steve recurrió al tratamiento después de seis meses insatisfactorios con otro terapeuta masculino. «Pensaba que si le daba suficiente información acerca de mí, me diría lo que tenía que hacer. No podía sentirme próximo a él.» Los objetivos iniciales de Steve incluían la resolución de alternativas en su orientación sexual, mostrarse menos crítico consigo mismo y mostrarse más íntimo con los demás. Estaba en relación con una mujer, había tenido relaciones platónicas y sexuales con mujeres con anterioridad, pero le daba miedo que pudiese ser homosexual debido a su atractivo para otros hombres y a la antigua sensación de ser «sexualmente diferente». Después de año y medio de tratamiento individual, se unió al grupo terapéutico para hombres. Steve descubrió que el grupo le hacía posible explorar sus relaciones con otros hombres en un nivel más profundo.

Inicialmente se concentró en sus perturbadas relaciones con las mujeres y exploró abiertamente sus intentos de ser sexual y de *intimar* con las mismas mujeres. Sólo después de haberse desarrollado en el grupo una gran confianza pudo Steve hablar de su sexualidad y de la cuestión de su atractivo para los hombres.

Y mostró abiertamente su sorpresa: «¡Ah! ¿De manera que soy gay?». Su iniciativa impulsó a otros hombres a considerar sus dudas acerca de su propia orientación sexual y su atractivo para los hombres, así como a explorar sus experiencias homosexuales previas. El apoyo que Steve recibió del grupo le permitió experimentar sexualmente con otros hombres al margen del grupo. Sus relaciones con las mujeres también se vieron ampliadas. Un elemento clave en su experimentación fue el apoyo que le prestaron otros hombres para que explorase.

¿Qué hemos aprendido acerca de los grupos terapéuticos para hombres?

Cuando hay mujeres presentes en un grupo, automáticamente los hombres «representan» para ellas. Cuando hombres y mujeres están juntos, los hombres se interesan por la relación: ¿Cómo he de comportarme? ¿Estoy apuntándome algún tanto? ¿Qué está pensando de mí? En los grupos de terapia para hombres éstos exploran en primer lugar su dinámica intrapersonal y luego sus relaciones interpersonales. Si no hay mujeres presentes, la competitividad disminuye.

En un grupo mixto los hombres tienden a recurrir a las mujeres para que ellas les mimen. En un grupo terapéutico masculino modelamos el cariño y la intimidad entre los hombres tanto como con cada hombre en particular. Como consecuencia, los hombres del grupo empiezan a ver en cada uno de los demás una fuente de apoyo y atenciones. Asimismo, los hombres del grupo empiezan a establecer relaciones íntimas con otros hombres al margen del grupo. Si hay mujeres presentes, los hombres rara vez identifican a otro hombre como fuente primaria de atención y apoyo.

Los hombres se sienten íntimamente vinculados con las mujeres y en competencia con los hombres. Por eso los hombres se vuelven a las mujeres en busca de apoyo cuando están tristes y se alejan de las mujeres debido a su vulnerabilidad. De esta práctica derivan dos problemas. En primer lugar, las mujeres son mucho más hábiles cuando se trata de manifestarse y suspirar por una pareja que sea abierta y vulnerable... Las mujeres admiten cada vez más abiertamente su desinterés por los hombres que son incapaces de compartir sentimientos, emociones y miedos secretos. Cuando el hombre «se rompe» y se hace más abierto, la mujer experimenta un endurecimiento, ya que lo que ella creía estar buscando era un compañero fuerte que la atendiese. Este dilema supone que ella abandonará todo el proceso de hacerse más vulnerable mientras lo estimula en el hombre.

En un grupo terapéutico para hombres éstos no necesitan compararse ni competir con las mujeres, que tienen más experiencia en la identificación y la expresión de los sentimientos. Cuando los hombres empiezan a identificar

y expresar sentimientos a su propio ritmo, crecen la camaradería y la excitación en un proceso de autoperpetua-
ción.

La intimidad entre varón y varón es también un esca-
lón en el entendimiento y la profundización de las relaciones entre varón y mujer. El compartir la intimidad y la
sexualidad se convierte en algo confuso cuando los hombres establecen relaciones con sus mujeres.

No hay nada que sea malo de forma inherente en que
el apoyo y la sexualidad se mezclen en la misma relación;
pero, para la mayoría de los hombres, la calidez, la sensación de proximidad reclaman un avance sexual. Pocos
hombres han comprendido que los sentimientos sexuales
pueden disfrutarse, conocerse, y no realizarse, al servicio
de la intimidad. Ser vulnerable, abierto, experimentar
pena, alegría, proximidad y agrado con una mujer se
convierte en algo que los hombres sexualizan. Así, el
hombre se siente impulsado a iniciar algo (sexualmente)
justo cuando debiera mostrarse más receptivo (apoyo,
atención).

En un grupo terapéutico para hombres éstos llegan a
valorar una relación íntima y no sexualizada con otros
hombres. Esto proporciona la experiencia y la idea de
que la intimidad puede separarse de la sexualidad con las
mujeres. En el grupo, los hombres expresaron su alivio y
alegría al establecer relaciones de amistad no sexual con
las mujeres por primera vez. Y, a la vez, muchos hombres
experimentaron una intimidad más integrada con sus compañeros *sexuales*.

En muchos círculos se da la idea dominante de que los
hombres se sienten más cómodos con su odio y su ira que
con su tristeza y sus lágrimas. Nuestra experiencia es que
rabia, ira, tristeza y lágrimas son igualmente difíciles para
los hombres. Los hombres tienden a expresar una forma
de odio intelectualizado cuando empiezan a sentirse de-
samparados. Muchos hombres de esta sociedad son incapaces de expresar odio e ira al servicio de la intimidad.

Es interesante advertir que el tratamiento a decidir para los varones físicamente ofensivos es el apoyo del grupo, de todos los hombres, en el que exploran cómo ellos utilizan el odio para controlar, dominar y eludir las alternativas de la intimidad, el desamparo, el miedo y la fuerza.

Muchas veces los hombres despliegan su odio intelectualizado a través del sarcasmo, el ensimismamiento, la cólera, la exigencia de perfección y así sucesivamente. A esos hombres les aterroriza su odio. Temen que cualquier expresión de odio pueda llevarles a ser el estereotipo del varón que maltrata, que mata, que está fuera de control...

El odio y la ira se producen de forma predecible como una alternativa en un grupo terapéutico para hombres. Para el hombre que está inicialmente aterrorizado de que su odio se vuelva incontrolable y le consuma, un grupo terapéutico para hombres le dará la inmediata seguridad de que no puede sobreponerse al grupo. En el grupo es fácil proporcionar estructuras limitadoras en las que el hombre puede colmar la experiencia de su ira en un espacio limitado.

Vivimos en una sociedad en la que la mayoría de los hombres tienen una prohibición interna contra el hecho de sentir, expresar y recibir apoyo para su tristeza. Esta prohibición la han perpetuado y siguen reforzándola los varones de esta sociedad (padres, jefes y políticos). En el grupo terapéutico para hombres, los hombres empiezan poco a poco a explorar de qué manera están bloqueando la expresión de su tristeza. Es una experiencia única para un hombre recibir apoyo, confianza y aceptación para su tristeza por parte de otros hombres.

Es hermoso dirigir un grupo terapéutico para hombres. Hemos dirigido este grupo a lo largo de unos cinco años. El aprendizaje personal y el disfrute de trabajar con hombres se ha convertido en algo muy importante para cada uno de nosotros. Antes de esta experiencia ninguno de nosotros podía imaginar que un grupo terapéutico para hombres pudiese ser tan estimulante en un sentido personal como grupo mixto. Ahora sentimos que un grupo terapéutico para hombres es de una singularidad, de una capacidad y una fuerza para el terapeuta varón que no admite comparación con cualquier otro grupo. Estar con hombres cuando crecen y se relacionan íntimamente unos con otros es algo único y vigorizador.

¿QUÉ ES UN HOMBRE SIN SU ESPADA?

por *Terrance O'Connor*

Estoy recorriendo la sección de percusión de la Casa de las Tradiciones Musicales. El folleto que llevo en el bolsillo dice: «Un día para el hombre con el poeta Robert Bly y el narrador y percusionista Michael Meade». Esto anima a los participantes a palmotear la batería. ¿Es algo ridículo? Nunca he tocado la batería en mi vida. Y estoy considerando seriamente comprarme una para una conferencia de un día. Sí, lo estoy considerando. Elijo un bongo barato para sentir una excitación infantil.

Durante un tiempo vengo sintiendo que ha llegado el momento de que se dé un movimiento de los hombres. Quizá sea eso. Como terapeuta, me he sentido afectado por lo aislados que están mis clientes masculinos de otros hombres, y por cómo eso les hace demasiado dependientes emocionalmente de las mujeres. Veo que las vidas de mis amigos varones y de mis colegas siguen un modelo similar. El viejo grupo de jóvenes adolescentes orgullosamente unidos y de amigos varones adultos se rompe poco a poco en unidades familiares aisladas. Quizá conservemos alguna de estas amistades, pero la mayoría se ha marchitado... Hacemos nuevos amigos, pero no tan deprisa como los viejos se van o cambian o mueren. Pero incluso aquellos de nosotros lo bastante afortunados como para tener un cierto número de amigos masculinos próximos hemos perdido aquella maravillosa sensación de tribu. Yo me he sentido muy consciente de esas pérdidas. Estoy dispuesto para vivir un día dedicado a los hombres.

He llegado hasta aquí con un nuevo amigo. De camino hablamos de nuestro crecimiento como hombres y de nuestra relación con nuestros padres. Después veo que es eso lo que siempre ocurre. Cuando los hombres se reúnen para hablar acerca del hecho de ser hombres, la primera cuestión que siempre se plantea es la de los padres. Estábamos separados de nuestros padres, que estaban también separados de otros hombres. Ésa es la herida común, el vacío que todos arrastramos. Mi amigo y yo descubrimos que ambos tenemos padres alcohólicos, y yo le hablo de un incidente capital en mi vida. Estaba yo batallando en mi primer año de secundaria. Mi padre acababa de armarme un escándalo por la puntuación que había conseguido en unas pruebas estándar. Me sentía fatal... En mi habitación, volví una y otra vez sobre los resultados. Ese tipo de prueba era nuevo para mí. Y, de repente, un rayo de esperanza. Los resultados había que interpretarlos. Me quedé atónito. Como porcentaje, mi puntuación estaba en los noventa. ¡Qué alivio! Muy aliviado, fui en busca de mi padre. Él tomó el papel, lo miró en silencio y me lo devolvió. «¿Y entonces por qué demonios no tienes mejores notas?», me gritó. Fue como una puñalada en el corazón. ¿Cuándo iba a aprender? Ni una palabra de amor. Ni una palabra de elogio. De vuelta en mi habitación, con los dientes y los puños apretados, los ojos arrasados, pronuncié una oración: «Dios mío, nunca, nunca, nunca me dejes ser como ese hijo de puta».

Aparcamos y entramos en el edificio. En el mostrador de recepción del vestíbulo, pudimos oír la batería a través de las puertas cerradas. Nunca había oído nada como aquello. Era algo primitivo. Cruzamos las puertas y el sonido de la batería nos rodeó. Llegábamos temprano, pero ya había alrededor de un centenar de personas, y un tercio de ellas estaban tocando la batería: tambores nativos americanos y bongos. Tambores africanos. Me sentí inundado por aquella energía. Bajo mi brazo, la piel de mi tambor vibraba en resonancia con sus hermanos.

Los hombres giran alrededor de una mesita. El goteo a través de la puerta se ha convertido en una corriente, el batir de tambores pulsantes es arrollador. Encuentro un asiento en la parte de atrás. Coloco el tambor entre mis rodillas y me dispongo a unirme al coro. Esto es algo nuevo. Observo con timidez. A mi alrededor los hombres miran de soslayo, tímidos, con sonrisas traviesas. Somos como chiquillos que han tropezado con un secreto maravilloso. Somos hombres con el primer rubor del que vuelve a descubrir la armonía de su corazón en el batir de los tambores.

Han entrado cuatrocientas personas. Cuatrocientos hombres en busca de un hilo común. Es como el retorno al hogar. Meade cuenta una historia que acaba en un dilema: matar al rey o matar al padre. La gente se divide en dos grupos: regicidio a la izquierda, parricidio a la derecha. Los grupos discuten uno con otro. Un hombre de la derecha se pone en pie: «¡Matad al bastardo! ¡Cortadle la cabeza!», grita. «No. Nunca matemos al padre», grita alguien de la derecha como réplica. Hay una oleada de emoción. Un hombre que está en medio y que no se ha unido a ningún grupo dice: «No quiero matar a ninguno de ellos. Quiero romper mi espada». Bly salta con una advertencia: «¿Qué es un hombre sin su espada?», pregunta. Meade desafía a aquellos de nosotros que no hemos elegido; nos pregunta por nuestro valor... Yo creo que el rey es mi futuro, y por eso no quiero matarlo. Aunque es muy claro para mí que he matado a mi padre muchas veces. Es un fantasma. ¿Puedo hacer que se desvanezca? Bly ha acertado con lo de la espada. No voy a temer mi propia fuerza. Tomaré mi espada. No estoy seguro de lo que eso significa, pero me estoy bañando en las corrientes de la energía viril.

Se anuncia que hay un papel que firmar a disposición de quienes estén interesados en crear una unión de hombres. Unas semanas después como cincuenta de nosotros nos reunimos en una iglesia local. Así nace el Men's Council of Greater Washington. ¿Qué pretendemos? Queremos tocar el tambor. Queremos bailar. Queremos hablar, hacer amigos. No podemos ponernos de acuerdo en cuanto a la estructura ni en cuanto al objetivo. Aún es demasiado pronto. Discutimos, argumentamos, bailamos, tocamos el tambor. Empezamos a hacernos amigos. Decidimos desarrollarnos.

En esta reunión mensual, algunos de nosotros decidimos crear grupos más íntimos de apoyo. Al cabo de unas semanas estoy sentado en las rocas que dominan la cascada de Greeat Falls Park con otros siete hombres, hablando de lo que cada uno de nosotros espera de los demás, de lo que hemos de entregar. Sobre la rugiente cascada hay una atmósfera de tranquila excitación. En el pequeño grupo nuestra sensación de aislamiento empieza a deshacerse de inmediato. Estamos hambrientos de apoyo. Empezamos a hacer a un lado nuestros miedos y nuestros problemas como si nos desprendiésemos de brazadas de ramas que hubiésemos estado cargando demasiado tiempo. Según pasan las semanas, nuestras inquietudes se exteriorizan. Dum, dum, vamos perdiendo nuestras cargas. Alguno de nosotros llora, quizá por primera vez delante de otros hombres. Los temas se repiten: amor, trabajo, papá. Es sorprendente no sentirse solo en ello. El optimismo empieza a brotar al comprobar que estamos experimentando una confianza y una comprensión que es diferente de lo que hayamos podido experimentar con las mujeres. Es algo que tiene que ver con una intimidad sin miedo a la dependencia, con una ferocidad sin miedo a la destrucción.

Pero la cosa no resulta ni suave ni fácil. Nos preguntamos si no estará manifestándose un exceso de energía masculina y no la suficiente amabilidad. Se plantea un problema en cuanto a la dirección, en cuanto al liderazgo. Uno de los hombres quiere arrastrarnos a los reinos sublimes de la iluminación espiritual. Eso es algo que supone su liderazgo, pero no su vulnerabilidad emocional. El resto de nosotros ve la necesidad de una introspección, de una profundización. Finalmente, el hombre abandona el grupo. Somos libres para discutir enérgicamente, lo que resulta bastante productivo. Ben, que está sentado a mi derecha, está hablando de su relación con las mujeres. Su tono es arrogante. Alguien hace un comentario.

—Bien —admite—. Supongo que me he excedido un poco.

—Bueno —digo yo—; ésa es una forma amable de decirlo.

—¿Por qué? —pregunta—. ¿Qué quieres decir?

—Que eres un arrogante.

El hombre hace una mueca. El grupo ruge.

—Como muestra, basta un botón —exclama alguien entre carcajadas. Todos asentimos. Es el momento de la verdad. Como grupo hemos reconocido nuestra arrogancia como principal defensa.

Se plantea una conferencia a lo largo de una semana con Robert Bly, Michael Meade, el psicólogo James Hillman y el rastreador John Stokes. He dado mi nombre hace tiempo, y ahora lo lamento. No puedo asistir. Estoy demasiado ocupado. Necesito tiempo para mí mismo más que sentirme presionado junto con un centenar de hombres durante una semana. Llamo el día antes para ver si puedo dejar de ir. Demasiado tarde. He de admitir ahora que estaba asustado. Pero ¿de qué tenía miedo? ¿De que la intimidad se viese forzada, de la competitividad, de que se me juzgase y se me considerase insuficiente, de que un grupo me dominase? Por todo eso en su conjunto. Me gusta tener bajo control mi pequeño mundo. Sé que no podré controlarlo ahí. ¿Puedo confiar en un grupo de hombres desconocidos?

Se nos divide en grupos de ocho que comen, duermen y se reúnen entre sí. Nuestra primera recomendación es que nos comuniquemos nuestras deficiencias más que nuestros logros. Ocho extraños sentados en círculo en el bosque y manifestándose los miedos de la edad, la imagen física, la crisis profesional, los problemas matrimoniales, la muerte del padre. Me maravilla que la intimidad se establezca con tanta rapidez, pero mi miedo se ha reducido un tanto.

Hemos dejado un mundo y entramos en otro. De la mañana a la noche estamos ocupados en grupos grandes o pequeños: resolución de conflictos, confección de máscaras, danzas animales, tocar el tambor, conversación. Nosotros ocho estamos juntos en unas literas en una choza primitiva. Me acomodo en mi saco de dormir con la mirada fija en la oscuridad. Una lluvia torrencial proporciona un fondo para la sinfonía masculina de eructos, ronquidos y ventosidades. ¿Se trata de algo genético, o qué es? Sofoco una risita, pero he perdido la dulce y suave femineidad de mi esposa.

Mientras la semana se prolonga, momentos brillantes y sombríos se entremezclan en una gran trama. Con John Stokes destacándose entre todos. Puedo imaginar lo que sería ver en una cinta de vídeo a un puñado de hombres gruñendo como osos y dando saltos como canguros. Fuera de contexto, todo eso podría resultar enormemente ridículo, una cantera para aquellos que vinieran a lanzar piedras. Pero cuando Stockes, que ha vivido entre los aborígenes australianos, adopta la forma de un animal, *se convierte* en ese animal. Los hombres han imitado y hecho suyo el espíritu de la naturaleza durante tanto tiempo que han vivido en las ciudades y han protegido sus egos con el cinismo. Esta semana existe una conciencia de que la energía masculina ha roto sus raíces hundidas en la madre tierra y está produciendo la devastación del planeta. Esto supone una apelación a la reconexión, a unirse a la naturaleza.

Y lo que hay es un ánimo de compartir. En algún momento durante la semana casi todos los hombres desnudan sus corazones ante el grupo. La tristeza desaparece por completo. El peso de la soledad se desprende de los hombres. La mayor parte de lo que se comunica se refiere a los padres y abuelos, pero algo de ello se manifiesta como naturaleza más inmediata. Un obrero de la construcción, un hombre de unos cincuenta años, se levanta y nos dice que en todos los días de su vida no había permitido que otro hombre se acercase a él físicamente. Esta mañana en que estaban haciendo máscaras, su compañero le tocó la cara con dedos amables, y en este punto se sintió muy sorprendido, porque «me gustó». Y se deshace en lágrimas. Inmediatamente le rodean los hombres para reconfortarle.

En este grupo, los hombres de más edad, los ancianos, gozan de un especial respeto. Les han dejado asientos en primera fila como lugar de honor y para hacer de ellos protectores de los jóvenes. El más anciano, un hombre de más de setenta años, se vuelve un día espontáneamente al grupo y nos dice: «Si no puedo protegeros con mi cuerpo, os protegeré con mi espíritu». Lo aceptamos como una bendición. Todas las edades de los hombres gozan de la misma apreciación. Una tarde, después de una intensa reunión, las puertas de la casa de reuniones se abren bruscamente y un hombre de veintitantos años se lanza fuera y baja la colina, desprendiéndose de la ropa mientras corre. Llega al embarcadero desnudo y corriendo y finalmente se lanza. Un grupo de hombres de mediana edad le observan en silencio mientras él nada furiosamente en las frías aguas del lago en octubre. «Bien», dice uno de ellos por fin, con voz llena de admiración, «ahí va el más joven».

Al final de la semana me siento profundamente conmovido por la multitud de formas de la belleza masculina. Stokes como un ciervo, ladeando la cabeza para oír
un ruido en el bosque; Hillman, pautando la danza; los
ojos risueños de Meade y sus ritmos que nos invitan a
profundizar en las espesuras del mundo mítico; Bly, con
sus rizos de plata como llamaradas solares, discutiendo
con los jóvenes nerviosos con luminosos ojos y negras
barbas desafiantes. Grandes osos rugidores, fieros halco-
nes voladores, hombres que pasean desnudos por el embarcadero, absortos en la meditación, hombres abrazán-
dose, hombres que gritan, que lloran, hombres que bai-
lan, que cantan, que golpean tambores, hombres que se
sientan solos en el claro de luna, hombres con máscaras,
hombres que se quitan las máscaras. Hombres, hombres,
hombres, hombres. ¿Había sido yo tan competitivo como
para haber perdido toda esta belleza? ¿Lo soy yo, o lo
son ellos, o lo somos nosotros?

Ha pasado año y medio desde la primera reunión mensual del concilio de los hombres. Esta noche he traído
aquí a mi hijo. El concejo ha evolucionado y crecido...
En la reunión hay más de ciento treinta hombres, aproxi-
madamente la mitad de los cuales están aquí por primera
vez. En el momento de la participacion libre la mayoria
de los hombres no se refieren a los temas de la noche,
sino que hablan lamentándose acerca de sus padres. Dado
el número de nuevos integrantes no es sorprendente.
Cuando me levanto para mi intervención, comento uno
de los temas del programa de la noche: los desiertos.
Hablo del papel del movimiento de los hombres en la
creación, de algo distinto de un desierto en el planeta.
Luego, mirando las caras de los nuevos hombres que
están en conflicto con las mismas y viejas alternativas,
sentí que la oportunidad era única. «Mientras estaba aquí
sentado», digo, «me he dado cuenta de que tengo una
oportunidad que no quiero dejar pasar. He venido aquí
está noche con mi hijo Sean.» Mi voz se quebró y mis

ojos desbordaron lágrimas; me llevé la mano a la garganta y aspiré una bocanada de aire. «Esto es duro para mí», sigo diciendo. «Sean acaba de terminar su primer semestre en el colegio. Dos días antes de que empezase el semestre, se rompió las dos piernas. Dedicó la mayor parte del semestre a recuperarse, arrastrándose por el campus con unas muletas. Acaba de recibir sus calificaciones. Tiene un 4.0. Y yo quiero decir: "Sean, estoy orgulloso de ti, y te quiero". Me siento entre grandes aplausos. Alguien que está detrás de mí me golpea en la espalda. Unos asientos más allá, Sean tiene lágrimas en los ojos.»

Un hombre se levanta para decir lo importante que es para los más ancianos mostrarse agradecidos con los más jóvenes. Otros dos hombres ocupan turnos para hablar, y entonces, para mi sorpresa, Sean se pone en pie. «No pensé que fuese a hablar aquí esta noche», empieza diciendo, «pero cuando mi padre habló, bueno, también yo tengo algo que decir. No siempre lo ha tenido fácil. Ha pasado por una época muy dura. No tuvo mucho apoyo de su padre; ha pasado por un divorcio difícil... de mi madre, y ha asumido ciertos riesgos. Ha creado un buen consultorio privado, y está escribiendo y hablando de las cosas que verdaderamente le interesan, y quiero decir ahora», se volvió hacia mí, «que estoy orgulloso de ti, papá.» Si quedó un par de ojos secos en la sala no fue el mío. Después de la reunión, muchos hombres acudieron a felicitarnos a los dos. Yendo ya hacia la salida, Ben, de mi grupo de apoyo, se detuvo para agradecerle a Sean su intervención. Luego me tomó del brazo y me estrechó contra sí. «Yo también le quiero», le dijo a Sean.

Ésta es la última hora del último día de la conferencia. Mi pequeño grupo ha decidido levantar a hombros a cada una de las personas. El primero un hombre corpulento, pero nosotros siete no tenemos problemas para levantarle por encima de nuestras cabezas. Yo soy el último. Me dejo caer atrás sin pensarlo dos veces. Quedo sorprendido. Había anticipado la sacudida al recibirme, y la energía con que me levantarían. Pero la sensación no tiene nada que ver. En el momento en que dejo de sostener mi propio peso me siento arrastrado arriba, ingrávido. Mi descenso y mi ascenso son una misma cosa. Subo con tanta facilidad como bajo. Mis brazos y mi cabeza cuelgan hacia abajo. Estoy totalmente relajado. Literalmente, nunca me había sentido tan apoyado en toda mi vida.

UN HOMBRE NECESITA UN ALOJAMIENTO

por *Keith Thompson*

Abrir la puerta es más fácil de lo que Roxanne imaginaba que iba a serlo al salir al húmedo aire de la mañana. Gary sigue ahí sentado, sin decir nada, mirándola a ella. Los dos saben que ella no quiere seguir viviendo en esa casa. Él sabe que sus diez años de matrimonio han sido «raros» (así es como lo dice), pero no cree que Roxanne vaya a dejarle. Y ahora se ha ido. Apoya las manos cerradas en la mesa de la cocina y mira, entumecido, a través del cristal el próximo patio vacío.

Pasan las semanas. Roxanne pide el divorcio. Gary se queda de piedra. Se concede el divorcio. Gary sigue de piedra. Su amigo Dave le sugiere a Gary que se una a su grupo de hombres que se reúnen una noche por semana para hablar acerca de los problemas del trabajo, de las tensiones con las mujeres, de las peleas con los chicos, de la ansiedad por el dinero y la posición social, de las dudas acerca de la vida y, ocasionalmente, del miedo a la muerte.

«¿Enseñarles mis tripas a unos completos desconocidos? Me estás tomando el pelo», responde Gary con tono helado. Dave insiste. Gary sigue negándose. Finalmente Dave deja de insistir y decide dejar a Gary solo por ahora. Poco después, Gary tiene un vívido sueño en el que se ahoga en las arenas movedizas de una enorme ciudad donde los transeúntes no pueden oír sus gritos. «De acuerdo, iré, estoy dispuesto», le dice a Dave.

Al principio Gary escucha las historias de los otros hombres. «Al principio creí que mis propios problemas eran posiblemente estúpidos y triviales, de manera que me cerré.» Al final de la segunda reunión Gary se pone a hablar. Acerca de Roxanne. Acerca de las mujeres. Acerca de «cómo son las mujeres». Su voz delata una rabia que él trata de controlar. El hombre que tiene al lado se inclina hacia él y le susurra: «No tiene usted que disimular sus sentimientos. Aquí, no». Gary se queda momentáneamente mudo, y luego piensa para sí: «De acuerdo». Deja de disimular para dejar que brote un rugido que le levanta del asiento sobre sus piernas temblorosas.

Al mirar a su alrededor, esperando un rechazo, le sorprende ver unas sonrisas de apoyo. Al volver a sentarse, siente una cálida energía recorriéndole la columna vertebral. «Eso es todo por ahora», dice, sonriendo finalmente para sí. Otros hombres sonríen con él, y un grato silencio llena la estancia. Durante el resto de la noche oye hablar a otros de lo que ocurre en sus vidas. Al finalizar la reunión, ya ha llegado a una constatación sorprendente: no es el único al que le pasan toda clase de cosas. Otros hombres tienen parecidos problemas.

En casi todas las culturas, el alojamiento —una imagen mítica, una metáfora, y también un lugar físico— está relacionado con ciertas cualidades de los hombres que existen junto con otros hombres. En las culturas tradicionales el alojamiento es donde se ofrecen oraciones y cantos a lo largo de la noche. Otros alojamientos, como el de mi padre, es donde suenan las bolas de billar y los dados de poquer. Cuando Ralph Cramden y Ed Norton o Stan Laurel y Oliver Hardy necesitaban tiempo para apartarse de los problemas y estar consigo mismos, especialmente con sus esposas, invariablemente se volvían en busca de alojamiento.

Las reuniones de Rotarios y Elks, y los grupos de hombres, aunque no sirvan para la misma función, tienden a compartir ciertas ideas permanentes: refugio, santuario, privacidad, amistad, camaradería, hermandad. Como lugar físico, el alojamiento proporciona refugio para las preocupaciones debidas al dinero y al trabajo, las presiones familiares y la responsabilidad de unos papeles prescritos por lo que Jung llamaba «el colectivo».

Es también un lugar donde apartarse de las mujeres. No porque las mujeres sean malas, ni porque sean el enemigo, sino porque son, de hecho, mujeres, y los hombres son hombres. Contrariamente a la errónea pretensión de que la completa erradicación de las diferencias sexuales se suma en cierto sentido a la igualdad, hombres y mujeres siguen necesitando tiempo para estar aparte las unas de los otros y en compañía de su propio sexo.

Como descubrió Gary, cuando el alojamiento masculino adopta la forma de un grupo de conversación de hombres, puede convertirse en el contexto en el que dar nombre a las heridas masculinas; heridas que se enconan porque los hombres no hablan de ellas. Otra potencialidad del alojamiento masculino —sea como lugar físico, como motivo mítico, como modo de conversación y presencia, o como simple placer de la amistad— es que permite a los hombres desarrollar juicios y valores acerca de sí mismos y establecer modelos de relación no constreñidos por la idea de que las mujeres son los auténticos árbitros del «verdadero» sentimiento. Porque la intimidad y el sentimiento vienen definidos en nuestra cultura como femeninos, y aunque la intimidad masculina no se considere distinta de la de las mujeres, resulta defectiva cuando se la *compara* con la de las mujeres. Utilizando una expresión de James Hillman, el sentimiento en nuestra cultura está «sobredeterminado» por las mujeres:

«Ante todo todas las madres, a continuación hermanas y tías, abuelas y maestras, y a continuación los que aman a la infancia y ejercen su influencia en el desarrollo de la función sentimental en los hombres y las mujeres.» Nótese que Hillman no culpa a las mujeres, ni yo tampoco. Aunque parece evidente que el sentimiento como ecuación femenina coloca pesos imposibles sobre los hombros de mujeres y varones.

Los grupos terapéuticos para hombres, los clubes de póquer, las cabañas de pesca, las salas de apuestas, el compañerismo de las carreras al aire libre, las reuniones previas al trabajo, los hombres que trabajan juntos en automóviles, o libros o abriendo caminos: todos ellos evocan el alojamiento arquetípico sin que nos demos mucha cuenta de ello. Quizá pueda considerarse que el alojamiento existe en cualquier contexto que permita a un grupo de hombres estar verdaderamente unidos, a veces en silencio, a veces con palabras: en especial palabras que ayudan a trabajar con los materiales enrarecidos que mantienen viejas heridas en tejidos cicatrizados, y así curarlos.

No quiero sugerir que el Alojamiento del Alce más corriente sea un lugar en el que los hombres puedan encontrarse sentados en círculo y «explorando sus heridas» (ni siquiera en California). Para los hombres, estar juntos como hombres es tener en cuenta una de las heridas más profundas: la masculinidad solitaria y escudada, la «soledad del cuerpo masculino» (en expresión del filósofo Don Hanlon Johnson). Uno de los factores permanentes en la «construcción de un alojamiento» es la presencia indirecta de la herida en la primera estipulación que, «por lo menos en este momento, apartamos de cualquier otra identidad que asumamos en cualquier otro momento —proveedor, padre, marido, amante— en este lugar que adoptamos como hombres».

Este entendimiento compartido es en sí mismo un camino para llevar a términos verbales la herida específica de ser varón, un proceso muy distinto de la sutil y solitaria fanfarronada que subyace en nuestras heroicas y «espiritualizadas» versiones de derrotas y fallos. («Fue bueno para mí... He aprendido muchas lecciones.»)

¿Dónde se encuentra hoy el alojamiento para los hombres? ¿Cómo llegar a él?

La puerta del alojamiento se abre donde y cuando quiera que los hombres se plantean preguntas acerca de sus sentimientos, sus relaciones con otros hombres, y lo que les hiere u obsesiona, así como lo que aman y valoran en la compañía masculina. Éste es el camino para vivir nuestras heridas; no rechazar las energías oscuras, sus dones velados, las opacas depresiones que de algún modo abren nuevas profundidades del alma.

No estoy sugiriendo que pasemos de la negación de la pena de un Rambo a la idealización de un Sartre. Estoy buscando palabras para conectar los sufrimientos del espíritu masculino con la confianza, en confianza: confiando a los compañeros hombres el conocimiento de unos lazos privados.

La tarea de construir un alojamiento no requiere que dejemos de hablar con las mujeres, sino sólo que empecemos a hablar los unos con los otros. «De hombre a hombre», como mi padre, y todos los padres, dijeron en cierta ocasión. Ése es el camino del alojamiento.

EL ACANTILADO

por *Charles Baxter*

En el camino de salida del acantilado, el anciano llevaba el volante con una mano. Con la otra fumaba. El interior del coche olía a vino y colillas de cigarrillo. El hombre tosía sin cesar. Su voz sonaba como una versión de la tos.

—Suelo fumar Camel sin filtro —le dijo al muchacho. La mala carretera, llena de baches, cayó bruscamente y el coche dio un salto—. Pero he cambiado de marcas. Los Camel interferían con la comida. No podía saborear lo que la Duquesa cocinaba. La carne, la ensalada, la jalea, todo me sabía igual. Así que decidí bajar la nicotina. ¿Tú no fumas, muchacho?

El muchacho miraba fijamente la carretera y meneó la cabeza.

—No, después de lo que te he dicho; espero que no. Has de mantener el cuerpo puro para hacer lo que estamos haciendo.

—Pues usted no lo mantiene puro —dijo el chico.

—No, no lo tengo. Ha sido puro. Y, como yo digo, nadie es siempre puro.

Al chico le pareció oír el romper de las olas frente a ellos.

—¿Ya casi hemos llegado?

—¡Qué chico tan impaciente! —dijo el anciano, conteniendo la tos—. Mira, muchacho. Te lo he dicho un centenar de veces: has de contener tus impulsos. Te impacientas, y entonces...

—Lo sé, lo sé. «Te mueres.» —El chico llevaba una camisa y una gorra de los Mets de Nueva York—. Ya sé todo eso. Usted me lo ha enseñado. Sólo estoy preguntando si hemos llegado.

—¿Has estado con alguna mujer, muchacho? —el anciano parecía sospechar algo—. ¿Has estado con alguna mujer?

—Sólo tengo quince años —dijo el chico, nervioso.

—No es ser demasiado viejo para eso, especialmente por aquí.

—Me han besado —dijo el chico—. ¿Es eso el mar?

—Eso es —dijo el anciano—. A veces me parece que lo sé todo de ti y a veces me parece que no sé nada. Odio esta clase de juegos. Puedes estar ocultándome cosas acerca de mí. Lo mágico es no maldecir si estás ocultando algo acerca de mí.

—Está bien —dijo el chico, mirando la larga línea de agua azul a través de los árboles. Se bajó un poco la visera de la gorra, con lo que bizqueó—. Parece verdaderamente real.

—Fe, esperanza, caridad y amor —recitó el anciano—. Y los encantamientos. Admito que me he apartado del camino recto a veces. Pero nunca olvido los encantamientos. Te olvidas de ellos, y mueres.

—No los he olvidado —dijo el chico.

—Será mejor que no me estés mintiendo. Has estado robando, acostándote con putas, has estado yendo por el mal camino, bueno, pronto lo averiguaremos.

Detuvo el coche en un claro. Cerró el contacto y alcanzó una botella de vino que había detrás de su asiento.

Le temblaban las manos. El anciano desenroscó el tapón y tomó un largo sorbo. Volvió a enroscar el tapón y exhaló el dulce aroma hacia el chico.

—Es por los nervios —dijo—. No lo hago todos los días.

—Usted ya no cree en los encantamientos —dijo el chico.

—Yo *soy* los encantamientos —exclamó el anciano—. Yo los he inventado. Sólo que odio ver que un muchachito como tú se estrella contra las rocas porque *tú* no crees en ellos.

—No se preocupe —dijo el chico—. No se preocupe por mí.

Salieron juntos del coche, y el anciano sacó del asiento de atrás un rollo de cuerda.

—No lo necesito —dijo el chico—. No necesito la cuerda.

—Muchacho, lo hacemos a mi manera o no lo hacemos

El chico se quitó los zapatos. Sus pies desnudos pasaron sobre agujas de pino y piedras. Llevaba unos tejanos descoloridos y una camisa con una mancha de vino de la botella del anciano. Se había quitado el chaleco en el coche, pero aún llevaba la gorra. Anduvieron por una extensión de hierba quemada y llegaron al borde del acantilado.

—Mira esas gaviotas de ahí abajo —señaló el anciano—. Quizá haya un centenar —su voz temblaba con el nerviosismo.

—Ya conozco las gaviotas —el chico tuvo que alzar la voz para que se le oyese por encima del sonido de los rompientes—. Ya las he visto.

—Eres muy listo, ¿verdad? —exclamó el anciano. Sacó un cigarrillo de la camisa y lo encendió con un encendedor Zippo—. De acuerdo; estoy cansado de decirte lo que tienes que hacer, señor Sabelotodo. Quítate la camisa —el chico se la quitó—. Ahora haz un círculo en el polvo.

—¿Con qué?

—Con los pies.

—Aquí no hay polvo ninguno.

—Haz lo que te digo.

El chico tendió el pie y dibujó a su alrededor un círculo mágico. No se podía ver, pero él sabía que estaba ahí.

—Ahora, mira al horizonte y di lo que te he dicho que digas.

El chico hizo lo que le habían dicho.

—Ahora coge esta cuerda, cógela por este extremo —el anciano se la tendió—. ¡Señor, a veces me olvido! —El anciano se inclinó para tomar otro sorbo de vino—. ¿Tienes la cabeza clara?

—Sí —dijo el chico.

—¿Estás asustado?

—No.

—¿Ves a alguien?

—A nadie.

—¿Quieres hacer alguna última pregunta?

—¿Puedo levantar las manos?

—Eso lo hacen en la Unión Soviética —dijo el anciano—, pero también lo hacen los cerdos al sentarse. Así es esa gente. No, no puedes levantar las manos. ¿Estás listo? ¡Salta!

El chico sintió el borde del acantilado bajo los pies, saltó, y sintió la magia y el horizonte que le alzaba y luego le llevaba por encima del agua, con el cuerpo paralelo al suelo. Lo tuvo en cuenta mentalmente para descender hacia los acantilados y luego girar de repente, y todo lo que pensaba lo hacía. Al principio estaba sujeto con la cuerda, pero el anciano se dio cuenta enseguida de que eso era innecesario, y la enrolló. Con sus tejanos y su gorra, el chico se impulsaba hacia arriba, luego descendía hacia las gaviotas, con la misma facilidad con que se remontaba, pasando sobre la cabeza del anciano antes de volar hacia el agua.

Gritó de alegría.

El anciano cogió otra vez la botella de vino.

—¡El sol! —exclamó el anciano—. ¡El mar! ¡La tierra! ¡Así se hace! —y de repente rompió a reír—. ¡El cielo! —dijo finalmente.

El chico fluía en grandes círculos ascendentes. Dio volteretas en el aire, se zambulló, se deslizó. Sus ojos también brillaban con el azul, y como el anciano olía la sal marina.

Pero, claro, era un chico de quince años. Le estaba agradecido al anciano por enseñarle los encantamientos. Pero todo eso —los acantilados, el mar, el cielo azul y el vino dulce— era cosa del anciano, no de él. Quería al anciano por compartir con él los encantamientos. Y por eso le recordaría siempre.

Pero mientras se deslizaba, se le ocurrían cosas. No es cosa de quinceañeros volar a plena luz del día, en los días soleados, ni siquiera en California. Lo que los chicos querían era algo distinto: volar despacio y cerca del suelo, en las ciudades, acelerando en tersas curvas entre los edificios, ya tarde, por la noche. Muy tarde: cuando las chicas se quitan los vestidos y suspiran, suspiran asomadas a sus ventanas en el aire inmóvil, cuando los relojes dan la medianoche. Al chico le interesaba la idea del cerdo. Sonrió allá abajo al anciano, que agitaba la mano, que hacía mucho tiempo había olvidado los sucios propósitos del vuelo.

NOVENA PARTE

ÚLTIMA ESTACIÓN, EL HOMBRE SE HACE VIEJO

Para los varones de la tribu samburo de África Oriental la iniciación masculina tiene lugar al principio de la pubertad; pero no sólo entonces. Según el profesor y antropólogo David D. Gilmore, *de la universidad estatal de Nueva York* (Manhood in the Making), *«los varones samburu pasan por unas complicadas series de grupos y grados de edad por los cuales su creciente madurez y responsabilidad como hombres a la luz de los valores tribales se reconocen públicamente». Gilmore añade que el ciclo vital masculino se anticipa y celebra con coloridos rituales.*

La iniciación a la vejez y su celebración, trágicamente, es casi inimaginable en nuestro mundo moderno/postmoderno. ¡Qué lamentable pérdida para nuestra cultura que esos ancianos varones que están en disposición de enseñar a los jóvenes, en virtud de haber vivido prolongadamente, no se vean requeridos a decir y mostrar lo que saben. Como los japoneses, deberíamos venerar a nuestros ancianos como tesoros nacionales; a diferencia de los japoneses, no lo hacemos. ¿Es verdaderamente tan difícil que muchos de los ancianos canosos y deshidratados que duermen por las noches en las aceras puedan tener algo valioso que decirles a los chicos de doce años acerca del tipo de elecciones que tendrán que hacer?

Dos semanas antes de que este libro fuese a la imprenta, le mencioné a un grupo de ancianos pensativos, bromistas y juiciosos (entre los cincuenta y cinco y los setenta y cinco años) que estaba preparando un volumen de escritos «en el que se decía lo que era ser un hombre». La respuesta inmediata, en parte en broma pero en su mayor parte no, aún resuena en mis oídos: «¡Cómo! Nosotros *sabemos lo que significa ser un hombre. Debería preguntárnoslo a nosotros, a los viejos muchachos que tiene a su alrededor». No había ni un ápice de fanfarronería ni de condescendencia en sus palabras y gestos. Ellos querían darme a conocer que ellos sabían lo que era ser un hombre. No me cabía duda de que podían decírmelo. Quería pedirles que me contasen sus secretos, pero tenían prisa por ir al cercano parque estatal donde tenían la intención de caminar unos trece kilómetros, hacia el epicentro del reciente terremoto de California. En apariencia, era suficiente que ellos supiesen que yo sabía que ellos sabían.*

Por suerte para todos nosotros, el profesor Daniel J. Levinson, de la universidad de Yale, era alguien a quien podía dirigirme. Durante diez años él y su equipo de investigación habían examinado en detalle las vidas de cuarenta hombres para averiguar lo que suponía ser un varón adulto. El primer texto, «La última edad adulta», procede de un estudio de Levinson sobre el ciclo de la vida masculina, The Seasons of a Man's Life.

Se incluye aquí también un poema de William Butler Yeats en el que dice que cada día estuvo admirando la belleza de una dama, y suspira: «¡Oh, si nos hubiésemos encontrado/cuando yo tenía mi ardiente juventud.» El poeta dice también que casi cree que su título es verdad: «Los hombres mejoran con los años».

Las dos contribuciones finales están entre mis favoritas. Me gusta «El camino que no se tomó», de Frost, porque habla a la sensibilidad —elecciones que se han hecho y que no se han hecho— que se hace particularmente conmovedora no sólo al final de la vida de un hombre, sino también al final de una fase, de un viaje, de un esfuerzo (una antología acerca de los hombres y de la masculinidad, por ejemplo). Y me gusta «Diciendo adiós», de Hesse, porque habla de una forma tan hermosa del dejar... a alguien, algo, en cualquier momento. Ambos escritos hablan de hombres que están en paz consigo mismos, lo cual es tan buena definición de la masculinidad profunda como la mejor que yo haya podido oír.

LA ÚLTIMA EDAD ADULTA

por *Daniel J. Levinson*

Al empezar los sesenta años normalmente llega a su final la mediana edad y se inicia la última edad adulta. El carácter de la vida se ve alterado en muchos aspectos fundamentales como resultado de numerosos cambios biológicos, psicológicos y sociales. Hay que reconocer este periodo como una etapa distintiva y de cumplimiento. Se extiende, creemos, desde los sesenta hasta los ochenta y cinco años.

La mediana edad y la última edad adulta, como las otras etapas, no quedan definidas por un solo hecho universal. Varios hechos clave, como la enfermedad o el retiro, pueden iluminar el final de la mediana edad y dar forma al proceso de transición. La última transición adulta se extiende entre los sesenta y los sesenta y cinco años. Se da por el mismo tipo de razones que la transición de la mediana edad, aunque su contenido específico es diferente.

Alrededor de los sesenta años, aparece otra vez la realidad y la experiencia del declinar corporal. Como ya he mencionado, se trata estadísticamente de un declinar gradual que se inicia alrededor de los treinta años y prosigue su inexorable curso a lo largo de los años restantes. Un hombre no se hace repentinamente viejo a los cincuenta, los sesenta o los ochenta años. En los cincuenta y sesenta, en todo caso, muchos cambios mentales y físicos intensifican su experiencia de su propia edad y mortalidad. Estos cambios le recuerdan que está yendo de la «mediana edad» a una última generación para la cual nuestra cultura sólo tiene el aterrador término de «vejez». Algunos de estos problemas no afectan a todos los hombres. Aunque cualquier hombre experimente muchos de ellos y se vea gravemente afectado por ellos.

Se da una frecuencia creciente de muertes y de enfermedades graves entre los seres queridos, amigos y colegas. Incluso aunque uno goce de buena salud y se encuentre físicamente activo, hay muchas cosas que le recuerdan su vigor decreciente y su menguante capacidad. Si no otras cosas, se producen con frecuencia dolencias y penas. Y la incidencia de las enfermedades es mayor; desórdenes del corazón, cáncer, disfunciones endocrinas, defectos de la visión y del oído, depresiones y otros desarreglos emocionales. Recibirá cuidados médicos que deberá seguir con ciertas precauciones o correrá el riesgo de enfermedades más graves y posiblemente fatales. Los mensajes internos de su propio cuerpo asimismo le dicen que debe introducir cambios importantes en su forma de vida. Por supuesto que los hombres que rondan los sesenta difieren ampliamente entre sí. Algunos hacen frente a la última edad adulta con enfermedades graves, mientras que otros llevan vidas activas y enérgicas. En todo caso, todos los hombres en su última edad adulta han de plantearse el declive o la pérdida de algunas de las capacidades de la mediana edad.

Además, se produce un cambio culturalmente muy definido de generación a los sesenta años. Si el término «mediana edad» resulta vago y alarmante, ¿qué nos dice nuestra terminología (e imaginería) de los años subsiguientes? Palabras comúnmente utilizadas como «de edad»,

«edad dorada» y «anciano» adquieren connotaciones negativas al reflejar nuestra ansiedad personal y cultural ante el envejecimiento. Para una persona de veinte años el hecho de pasar los treinta es como pasar «al otro lado de la colina». A los treinta, llegar a los cuarenta es una grave amenaza. En todas las etapas de la vida, pasar a la próxima etapa se anticipa como una pérdida total de juventud, de vitalidad, e incluso de la misma vida.

¿Qué puede suponer, pues, acercarse a los sesenta y sentir que todas las formas de juventud —incluso aquellas que aparentemente son vestigios remanentes en la mediana edad— están a punto de desaparecer, de manera que sólo queda la edad de la ancianidad? La tarea evolutiva es superar la separación de la juventud y la mayor edad, y descubrir en cada etapa un equilibrio adecuado entre las dos. En la última edad adulta la figura arquetípica de la edad predomina, pero puede adquirir diversas formas creativas y sabias durante tanto tiempo como el hombre mantenga la conexión con la vitalidad de la juventud, con las fuerzas del crecimiento de la propia personalidad y del mundo... Durante la última transición adulta, un hombre teme que la juventud interior muera y que sólo el anciano —una estructura vacía y seca, sin energía ni intereses ni recursos— sobreviva en una breve y tonta ancianidad. La tarea consiste en mantener la propia juventud en una nueva forma adecuada a la última edad adulta. Hay que terminar y modificar la primitiva estructura vital.

Una vez más el final de una etapa lleva a la culminación de los esfuerzos que fueron importantes en ella. En la última edad adulta un hombre no puede seguir ocupando el lugar central de su mundo. Se le exige, y él mismo se exige, reducir las pesadas responsabilidades de la mediana edad y vivir según unas relaciones modificadas con la sociedad y consigo mismo. Perder el lugar central puede ser algo traumático. Un hombre recibe menos reconocimiento y tiene menos autoridad y poder. Su generación ya no es la dominante. Como parte de la generación de los «abuelos» en la familia, puede ser una modesta ayuda para su creciente descendencia y una fuente de indulgencia y de apoyo moral para sus nietos. Pero ya le ha llegado la hora a su descendencia, que se acerca y entra en la mediana edad, de asumir las mayores responsabilidades y la autoridad en la familia. Si no hace entrega de su autoridad, se convertirá en un soberano tiránico —despótico, imprudente, no amado e incapaz de amar— y su descendencia adulta puede convertirse en un grupo de adultos pueriles incapaces de quererle a él y de quererse a sí mismos.

En su vida de trabajo, asimismo, se plantearán grandes dificultades si un hombre mantiene una posición de autoridad más allá de los sesenta y cinco o setenta años. Si eso ocurre, el hombre se encuentra «fuera de fase» con su propia generación y en conflicto con la generación de mediana edad que necesita asumir mayores responsabilidades. A veces ocurre que un hombre a los setenta años o más mantiene una posición preeminente en el gobierno, la religión, los negocios o en otras instituciones. Varios nombres acuden rápidamente a la memoria: Mao Tsetung, Chu En-lai, Churchill, Ben Gurión, Gandhi, De Gaulle y John D. Rockefeller. Pero, incluso cuando un hombre tiene un alto nivel de energía y habilidad, no es recomendable que mantenga el poder en la última edad adulta. Tiende a ser un líder aislado, con una pobre relación con sus seguidores y ampliamente idealizado u odiado por ellos. La continuidad de las generaciones se interrumpe. La generación de la mediana edad sufre de falta de poder y por el conformismo, mientras que la generación que se encuentra en la primera edad adulta sufre por la falta de innovación, de apoyo moral y tutela que necesita de sus mayores inmediatos.

Algunos hombres pueden retirarse con dignidad y seguridad al empezar la cincuentena, otros, como tarde, a los setenta. Dentro de este espectro, la edad a la que un hombre se retira de su ocupación formal, y en especial de una posición de autoridad directa sobre los demás, es reflejo de sus propias necesidades, capacidades y circunstancias vitales. Tras el «retiro» en este sentido específico, puede comprometerse en tareas valiosas, pero ahora depende más de sus propias energías creativas que de la presión externa y de la necesidad económica. Ya ha pagado su deuda con la sociedad, y se ha ganado el derecho a ser y hacer lo que es más importante para él. Está más allá de la distinción entre trabajo y juego. Puede dedicarse a sí mismo en una forma seria y a la vez agradable siguiendo los intereses que fluyen más directamente de la profundidad de su propio ser. Utilizando la juventud que aún le queda, puede disfrutar de las posibilidades creativas de su edad. La seguridad económica y social es la condición externa para su libertad de elección. Estamos empezando a aprender cómo crear entornos que faciliten el desarrollo en la primera edad adulta y en la mediana edad para que más hombres puedan tener los recursos internos necesarios para desarrollar trabajos significativos en los últimos años de sus vidas.

Una primera etapa de la última edad adulta es descubrir un nuevo equilibrio en su relación con la sociedad y consigo mismo. Un hombre a esta edad experimenta más ampliamente el proceso de ir a morir y ha de tener la posibilidad de elegir más libremente su forma de vida. Sin perder el amor de la humanidad, de su propia tribu y de su propio ser, puede hacerse con una perspectiva abarcadora y reconocer más profundamente nuestras humanas contradicciones, nuestra creatividad y capacidad destructiva. Una mayor sabiduría relativa al mundo exterior sólo se puede ganar a través de una enérgica focalización en el propio ser. Esto no significa que un hombre se haga más egoísta o vanidoso. Todo lo contrario. Significa que se convierte en alguien menos interesado en conseguir el reconocimiento que le brinda la sociedad, y en alguien más interesado en utilizar sus propios recursos internos.

Las voces interiores del ser íntimo se hacen, por así decir, más audibles y más dignas de atención. Sigue estando activamente comprometido con las realidades del mundo exterior, pero busca un nuevo equilibrio en el que el ser íntimo tiene una gran primacía.

Si un hombre crea una nueva forma de estar en el mundo, la última edad adulta puede ser una etapa tan plena y rica como las demás. Algunos de los más grandes trabajos intelectuales y artísticos los han creado los hombres a los sesenta años, a los setenta, e incluso a los ochenta. Los ejemplos abundan: Picasso, Yeats, Verdi, Frank Lloyd Wright, Freud, Jung, Sófocles, Miguel Ángel, Tolstoi. Otro sinnúmero de hombres han contribuido con su sabiduría de ancianos como consejeros, educadores y sirviendo de apoyo tanto en la familia como en la comunidad.

En la última edad adulta de Sigmund Freud, su apasionada vitalidad estaba en constante conflicto con su mórbido pesimismo. Ernst Jones, en su gran biografía, divide la vida de Freud en tres segmentos que corresponden a las etapas presentadas aquí. En el volumen primero, *The Formative Years and the Great Discoveries: 1856-1900,* lleva a Freud a través de la transición a la mediana edad y su paso de la neurología al psicoanálisis. En el volumen segundo, *Years of Maturity: 1901-1919,* cubre los años de la mediana edad, desde los cuarenta y cuatro hasta los sesenta y tres. Durante este período Freud consigue establecer el psicoanálisis como una especialidad clínica, una teoría científica y un movimiento que ejercería una gran influencia en el mundo académico y psiquiátrico. Freud estaba totalmente compometido en este conflicto.

En el tercer volumen, *The Last Phase: 1919-1939,* describe su última edad adulta. Durante este período la creatividad de Freud adquiere nuevas formas. Superó los sesenta en 1916, y la primera guerra mundial formó parte intrínseca de su última transición adulta. Vemos de nuevo una convergencia entre la historia de la sociedad y el desarrollo individual: cuando Freud estaba alcanzando los últimos años de su mediana edad, el mundo occidental estaba iniciando su transición de una era (denominada la era de la razón, de la ciencia, y caracterizada por un progreso gradual y continuo hacia la sociedad del bienestar) que había existido durante doscientos años. Tuvo que plantearse su propio declinar y el declinar de una cultura con la que estaba comprometido de una forma muy ambivalente. Sus anteriores intereses científicos y clínicos se mantenían, pero estaban ensombrecidos por su creciente interés por cuestiones filosóficas y religiosas y por los orígenes y el destino de la civilización humana.

La última edad adulta es una etapa de declinación tanto como una oportunidad para el desarrollo. El estadio final del ego de Erikson se produce en esta etapa. Se inicia alrededor de los sesenta años, y su polaridad clave es Integridad *versus* Desesperanza. Cuando un hombre entra en la última edad adulta siente que ha completado la mayor parte —quizá toda— de su vida de trabajo. Su contribución a la sociedad y a su propia inmortalidad se ha completado ampliamente. Habrá llegado a una cierta valoración de su propia vida; no simplemente de su mérito o de sus logros, sino de su vida como conjunto. Si tiene éxito en ello, puede vivir sin amargura o desesperanza la última edad adulta. Al descubrir el sentido y el valor de su vida, aunque sea imperfecta, puede llegar a su término con la muerte.

Para lograr un genuino sentido de la integridad, un hombre ha de enfrentarse con el vacío de la integridad en su vida. Durante la última transición adulta, todo el mundo tiene a veces una sensación de total desesperanza. Esto tiene siempre cierta base en la actualidad tanto como una irracional autoacusación. El hombre siente que su vida no ha tenido valor para sí mismo ni para los demás, que sus cualidades han sido de lejos sobrepasadas por una recurrente destructividad, por la estupidez, por la traición de los valores más queridos para él. Lo peor de todo es que el mal ya está hecho: ya no hay oportunidad de recuperar el equilibrio.

Sean cuales sean nuestros valores, no podemos vivir plenamente para ellos. Al final hemos de reconciliarnos con las fuentes de las imperfecciones y de las corrupciones de nuestras vidas. Las fuentes son múltiples: están en nosotros mismos, en nuestros enemigos, en nuestros seres queridos, en el mundo imperfecto en el que cada uno de nosotros intenta crear una vida íntegra. Hacer la paz con todos los enemigos internos y del mundo es una parte importante de nuestra tarea. Hacer la paz en este sentido interno no ha de apartar al hombre de combatir por sus convicciones; pero sí ha de hacerle capaz de luchar con menos odio, con menores ilusiones, y con una perspectiva más abarcadora.

La última y final edad adulta

Mucha gente vive ahora hasta los ochenta años y más allá, pero se sabe muy poco acerca del desarrollo en esos años. Obviamente es una simplificación considerar todo este período posterior a los sesenta o sesenta y cinco años como una sola etapa. Dado el vacío de datos de investigación, sólo podemos especular acerca de este segmento final del ciclo vital. La siguiente hipótesis se ofrece principalmente como punto de partida para estimular otros trabajos. Sugerimos que una nueva etapa, la última y final edad adulta, se inicia alrededor de los ochenta años.

La mayoría de los hombres que sobreviven para llegar a los ochenta años sufren diversas enfermedades y, como mínimo, una enfermedad crónica. El proceso del envejecimiento es mucho más evidente que el proceso del crecimiento. La estructura vital contiene por lo normal sólo un pequeño territorio, unas relaciones poco significativas, y una preocupación por las necesidades físicas inmediatas y por la comodidad personal. Bajo las condiciones de un declive personal grave y de una privación de la vida social, la vida en esta etapa puede perder todo sentido. En condiciones más favorables, sin embargo, se da un desarrollo psicosocial tanto como una senescencia.

¿Qué puede significar el desarrollo en el final definitivo del ciclo vital? Significa que un hombre está llegando al término del proceso de morir y preparándose para su propia muerte. Al final de todas las etapas anteriores, parte del trabajo de desarrollo era iniciar una nueva etapa, para crear unas nuevas bases vitales. Un hombre a los ochenta años sabe que su muerte es inminente. Puede llegarle en unos meses, o al cabo de veinte años. Pero vive a su sombra, y atento a su llamada. Para ser capaz de involucrarse en la vida ha de hacer la paz con el hecho de morir. Si cree en la inmortalidad del alma, puede prepararse para algún tipo de vida posterior. Si no, puede interesarse por el destino de la humanidad y por su propia inmortalidad como parte de la evolución humana. El desarrollo se produce en la medida en que le esté dando un nuevo sentido a la vida y a la muerte en general, y a su propia vida y muerte en particular. Si mantiene la vitalidad, puede seguir manteniendo una vida social. Puede darles a otros un ejemplo de sabiduría y de nobleza personal.

Por encima de todo, está logrando su último compromiso con su ser íntimo. Lo que ahora pasa es el sentido final de lo que es la vida, su «vista desde el puente» al final del ciclo vital. Al final sólo tiene su ser íntimo y las cruciales figuras internas a las que ha dado el ser. Finalmente se enfrenta consigo mismo, conociéndose y amándose razonablemente, y estando dispuesto a entregarse.

LOS HOMBRES MEJORAN CON LOS AÑOS

por *William Butler Yeats*

Me he gastado con sueños;
un tiempo gastado, tritón de mármol
entre las corrientes;
y todo el día miro prolongadamente
la belleza de esa dama
como si hubiese encontrado en un libro
una belleza pintada,
con el agrado de haber llenado los ojos
o los perspicaces oídos,
con el deleite de ser, aunque prudente,
por los hombres que mejoran con los años;
y todavía, todavía,
¿es esto mi sueño, o la verdad?
¡Oh, si nos hubiésemos encontrado
cuando yo tenía mi ardiente juventud!
Pero me hago viejo entre sueños,
un tiempo gastado, tritón de mármol
entre las corrientes.

EL CAMINO QUE NO SE TOMÓ

por *Robert Frost*

Dos caminos divergen en un bosque amarillo,
y lamento no poder recorrer los dos
y ser un solo viajero, y me quedo un rato inmóvil
y miro hacia abajo uno de ellos tan lejos como puedo
hasta donde da la vuelta entre la maleza.
Entonces tomé el otro, tan recto como hermoso,
teniendo quizá el mayor atractivo,
porque era hermoso y quería utilizarlo;
aunque pasar por ello, el pasar por allí
lo ha gastado realmente casi lo mismo.
Y esta mañana están los dos dispuestos igualmente
y en las hojas ningún paso ha dejado una negra huella.
¡Oh, dejo el primero para otro día!
Aún sabiendo cómo el camino lleva al camino,
dudaba si siempre podría volver.
Estaría diciendo esto con un suspiro
en algún lugar de las edades y fuera de ellas:
dos caminos divergen en un bosque, y yo,
yo tomé el menos recorrido,
y ésa es toda la diferencia.

DICIENDO ADIÓS

por *Hermann Hesse*

Ésta es la casa donde digo adiós. Durante mucho tiempo no he visto otra casa como ésta. Mira, estoy acercándome a un paso de los Alpes, y aquí la arquitectura nórdica alemana, y el país alemán, y el idioma alemán llegan a su final.

Cuán grato es cruzar una frontera como ésta. El hombre errante se convierte en un hombre primitivo en muchos aspectos, en el mismo sentido en que el nómada es más primitivo que el granjero. Pero el anhelo de ir al otro lado de todas las cosas siempre ha estado arraigado, y eso me ha abierto a mí, y a todos los que son como yo, un camino hacia el futuro. Si hubiese muchas otras personas que aborreciesen las fronteras entre los países como las aborrezco yo no habría ya más guerras ni bloqueos. No hay nada en la tierra más ingrato, más despreciable que las fronteras. Son como los cañones, o los generales: tanto como se prolonga la paz, el encanto de la amabilidad y de la paz se mantiene, y nadie les presta atención ninguna; pero cuando aparecen la guerra y la locura, se vuelven urgentes y sagrados. Mientras la guerra se prolonga, entonces hay penalidades y cárceles para los vagabundos. ¡Que el diablo se los lleve!

Estoy haciendo un croquis de la casa en mi cuaderno, y mis ojos dejan atrás con tristeza el tejado alemán, la silueta alemana de la casa, los tejados de dos vertientes, todo lo que amo, todas las cosas familiares. Una vez más amo profundamente todo lo de esta casa, porque tengo que dejarla. Mañana amaré otros tejados, otros campos. No quiero que mi corazón se pierda en mi interior, como se dice en las cartas de amor. No, lo llevo conmigo al otro lado de las montañas, porque lo necesito, siempre. Soy un nómada, no un granjero. Soy un entusiasta de la infidelidad, del cambio, de lo fantástico. No me preocupa arraigar mi amor en un lugar desnudo de esta tierra. Creo que lo que amamos es sólo un símbolo. Dondequiera que nuestro amor quede demasiado apegado a algo, a una fe, a una virtud, entonces nos volvemos sospechosos.

¡Buena suerte al granjero! ¡Buena suerte para el hombre que hace suyo este lugar, el hombre que trabaja, el que tiene fe, el virtuoso! Puedo amarle, puedo reverenciarle, puedo envidiarle. Pero yo he malgastado la mitad de mi vida intentando vivir su vida. Yo quería ser algo que no era. Quería ser un poeta y un hombre de la clase media a la vez. Quería ser artista y un hombre dado a la fantasía, pero también quería ser un buen hombre, un hombre hogareño. Fue así durante mucho tiempo, hasta que supe que un hombre no puede ser las dos cosas ni tener las dos cosas, que soy un nómada y no un granjero, un hombre que busca y no un hombre que retiene. Durante mucho tiempo me castigué a mí mismo ante los dioses y las leyes que sólo eran ídolos para mí. Eso fue lo que hice mal, ése fue mi dolor, mi complicidad con las penas del mundo. Incrementé la mentira y la pena del mundo al hacerme violencia a mí mismo, por no atreverme a dirigirme hacia mi propia salvación. El camino de la salvación no se encuentra a la izquierda ni a la derecha:

se encuentra en nuestro propio corazón, y ahí está sólo Dios, y sólo ahí está la paz.

Un húmedo viento de montaña me penetra, más allá de donde estoy islas de cielo azul miran hacia abajo otros países. Bajo esos cielos seré feliz alguna vez, y alguna vez sentiré nostalgia bajo ellos. El hombre completo que soy, el puro errante, no ha de pensar en la nostalgia. Pero, lo sé, no estoy completo y no me esfuerzo por serlo. Quiero saborear mi nostalgia, y saboreo mi alegría.

Este viento, entre el que voy subiendo, lleva fragancias de lejanía y distancias, de cuencas fluviales y de lenguas extranjeras, de montañas y lugares meridionales. Está lleno de promesas.

Adiós pequeña granja y país natal mío. Os abandono como un joven abandona a su madre. Sabe que ha llegado para él el momento de dejarla, y también sabe que nunca puede abandonarla por completo, por más que lo desee.

SUMARIO